Helene & Simone Bendix

PAPIER *Poesie*

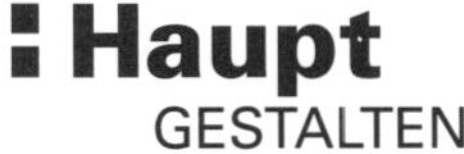

may
a precious
any given time
give more
everything &
peace
to Be
inspired
to joy
transform

golden
moments
plaisir make
& joy a
Edition wish
Poshette
all
dreamy
enchanting
Live more
illuminate

Helene & Simone Bendix

PAPIER *Poesie*

Fein geschnittene Papier-Objekte

mit
Fotografien
von
Ben Nason

HAUPT VERLAG

Die englische Originalausgabe erschien 2018 unter dem Titel *Paper Poetry* bei Kyle Books, einem Imprint der Kyle Cathie Ltd, GB-London SW1V 1DX.

Aus dem Englischen übersetzt von Sybille Heppner-Waldschütz, D-Königs Wusterhausen und Martina Simonis, D-Baden Baden
Lektorat der deutschsprachigen Ausgabe: Anja Fuhrmann, D-Berlin
Umschlag und Satz der deutschsprachigen Ausgabe: Die Werkstatt Medien-Produktion GmbH, D-Göttingen

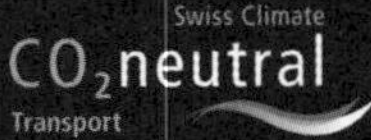

Printed in China

Um lange Transportwege zu vermeiden, hätten wir dieses Buch gerne in Europa gedruckt. Bei Lizenzausgaben wie diesem Buch entscheidet jedoch der Originalverlag über den Druckort. Der Haupt Verlag kompensiert mit einem freiwilligen Beitrag zum Klimaschutz die durch den Transport verursachten CO_2-Emissionen und verwendet FSC-Papier.

Bibliografische Information der Deutschen Nationalbibliothek
Die Deutsche Nationalbibliothek verzeichnet diese Publikation in der Deutschen Nationalbibliografie; detaillierte bibliografische Daten sind im Internet über http://dnb.dnb.de abrufbar.

ISBN 978-3-258-60194-6

Der Haupt Verlag wird vom Bundesamt für Kultur mit einem Strukturbeitrag für die Jahre 2016–2020 unterstützt.

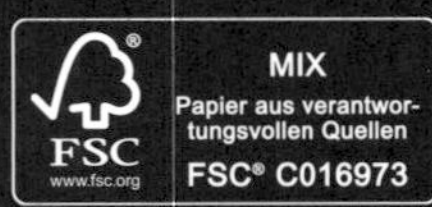

INHALT

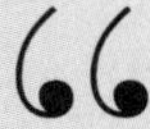

Ich glaube, es gibt niemandem aus dem Freundeskreis von Simone und Helene, der nicht ein oder zwei ihrer wundervollen kleinen Papierkreationen bei sich zuhause herumstehen hat. Helenes und Simones Kunstwerke – langstielige Kamelien mit Blüten aus geknautschtem, gepunktetem Kosmetikpapier; aus alten französischen Straßenkarten ausgeschnittene und zu kunstvollen Girlanden aufgereihte Federn; zu einem bunten Blätterkranz zusammengebundene Blätter aus Zahnpastaschachteln, Geschenkpapierresten und Karten alter Kartensets – haben bei jedem von uns einen Ehrenplatz gefunden. Natürlich haben Helene und Simone auch handfeste Dinge wie Olivenöl und Patchworkkissen verschenkt, aber kurioserweise sind es gerade diese so fragil und vergänglich erscheinenden Scherenschnitte, die ewig halten.

EIN LEBEN OHNE SCHERE IST MÖGLICH, ABER SINNLOS

Gerade in unserer zunehmend digitalen Welt schafft Papier eine Pointiertheit, die ein Bildschirm niemals bieten kann. Was sind schon Pixel im Vergleich zur dreidimensionalen Pracht eines Papierschmetterlingsgestöbers unter einer Glasglocke – zumal wenn die geflügelten Schönheiten ohne großen Zeitaufwand herzustellen sind? Denn die Zwillinge schwingen die Schere flink und geschickt. In fast außerirdischer Geschwindigkeit lassen sie, gleich einem Zauberkünstler, der ein Kaninchen aus einem Hut zaubert, Tauben und Spatzen aus einem einzelnen Blatt Papier entstehen. Wer einmal zugesehen hat, wie sie sich über ein A4-Papier hermachen und so lange schneiden und schnippeln, bis aus dem Bogen ein filigraner Baum, eine verschnörkelte Ranke oder ein Kalligrafie-Epitaph entstanden ist, ist geneigt, an Magie zu glauben. Nur ihr Witz und Verstand können mit der Schärfe ihrer Scheren mithalten.

Als ich Simone einmal fragte, warum sie und Helene gerade Papier als Kreativmaterial nutzen und nicht Wolle oder Leder oder Rosskastanien (obwohl ich an dieser Stelle fairerweise hinzufügen muss, dass sie auch aus diesen Materialien wunderbare Dinge kreieren), antwortete sie: „Weil es preiswert ist. Außerdem hast du immer alles zur Hand, was du brauchst, und musst nicht raus und einkaufen gehen. Schau dich um, unsere Welt ist voll von Papier. Es ist ein Jammer, wie viele schön gemusterte Verpackungskartonagen und Papiere einfach weggeworfen werden, nachdem wir unsere Einkäufe verstaut haben."

Selten sind Sparsamkeit und Poesie ein so charmantes Bündnis eingegangen. Dabei ist es gerade diese ausgefallene Verbindung, die Helenes und Simones Kunst zu weit mehr macht als reiner Dekoration. Ihre Objekte zieren nicht nur die Regale ihrer Freunde, sie finden sich auch in Kunsthandwerkerläden, Ausstellungsräumen und Kuriosenkabinetten. In Florenz wirbt ein Hotel mit einem von den Zwillingen mit Girlanden aus Papierarabesken ausgeschmückten Hotelzimmer. Eine Ferienherberge für autistische Kinder wurde dank der gestalterischen Ideen der Zwillinge zum heimeligen Nest: neben herkömmlichen Elementen wie neuer Farbgestaltung, neuer Bepolsterung und neuen Vorhängen kümmerten sie sich auch liebevoll um die Dekoration und platzierten fantasievolle Blickfänger aus ihrer Kollektion wie Buchskulpturen und Scherenschnitte inmitten der Möbel.

Obwohl Helene und Simone keine Luxusprodukte herstellen, wird doch jedes einzelne Objekt von Hand gefertigt. Es ist diese große Sorgfalt, die beide auszeichnet, die scheinbar unendliche, fast meditative Geduld, mit der sie ihre Kunstobjekte schneiden und falten. So kommt es, dass Helenes und Simones Papierwelten nicht nur die Seele erfreuen und beleben, sie sind auch von Grund auf demokratisch. Bei aller Schönheit und Bezahlbarkeit steckt doch immer auch eine Botschaft in ihrer Kunst – der Ruf zur Schere! Denn eines ist sicher: Ein Leben ohne Schere ist möglich, aber sinnlos.

CLARA YOUNG

↗ *Helene (links) und Simone (rechts) tragen natürlich auch selbst gerne die Ketten, Taschen und Gürtel ihres Labels* Edition Poshette.

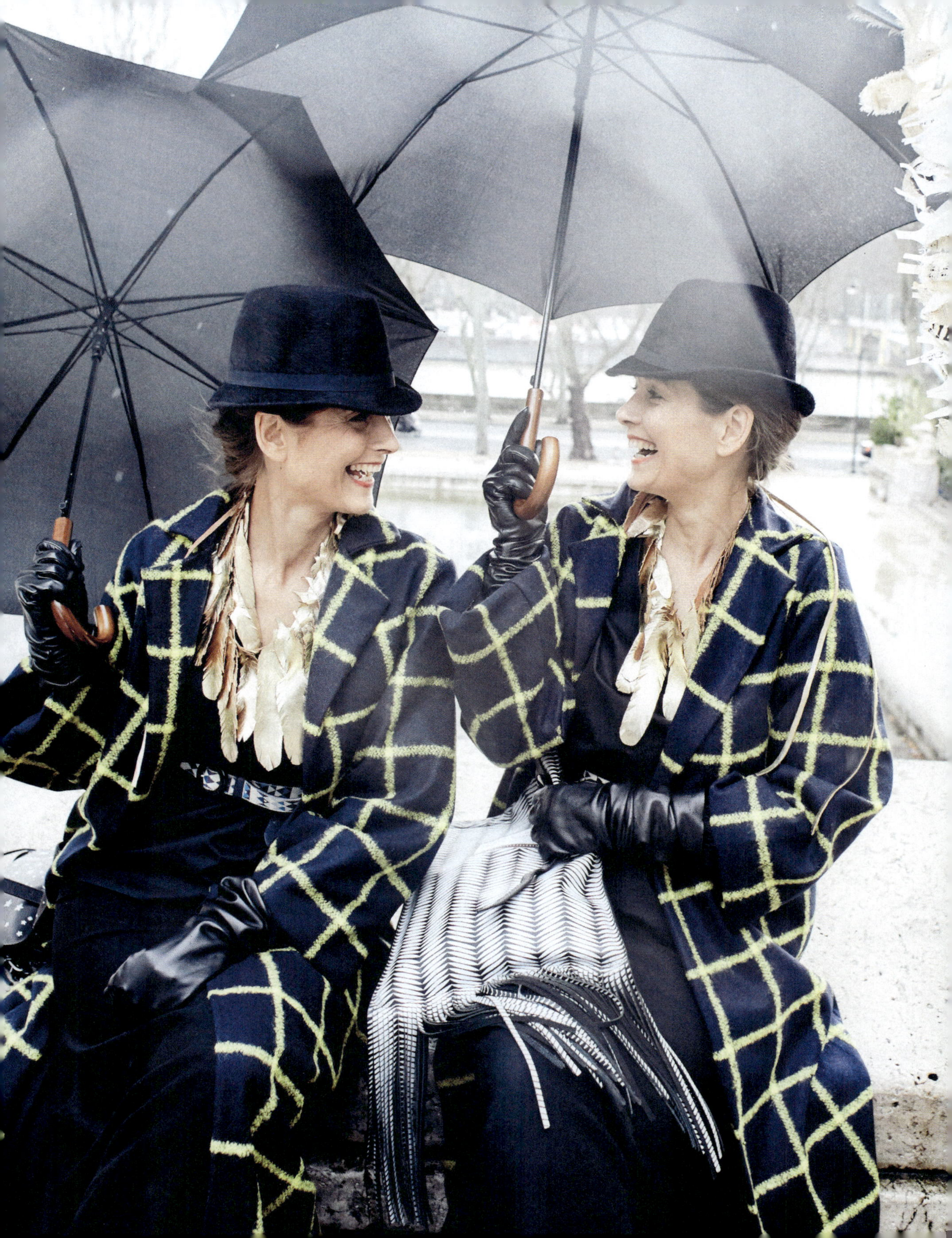

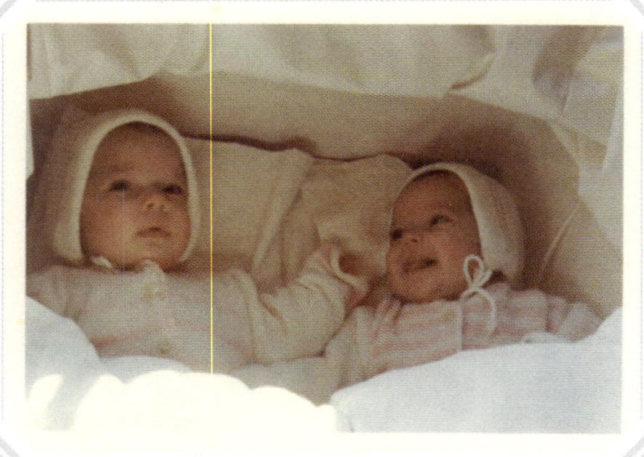

Leider kann sich keine von uns daran an erinnern, wann unsere Liebe zum Papierschnitt begann. Wurde sie uns von den Nornen in die Wiege gelegt, als Geschenk zur Geburt? Oder war es der magische Schnitt der Hebamme, die beim Durchtrennen der Nabelschnur das Feuer entfachte?

ES IST ANGESCHNITTEN

Alles, woran wir uns erinnern, ist, dass uns unsere Eltern schon von früh auf ermunterten, kreativ zu sein. Wichtig war dabei nie, ob etwas „toll gezeichnet" oder „künstlerisch" war, vielmehr ging es um die Freude am Tun und um die Zufriedenheit, die sich einstellt, wenn man mit dem Herzen bei der Sache ist. Basteln und Gestalten wurde für uns ein selbstverständlicher Weg, uns auszudrücken, außerdem machten unsere Kreationen Eindruck und halfen uns, in unserer ziemlich großen Familie nicht unterzugehen. Bis zu unserem vierten Lebensjahr hatten wir Zwillinge eine eigene Geheimsprache. Wir haben uns schon öfter gefragt, ob unsere Passion für den Scherenschnitt nicht einfach die folgerichtige Fortführung davon ist – eine weitere Methode, sich ohne Worte auszudrücken.

Wir wuchsen in Dänemark auf, einem Land, in dem der Scherenschnitt eine große Tradition hat und rund ums Kalenderjahr gepflegt wird. So kamen wir schon früh in Kontakt mit der Symmetrie und Magie dieser Kunst und begeisterten uns für die Wunderwelten, die sich mit Schere und Papier erschaffen lassen.

Tatsächlich wohnt dem Scherenschnitt ein Zauber inne. Kaum eine Technik erlaubt so viele Unvollkommenheiten wie er, ja es sind sogar oft die Abweichungen von der Perfektion, die einem Stück seinen besonderen Reiz geben. Das zu vermitteln – die Einsicht in den Wert des Unvollkommenen und den Mut, uns unsere kindliche Freude am Skurrilen und Wundersamen zu bewahren – ist unser großes Ziel.

Als wir unser Label *Edition Poshette* gründeten, über das wir selbst entworfene und handgefertigte Lederwaren wie Taschen oder Geldbörsen vertreiben, wurde Papier zum selbstverständlichen Begleiter unserer vom literarischen Kosmos inspirierter Produkte. Wir experimentierten mit unterschiedlichen Schnitt- und Falttechniken, um aus alten Büchern und Recyclingpapier Schaufensterdekorationen für die Auslage unserer Produkte herzustellen. Unsere Papierarbeiten haben sich als eigenständige Kunst aus diesen reinen Deko-Objekten entwickelt und sind heute ein wichtiger Bestandteil unserer Arbeit – wobei wir uns bemühen, den spielerischen Umgang mit Papier, den wir als Kinder hatten, beizubehalten. Mittlerweile geben wir zahlreiche Papierschnitt-Workshops, in denen es uns vor allem darum geht, die Teilnehmer zu ermutigen, sich kreativ auszudrücken. Bei jedem Workshop hören wir: „Ach, ich bin nicht kreativ", oder „Das könnte ich nie selber machen, dafür fehlt mir die Begabung". Doch darum geht es nicht – weder in unseren Workshops noch in diesem Buch!

Es geht nicht darum, irgendein prächtiges Papierobjekt zu schaffen und die eigene Geschicklichkeit zur Schau zu stellen. Es geht um etwas viel Elementareres: sich die Zeit zu nehmen, um etwas Eigenes zu kreieren, ohne sich dabei von der Sorge, was die anderen darüber denken werden, blockieren zu lassen. Was immer wir geschnitten und gebastelt haben – wir haben es selbst gemacht, es ist unser Werk.

Darum wollen wir, bevor es richtig losgeht, einige Dinge klarstellen.

1 **Jeder ist kreativ.**

2 **Scherenschnitt und Papierfalten hat nichts mit einer besonderen Begabung zu tun, sondern mit dem Mut, anzufangen.**

3 **Übung ist der wahre Meister. Unser Geschick und unser Tempo verdanken wir einzig und allein der Tatsache, dass wir uns schon so lange mit Papier und Schere beschäftigen, nicht irgendeinem besonderen Talent. Daher unser Rat: Fangen Sie einfach an zu schneiden und üben Sie Scherenschnitte so oft wie möglich – vergessen Sie nicht: es ist ja nur ein Stück Papier! Mit etwas Übung werden Sie bald feststellen, dass auch Sie fähig sind, etwas Bemerkenswertes herzustellen.**

4 **Alles, was man für unsere Kunst braucht, ist Papier und Schere. Die Schere muss nicht einmal teuer sein, die Hauptsache ist, Sie fühlen sich gut damit. Wir selbst haben schon mit Billigscheren gearbeitet, die wunderbar funktionierten. Diese sehen vielleicht nicht so elegant aus wie unsere Lieblingsscheren (wir verwenden meist hübsche, schmale Stick- oder Storchenscheren mit schlanker Spitze), aber das müssen sie auch nicht. Das Wichtigste ist, dass sie gut in der Hand liegen.**

JEDER MACHT FEHLER

Es ist unausweichlich, dass Sie früher oder später einen Fehler machen. Das passiert ständig – ein ungeplanter Schnitt, ein Verrutschen der Schere, und schon haben Sie versehentlich Ihre Papierpuppe geköpft. Lassen Sie sich davon nicht beirren. Wenn wir uns von einem Fehler entmutigen lassen, unterbricht das den Strom der Kreativität. Machen Sie also, was auch ein Kind tun würde – machen Sie einfach weiter. Oder noch besser: treiben Sie es auf die Spitze! Lassen Sie sich von Ihren „Fehlern" auf Umwege führen, improvisieren Sie, machen Sie etwas anderes als das ursprünglich Geplante. Oft sind es kleine Fehler und Unvollkommenheiten, die ein fertiges Produkt so anziehend machen. Vielleicht kommt ja auch bei Ihnen etwas „Tolles" heraus – und wenn nicht, ist es ja „nur ein Stück Papier". Denn der wahre Wert liegt im Tun, in der Reise, die man unternimmt, um zu einem kreativen Ziel zu gelangen, nicht im fertigen Objekt.

SCHNEIDEN NACH ZAHLEN

Wir haben für dieses Buch viele unserer Ideen zusammengestellt. Dabei ging es uns weniger um Projekte, die sich exakt nacharbeiten lassen, als vielmehr darum, Ideenmaterial zu präsentieren, das Sie inspiriert, eigene Entwürfe zu kreieren und umzusetzen. Für einige wenige Projekte haben wir Vorlagen beigefügt, die sich übertragen und als Schablone verwenden lassen, aber auch diese sind nur als Starthilfe für weitere Erkundungstouren in Eigenregie gedacht. Sobald Sie etwas Zutrauen in Ihre kreativen Fähigkeiten gewonnen haben, werden Sie sie nicht mehr brauchen.

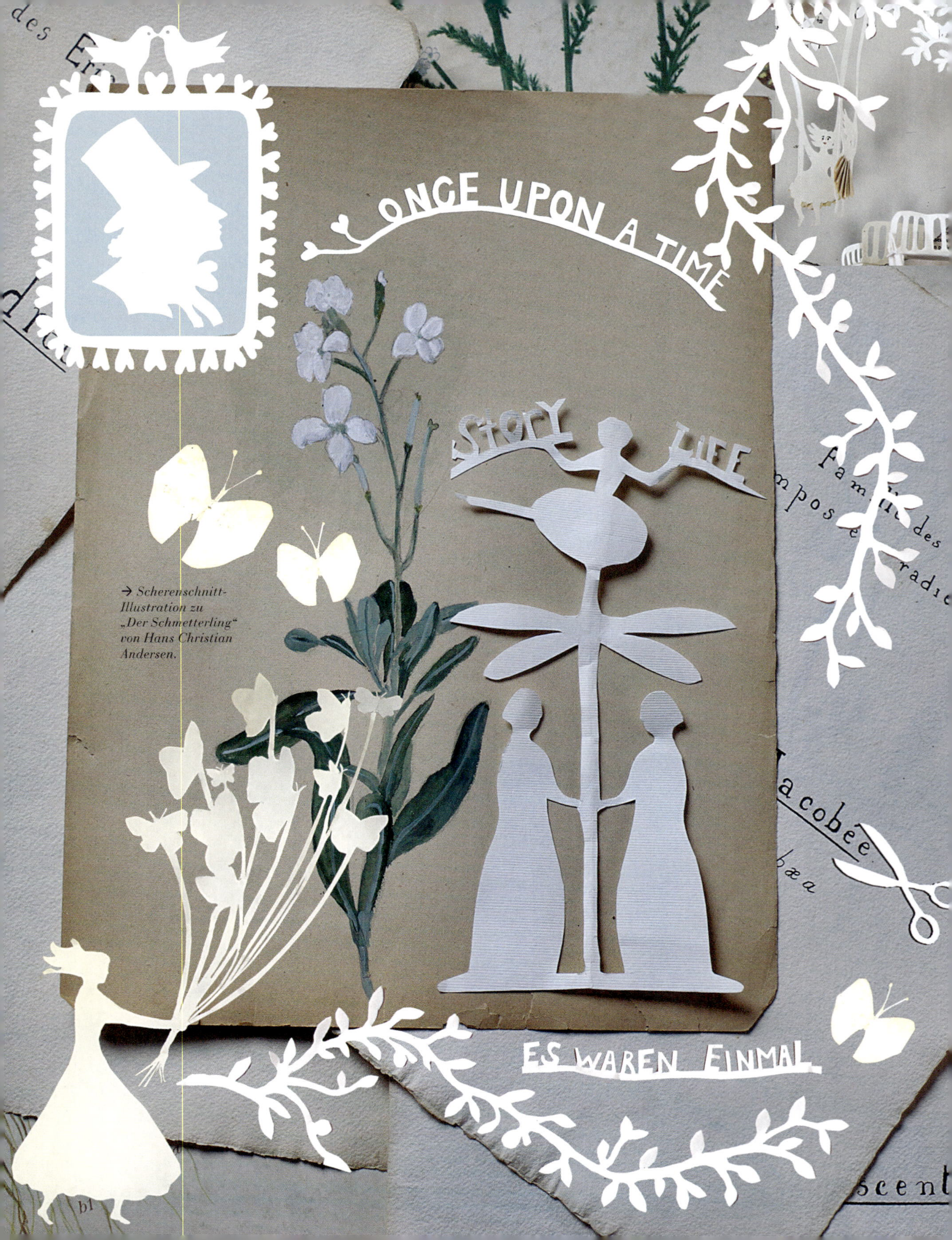

→ Scherenschnitt-Illustration zu „Der Schmetterling" von Hans Christian Andersen.

C'ERA UNA VOLTA IL ETAIT UNE FOIS

PAPIER-PARABELN

Ein Scherenschnitt kann eine ganze Geschichte erzählen. Wenn Hans Christian Andersen seine Märchen erzählte, stellte er gleichzeitig Scherenschnitte her. War die Geschichte zu Ende, faltete er den Papierbogen auseinander und zeigte, was er geschnitten hatte. Hatte er zwei tanzende Ballerinas ausgeschnitten, blies er sie sachte an, sodass es aussah, als würden sie tanzen. Mit diesem einfachen Trick verzauberte er sein Publikum – er hatte das Papier im wahrsten Sinne des Wortes „zu neuem Leben" erweckt.

DER VAR ENGANG

VOLKSPOESIE

Auch die Gebrüder Grimm waren, wie Hans Christian Andersen, begnadete Geschichtenerzähler. Und wie dieser nutzten sie den Scherenschnitt, um ihre Geschichten zu illustrieren. Vielleicht finden wir deshalb so viele Inspirationen in den Märchen der Gebrüder Grimm, weil auch sie Zwillinge waren, die gemeinsam schöpferisch arbeiteten. Ihre Märchen zeichnen sich nicht nur durch raffinierte Handlungen und eine wundervolle Sprache aus, sie lehren uns auch Weisheiten über das Leben und über uns selbst. So sind die Märchen der Gebrüder Grimm, die oft als „Volkspoesie" bezeichnet werden, voll von Menschen, die bescheiden und dankbar, dabei aber auch geschickt und einfallsreich sind, und die ihr Glück in den einfachen Dingen des Lebens finden.

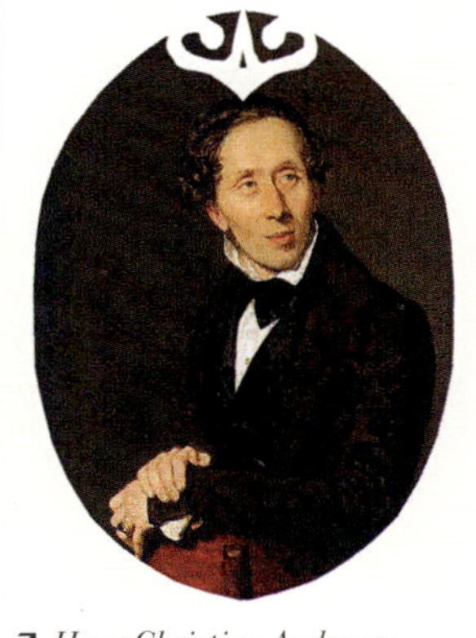

↗ *Hans Christian Andersen*

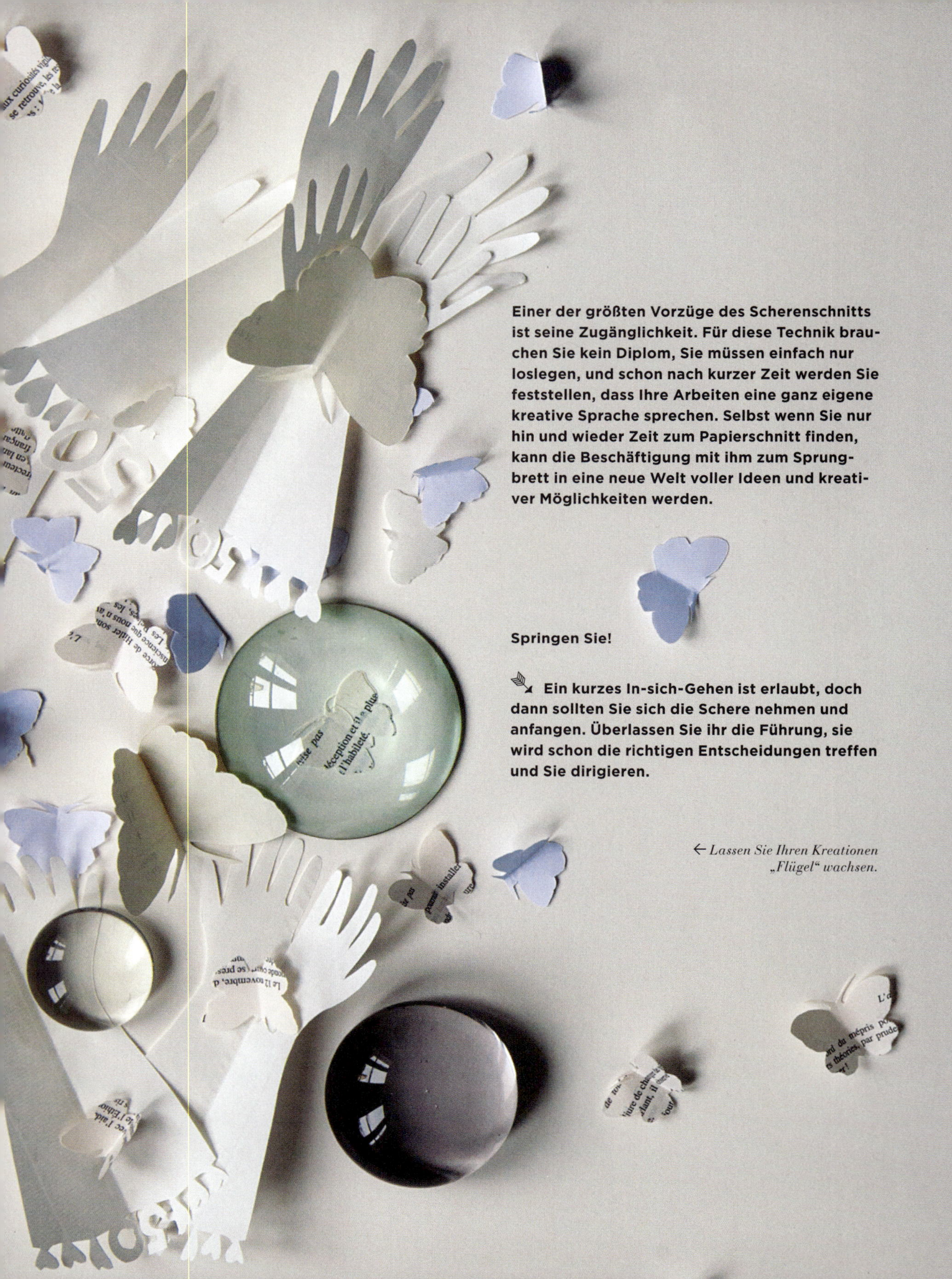

Einer der größten Vorzüge des Scherenschnitts ist seine Zugänglichkeit. Für diese Technik brauchen Sie kein Diplom, Sie müssen einfach nur loslegen, und schon nach kurzer Zeit werden Sie feststellen, dass Ihre Arbeiten eine ganz eigene kreative Sprache sprechen. Selbst wenn Sie nur hin und wieder Zeit zum Papierschnitt finden, kann die Beschäftigung mit ihm zum Sprungbrett in eine neue Welt voller Ideen und kreativer Möglichkeiten werden.

Springen Sie!

Ein kurzes In-sich-Gehen ist erlaubt, doch dann sollten Sie sich die Schere nehmen und anfangen. Überlassen Sie ihr die Führung, sie wird schon die richtigen Entscheidungen treffen und Sie dirigieren.

← Lassen Sie Ihren Kreationen „Flügel“ wachsen.

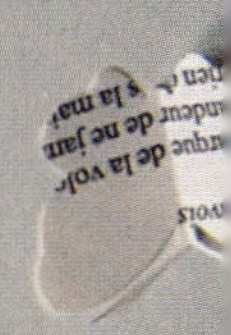

WARUM PAPIER?

Die besondere Magie des Papierschnitts liegt darin, dass Sie kein ausgefallenes Zubehör brauchen; alles, was Sie benötigen, ist eine Schere und Fantasie. Selbst der Einkauf von Spezialpapieren entfällt, denn verwendbares Altpapier findet sich überall. Simples A4-Blankopapier, ausgediente alte Bücher, Verpackungskartonagen, Geschenkpapier, Briefe, alte Bankunterlagen – verwenden Sie, was Sie zur Hand haben, und hauchen Sie ihm neues Leben ein: Aus Baum wird Papier wird Poesie.

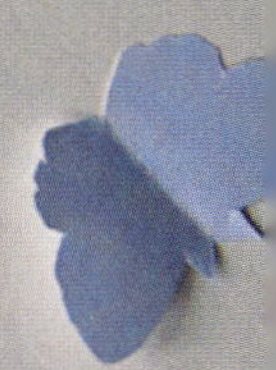

Papier ist uns vor allem als Schreibmaterial vertraut. Erst wenn wir es bearbeiten, wenn wir es schneiden, knittern oder falten, entdecken wir die Vielfalt der Ausdrucksmöglichkeiten, die Papier bietet – mit und ohne Worte. Es ist, als würden wir unsere „Gedanken ausschneiden" und sie dann in Geschichten verwandeln. Da Papierkunst Zeit und Sorgfalt erfordert, sind selbstgefertigte Papiergrüße oft so wohlüberlegt und stecken voller Emotion und Geschichten.

Die Kreativszene kennt wundervolle Papierkunst von Papierschneidern, die den Scherenschnitt perfektioniert haben. Das Ziel dieses Buches aber ist ein anderes: Wir wollen jedermann und jede Frau ermuntern, sich auf das Abenteuer Schere einzulassen. Begleiten Sie uns und entdecken Sie die beglückende und dekorative Welt des Papierschnitts – und probieren Sie ganz nebenbei eine völlig neue Art der „Wiederverwertung" aus: machen Sie etwas Schönes aus Ihrem Altpapier!

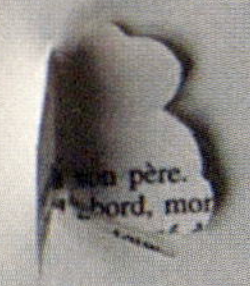

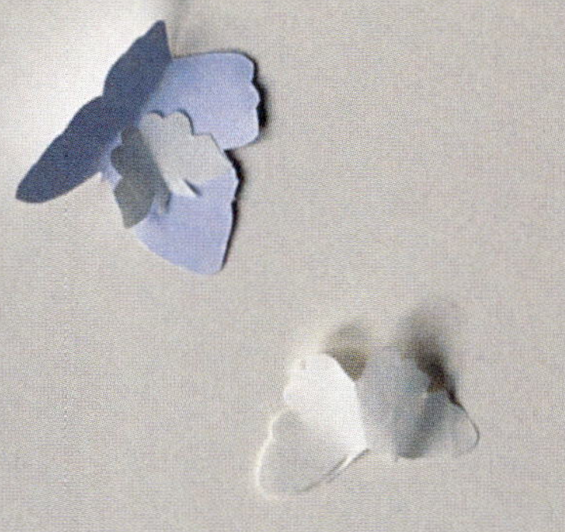

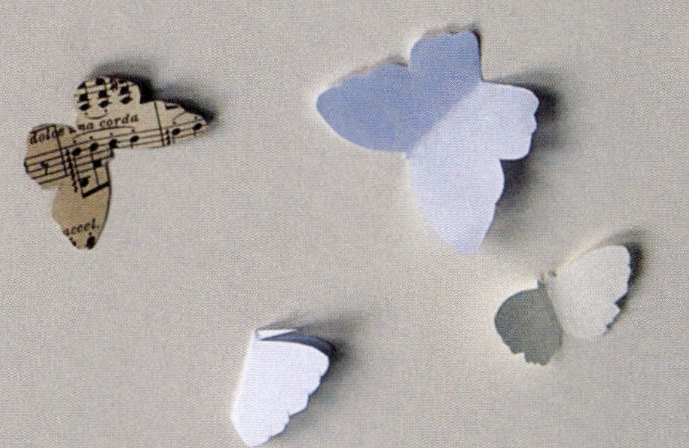

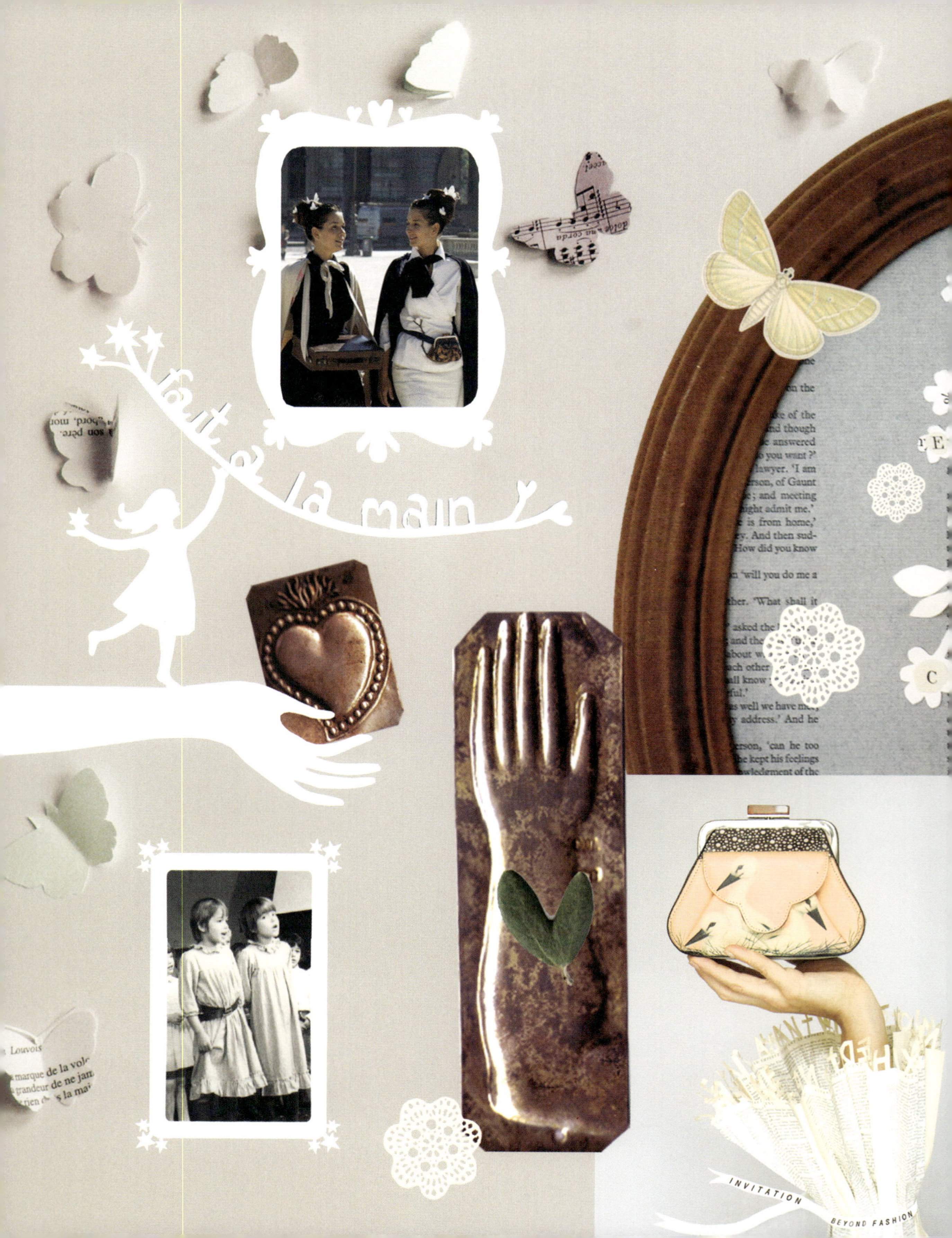
fait à la main
INVITATION
BEYOND FASHION

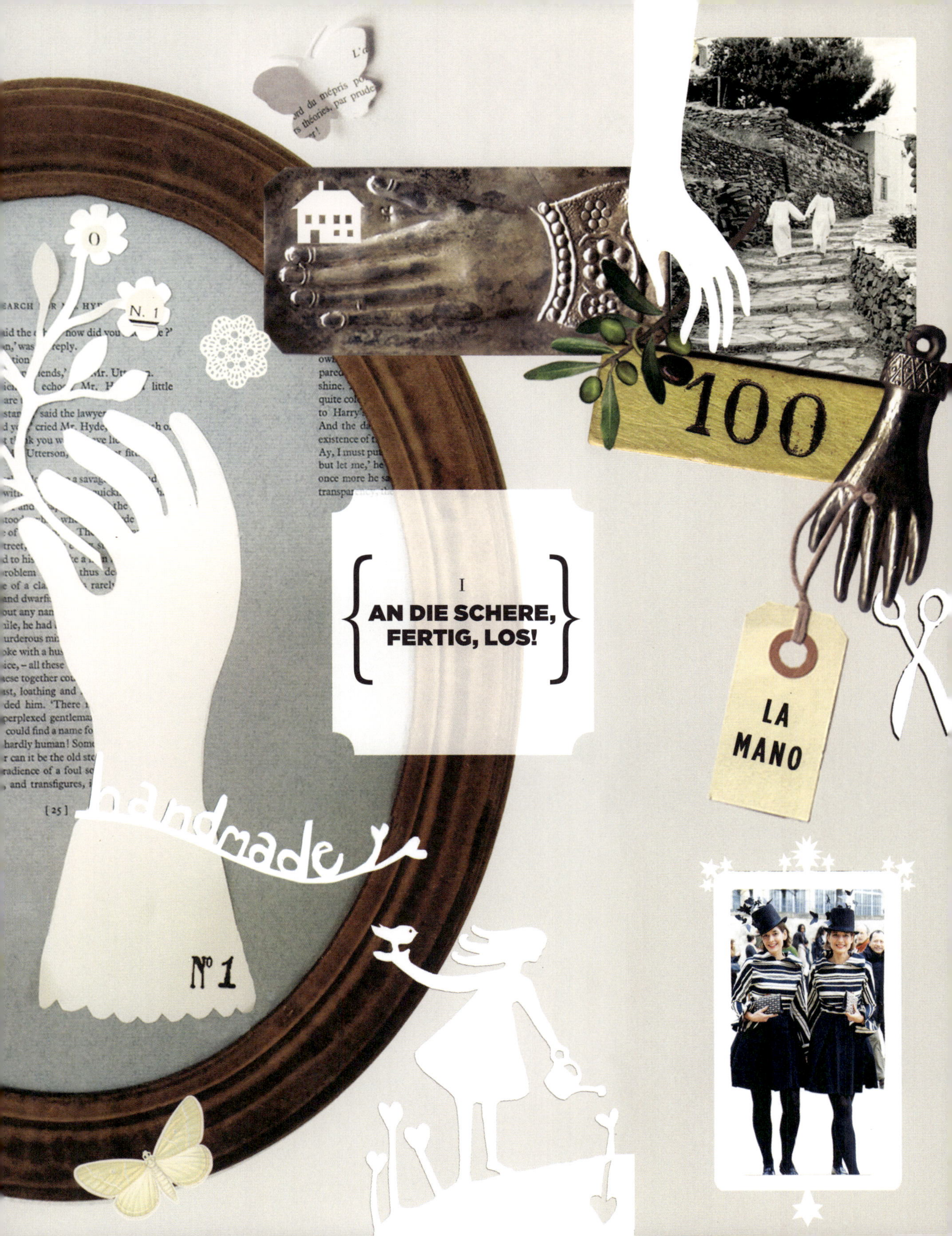

I
AN DIE SCHERE, FERTIG, LOS!

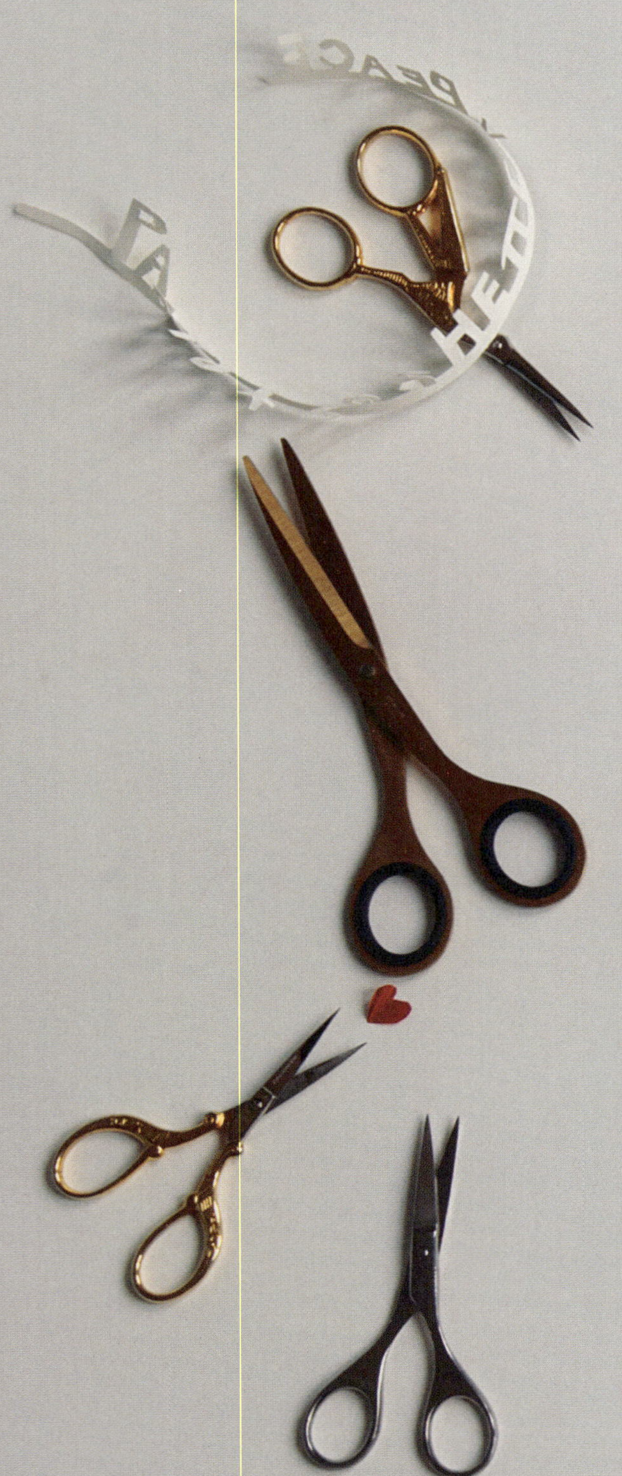

EINMALEINS DES SCHERENSCHNITTS

Wenn es das erste Mal ist, dass Sie sich an einem Scherenschnitt versuchen, oder wenn Sie schon lange keine Schere mehr in der Hand hatten, ist es ratsam mit etwas Einfachem zu beginnen. Sie tun sich keinen Gefallen, wenn Sie sich sofort auf ein komplexes Projekt stürzen, nur um am Ende frustriert festzustellen, dass es zu schwierig war.

Fangen Sie dagegen mit etwas Unkomplizierten an, werden Sie schnell merken, wie einfach die Technik im Grunde ist, und vor allem, wie viel Spaß Schneiden und Falten machen kann.

Wir selbst schneiden alles mit der Schere und würden das – zumindest für den Anfang – auch jedem empfehlen (vgl. hierzu Seite 50, Wir stellen vor: David S).

Versuchen Sie, sich vor dem ersten Schnitt die Figur, die Sie ausschneiden möchten, bildlich vorzustellen. Das fertige Produkt wird wahrscheinlich nicht exakt dem entsprechen, was Sie im Sinn hatten, aber hilfreich ist es allemal; wer das Ziel visualisieren kann, hat schon halb gewonnen.

Wenn wir selbst für längere Zeit keine Schere mehr in der Hand hatten, müssen auch wir uns zuerst wieder „warm schneiden“. Machen Sie es sich also bequem und beginnen Sie zum Aufwärmen mit etwas Leichtem, wie zum Beispiel einer Feder (siehe Seite 94).

Sobald Sie ein paar Federn ausgeschnitten haben, können Sie zu komplexeren Motiven übergehen. Pausen Sie eine der Schwalben auf Seite 75 oder die Taube auf Seite 45 auf

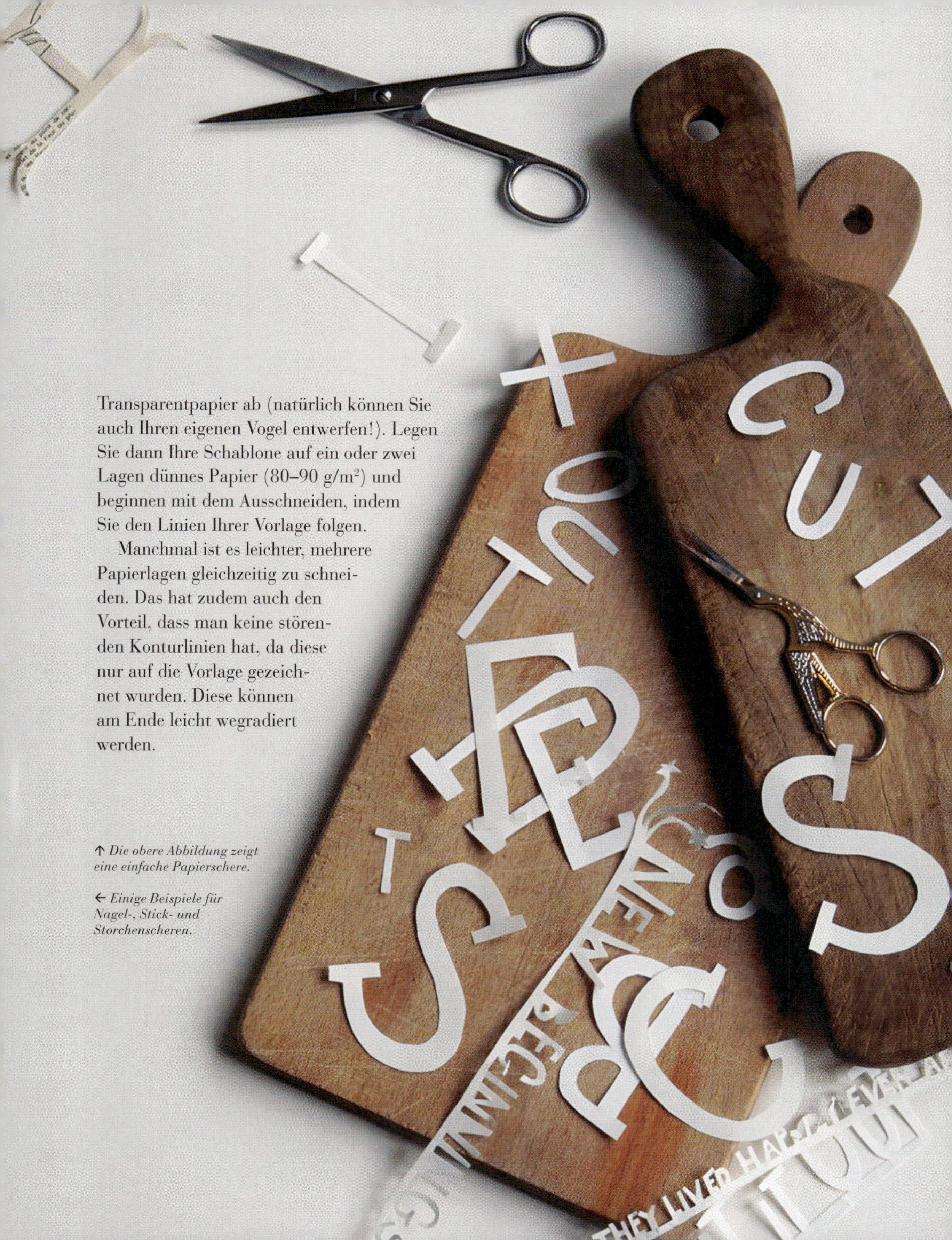

Transparentpapier ab (natürlich können Sie auch Ihren eigenen Vogel entwerfen!). Legen Sie dann Ihre Schablone auf ein oder zwei Lagen dünnes Papier (80–90 g/m²) und beginnen mit dem Ausschneiden, indem Sie den Linien Ihrer Vorlage folgen.

Manchmal ist es leichter, mehrere Papierlagen gleichzeitig zu schneiden. Das hat zudem auch den Vorteil, dass man keine störenden Konturlinien hat, da diese nur auf die Vorlage gezeichnet wurden. Diese können am Ende leicht wegradiert werden.

↑ *Die obere Abbildung zeigt eine einfache Papierschere.*

← *Einige Beispiele für Nagel-, Stick- und Storchenscheren.*

HAND & HALTUNG

Jeder hat seine eigene Technik beim Schneiden. Obwohl wir Zwillinge sind, schneiden wir ganz unterschiedlich. Nehmen Sie sich also die Zeit und finden Sie Ihren eigenen „Schneidestil".

Beginnen Sie mit der richtigen Haltung. Balancieren Sie die Scherblätter so aus, dass sich beim Schneiden nur die Scherenspitzen bewegen. Verlangt die Form, die Sie ausschneiden, einen Richtungswechsel, sollten Sie versuchen, Schere und Papier gleichermaßen zu bewegen. So beugen Sie Verkrampfungen beim Schneiden vor und alles geht flüssiger von der Hand.

Wir witzeln oft darüber, was für ein guter Diäthelfer der Papierschnitt ist. Da er unsere volle Aufmerksamkeit fordert und beide Hände im Einsatz sind, ist es unmöglich, zu schneiden und gleichzeitig zu essen oder das Smartphone zu checken. Gerade weil der Papierschnitt keine Rivalen neben sich duldet, kann es geschehen, dass man beim Scherenschnitt in einen fast meditativen Zustand fällt und der Geist ruhig und klar wird. Dieser beruhigende Aspekt des Scherenschnitts ist eine Wohltat für die Seele und hat schon manche Psychotherapie überflüssig gemacht.

Sind Geist und Hände ganz auf eine Tätigkeit wie den Scherenschnitt fokussiert, kann es geschehen, dass wichtige Gedanken freigesetzt und an die Oberfläche geschwemmt werden – als hätten sie nur darauf gewartet, den so entstandenen leeren Raum zu nutzen und aufzutauchen.

Versuchen Sie es auch einmal! Wer weiß, welche Ideen in Ihrem Unterbewusstsein schlummern ...

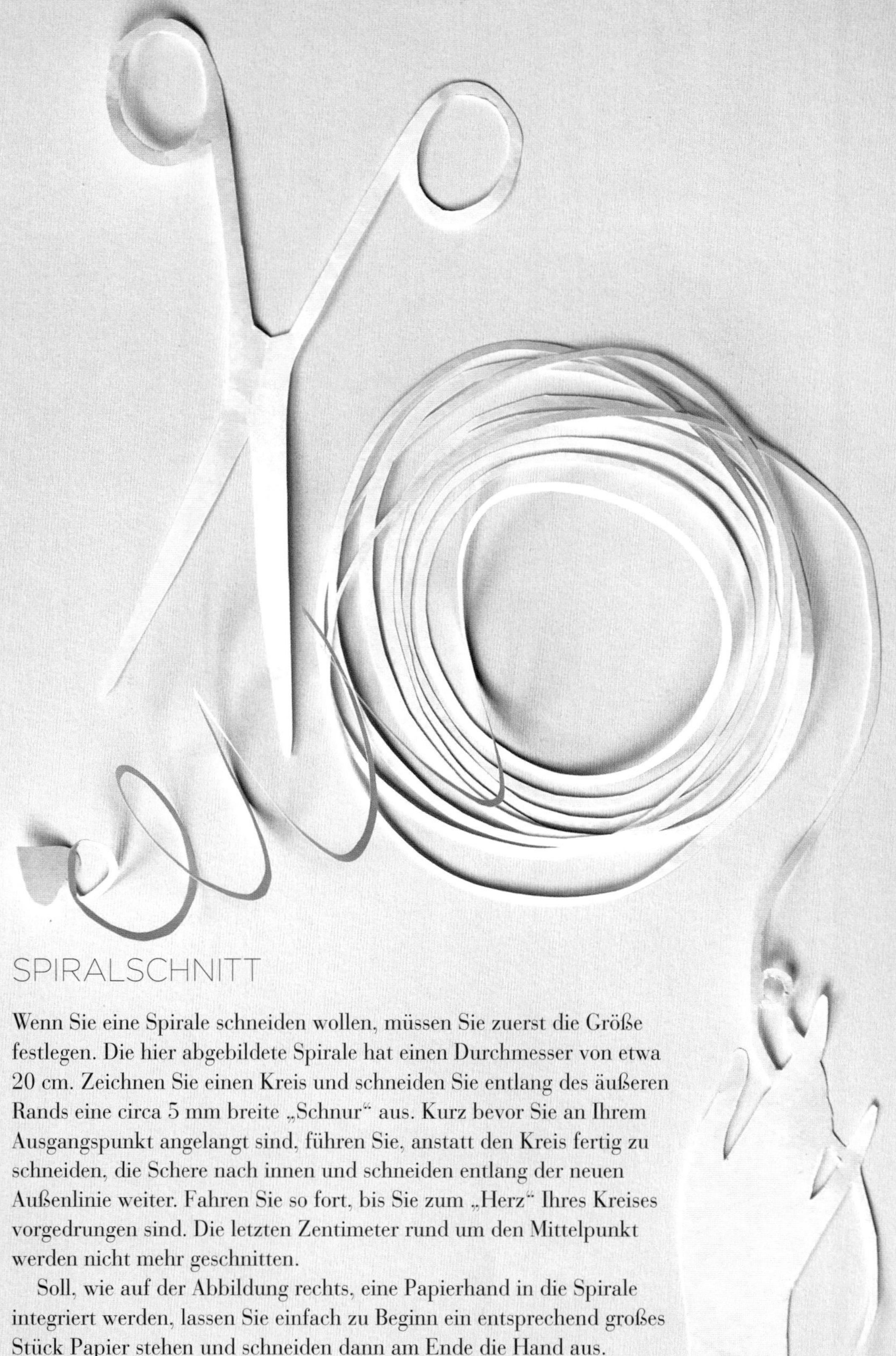

SPIRALSCHNITT

Wenn Sie eine Spirale schneiden wollen, müssen Sie zuerst die Größe festlegen. Die hier abgebildete Spirale hat einen Durchmesser von etwa 20 cm. Zeichnen Sie einen Kreis und schneiden Sie entlang des äußeren Rands eine circa 5 mm breite „Schnur“ aus. Kurz bevor Sie an Ihrem Ausgangspunkt angelangt sind, führen Sie, anstatt den Kreis fertig zu schneiden, die Schere nach innen und schneiden entlang der neuen Außenlinie weiter. Fahren Sie so fort, bis Sie zum „Herz“ Ihres Kreises vorgedrungen sind. Die letzten Zentimeter rund um den Mittelpunkt werden nicht mehr geschnitten.

Soll, wie auf der Abbildung rechts, eine Papierhand in die Spirale integriert werden, lassen Sie einfach zu Beginn ein entsprechend großes Stück Papier stehen und schneiden dann am Ende die Hand aus.

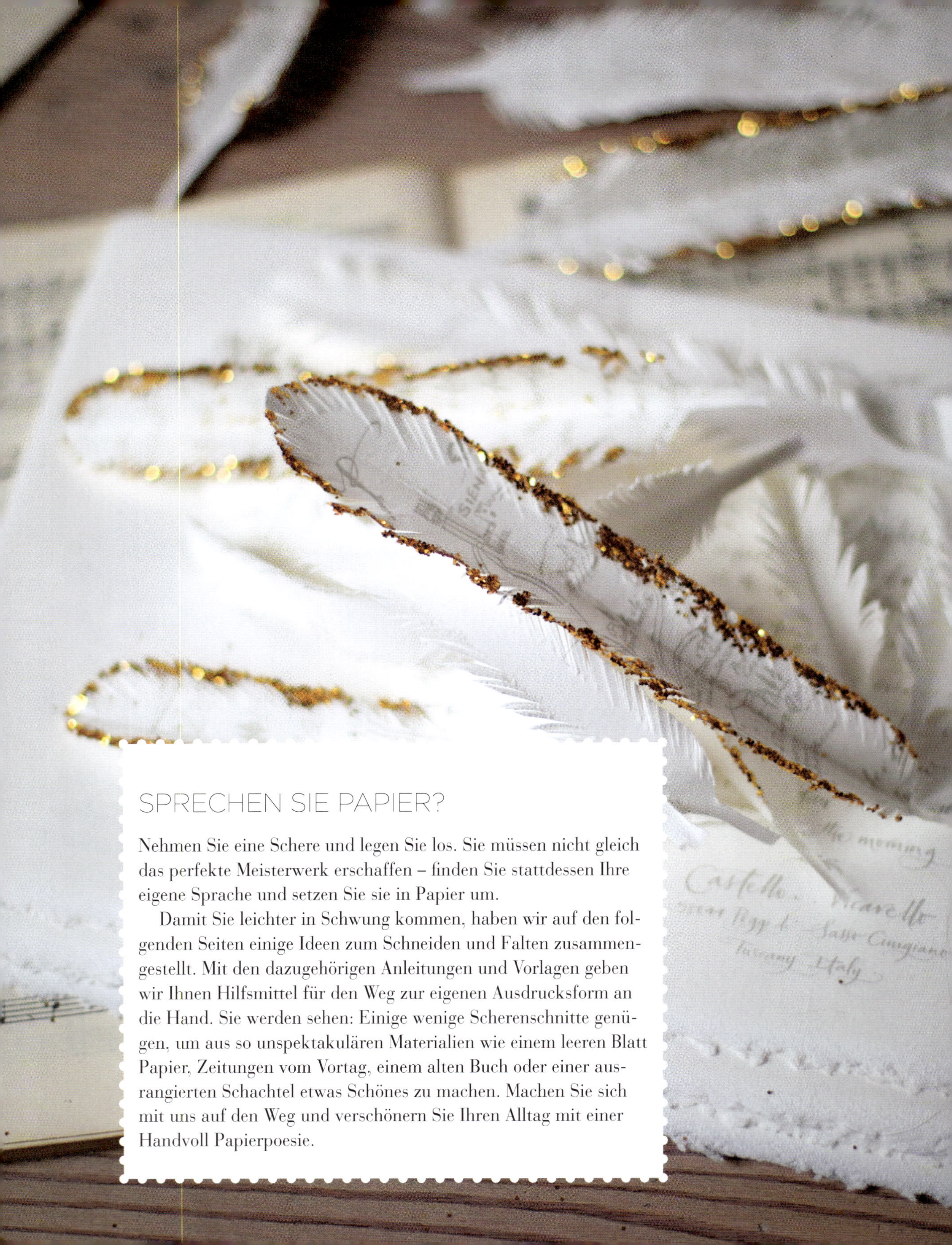

SPRECHEN SIE PAPIER?

Nehmen Sie eine Schere und legen Sie los. Sie müssen nicht gleich das perfekte Meisterwerk erschaffen – finden Sie stattdessen Ihre eigene Sprache und setzen Sie sie in Papier um.

Damit Sie leichter in Schwung kommen, haben wir auf den folgenden Seiten einige Ideen zum Schneiden und Falten zusammengestellt. Mit den dazugehörigen Anleitungen und Vorlagen geben wir Ihnen Hilfsmittel für den Weg zur eigenen Ausdrucksform an die Hand. Sie werden sehen: Einige wenige Scherenschnitte genügen, um aus so unspektakulären Materialien wie einem leeren Blatt Papier, Zeitungen vom Vortag, einem alten Buch oder einer ausrangierten Schachtel etwas Schönes zu machen. Machen Sie sich mit uns auf den Weg und verschönern Sie Ihren Alltag mit einer Handvoll Papierpoesie.

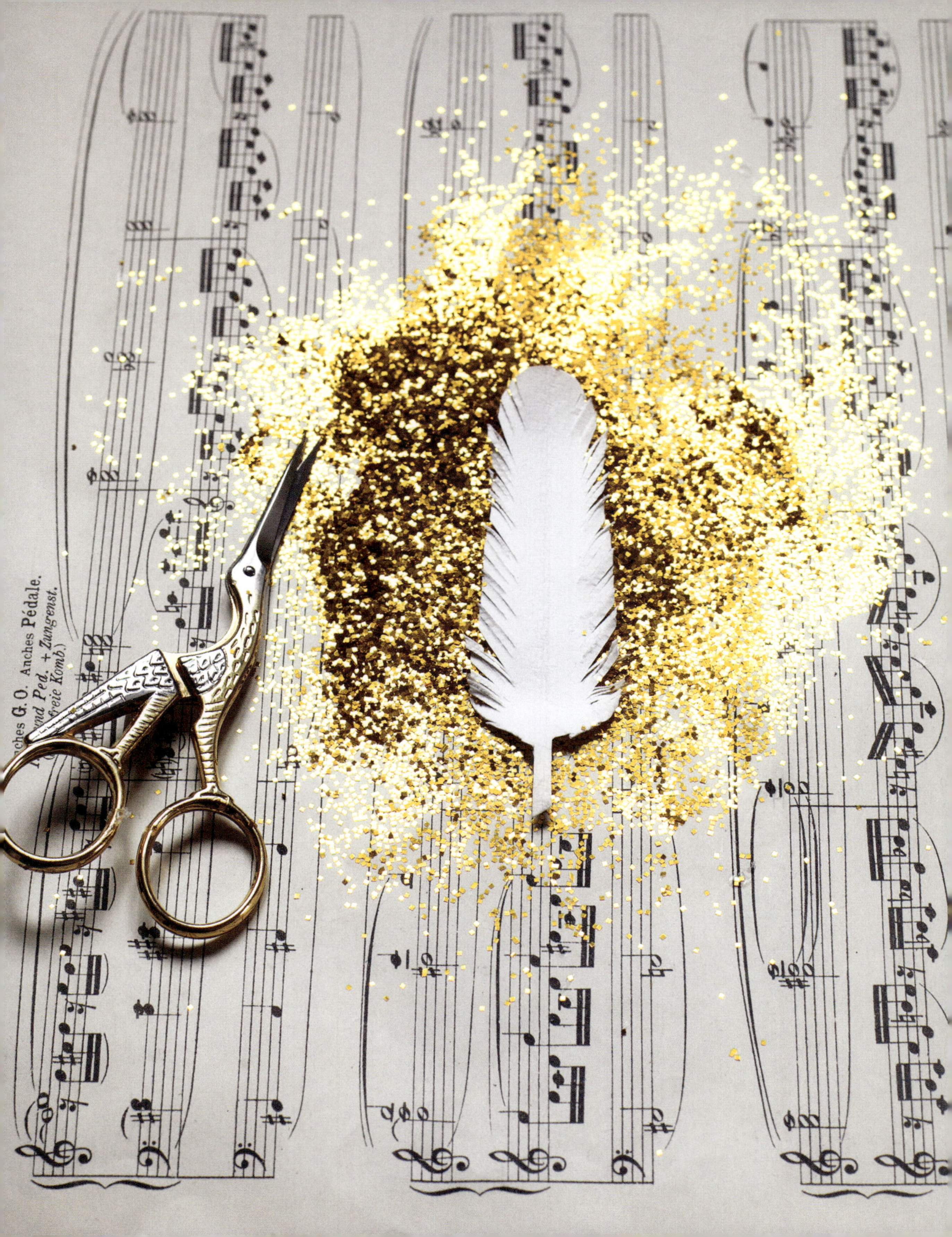
G.O. Anches Pédale.
Ped. + Zungenst.
Komb.)

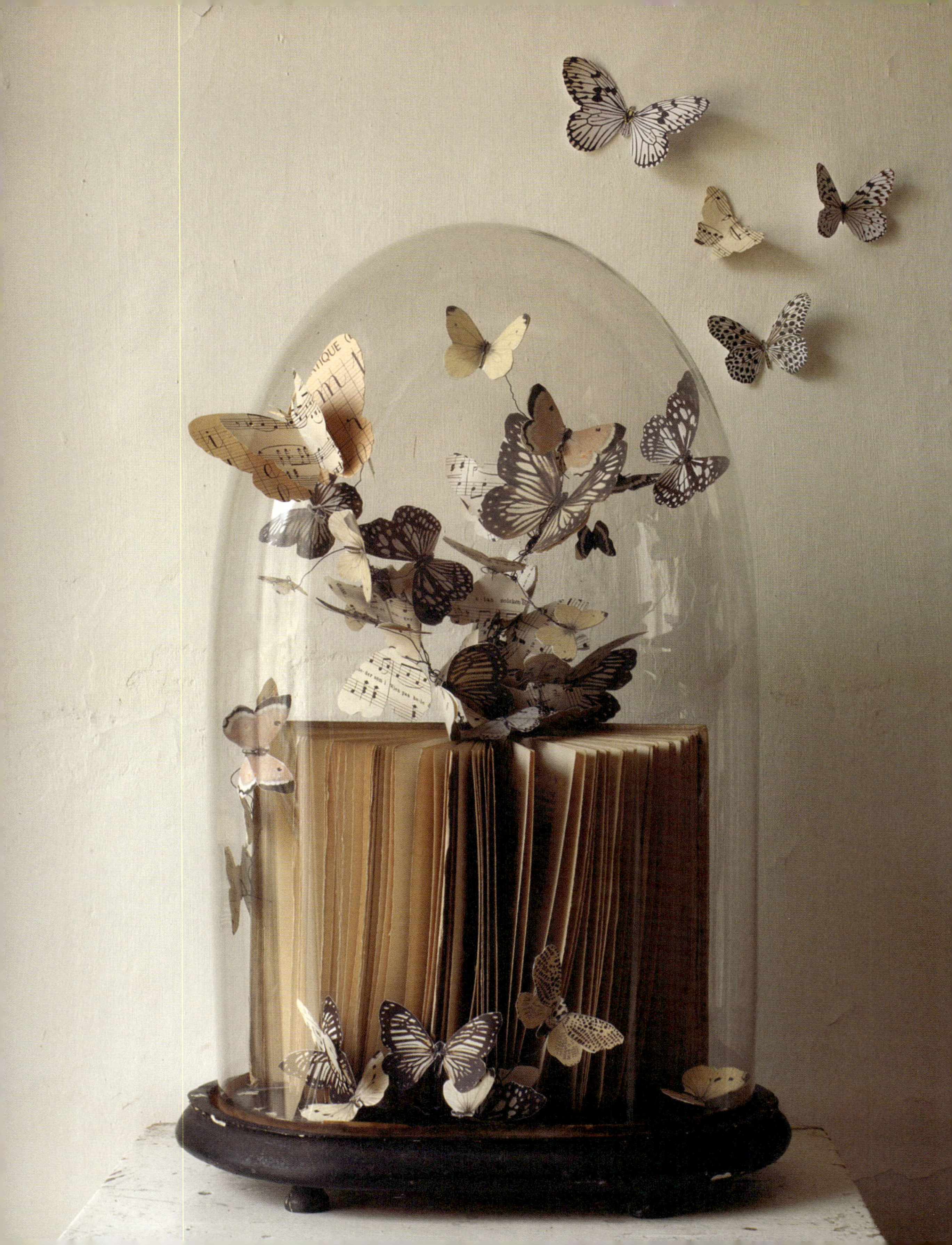

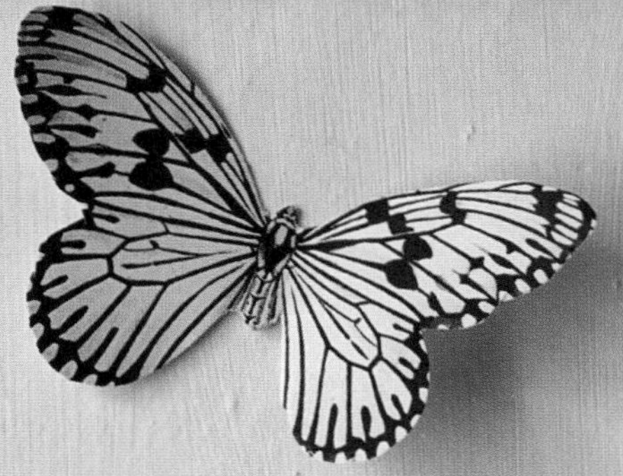

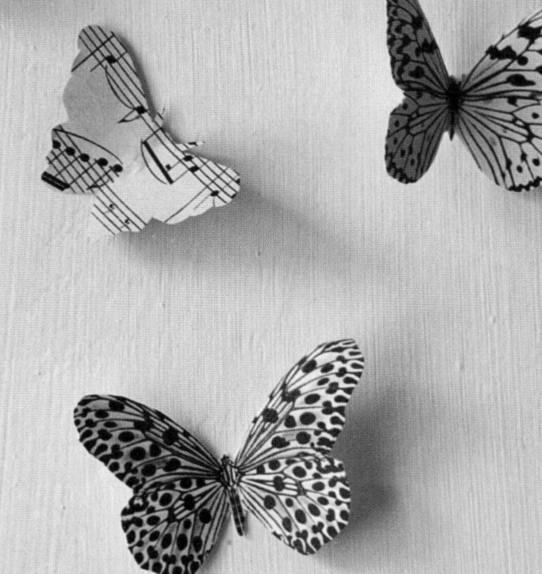

PAPIERFALTER ODER DIE ERTRÄGLICHE LEICHTIGKEIT DES SEINS

Papier ist leicht und stabil zugleich. Wer schon öfter mit Papier gearbeitet hat, weiß, wie viele unterschiedliche Papierstärken es gibt; die Palette reicht vom dicken, samtigen Luxuspapier bis hin zu superfeinem, fast durchscheinendem Papier. Bei der Arbeit an Projekten mit dünnem Papier schneiden wir meist mehrere Lagen gleichzeitig; das ist zum einen effizienter, zum anderen lässt sich dieses Papier leichter schneiden, wenn der Papierwiderstand größer ist. Objekte aus dickem Papier dagegen sollten immer nur einzeln ausgeschnitten werden.

Schmetterlinge ausschneiden ist einfach. Falten Sie ein Stück Papier in der Mitte und schneiden Sie den Umriss einer Schmetterlingshälfte aus. Der Schmetterlingskörper sollte dabei direkt über der Faltstelle liegen (siehe Illustration). Dann nur noch aufklappen und schon haben Sie Ihren fertigen Schmetterling. Mit etwas Übung haben Sie sicher bald Ihre eigene „perfekte" Schmetterlingsform gefunden.

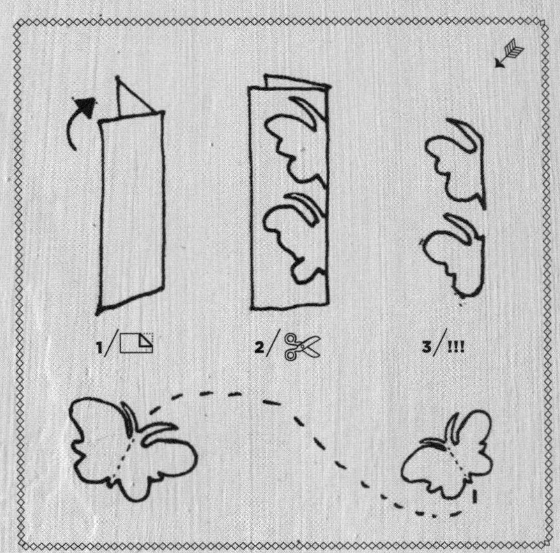

← *Schmetterlingsbuch unter Glasglocke*

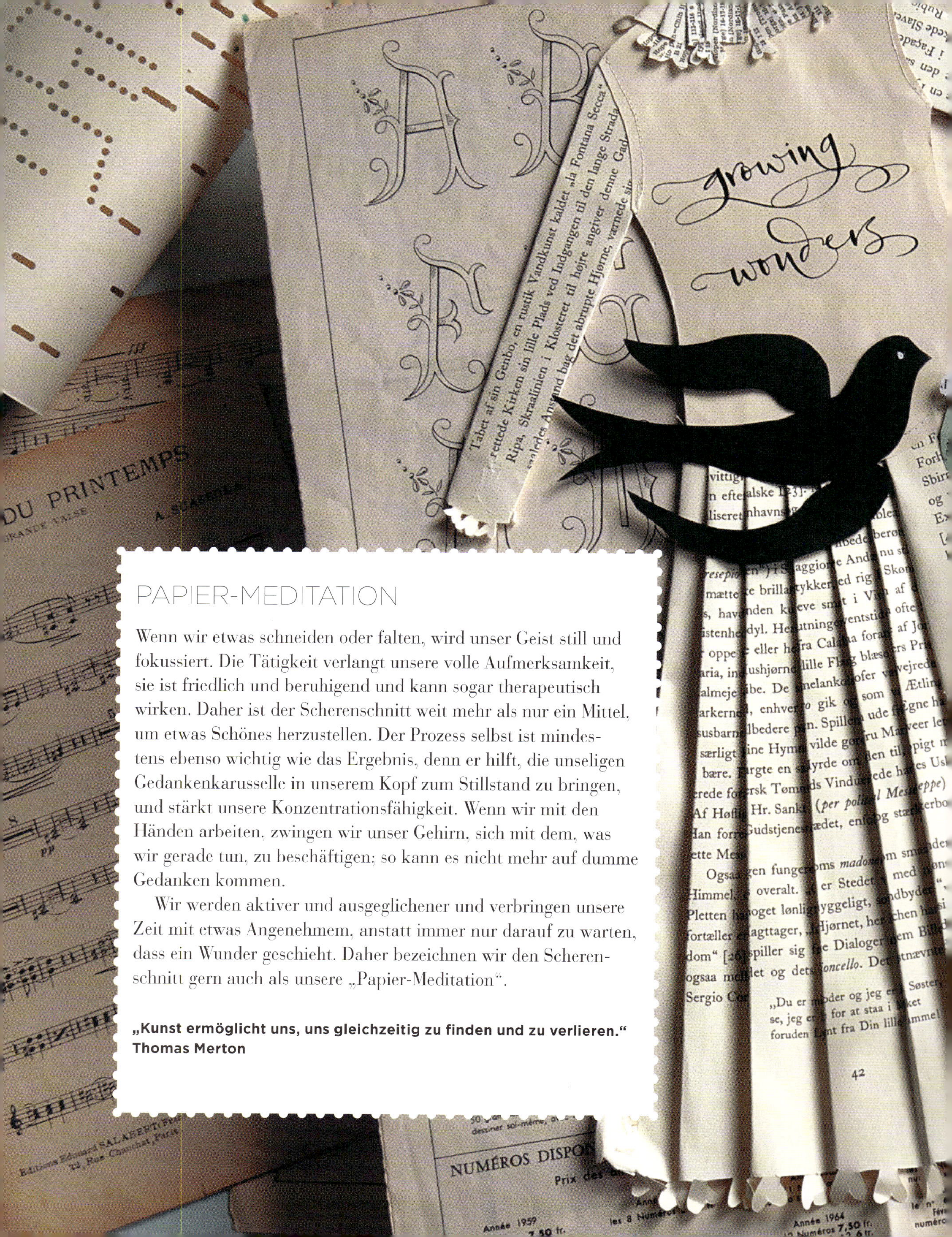

PAPIER-MEDITATION

Wenn wir etwas schneiden oder falten, wird unser Geist still und fokussiert. Die Tätigkeit verlangt unsere volle Aufmerksamkeit, sie ist friedlich und beruhigend und kann sogar therapeutisch wirken. Daher ist der Scherenschnitt weit mehr als nur ein Mittel, um etwas Schönes herzustellen. Der Prozess selbst ist mindestens ebenso wichtig wie das Ergebnis, denn er hilft, die unseligen Gedankenkarusselle in unserem Kopf zum Stillstand zu bringen, und stärkt unsere Konzentrationsfähigkeit. Wenn wir mit den Händen arbeiten, zwingen wir unser Gehirn, sich mit dem, was wir gerade tun, zu beschäftigen; so kann es nicht mehr auf dumme Gedanken kommen.

Wir werden aktiver und ausgeglichener und verbringen unsere Zeit mit etwas Angenehmem, anstatt immer nur darauf zu warten, dass ein Wunder geschieht. Daher bezeichnen wir den Scherenschnitt gern auch als unsere „Papier-Meditation“.

„Kunst ermöglicht uns, uns gleichzeitig zu finden und zu verlieren.“
Thomas Merton

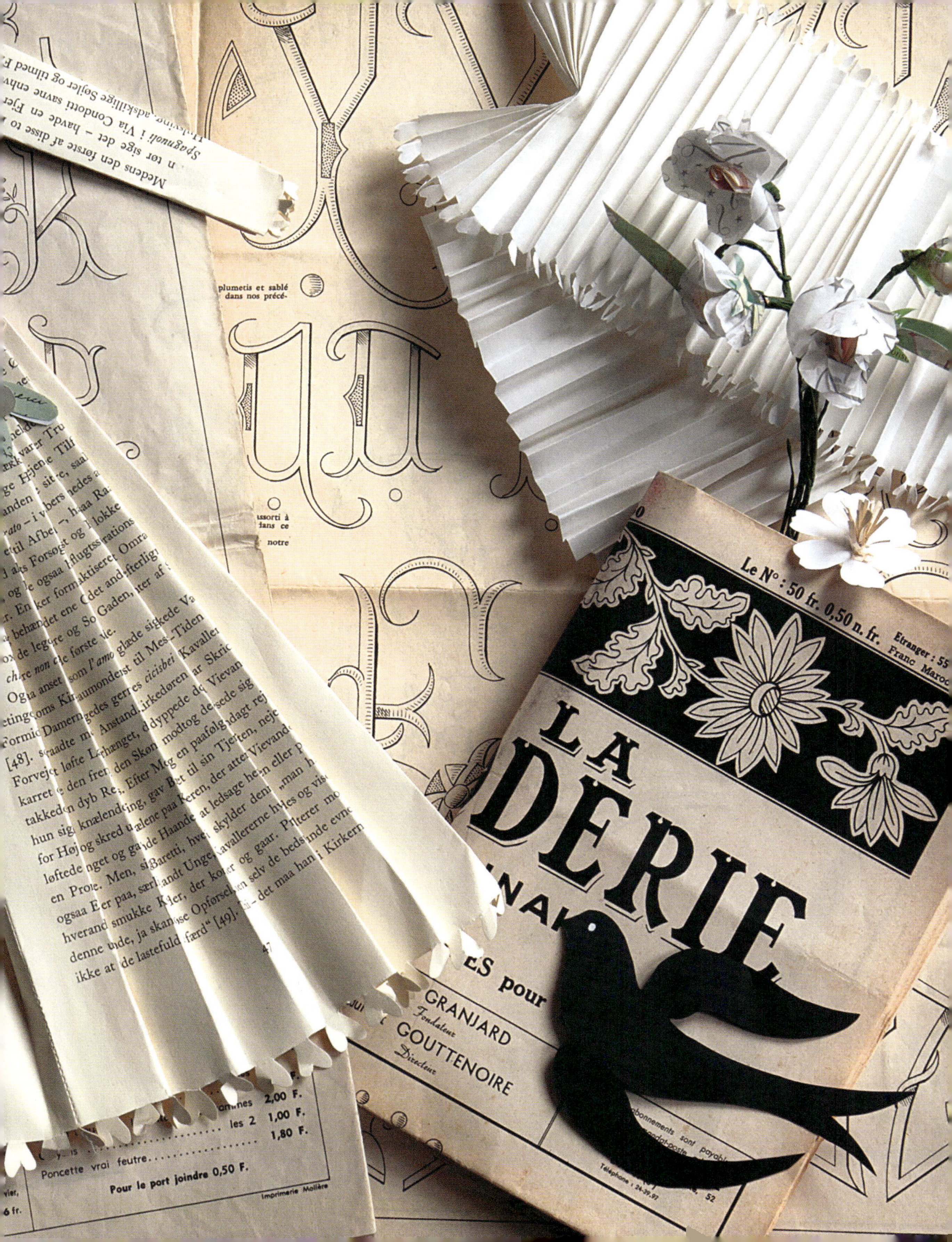

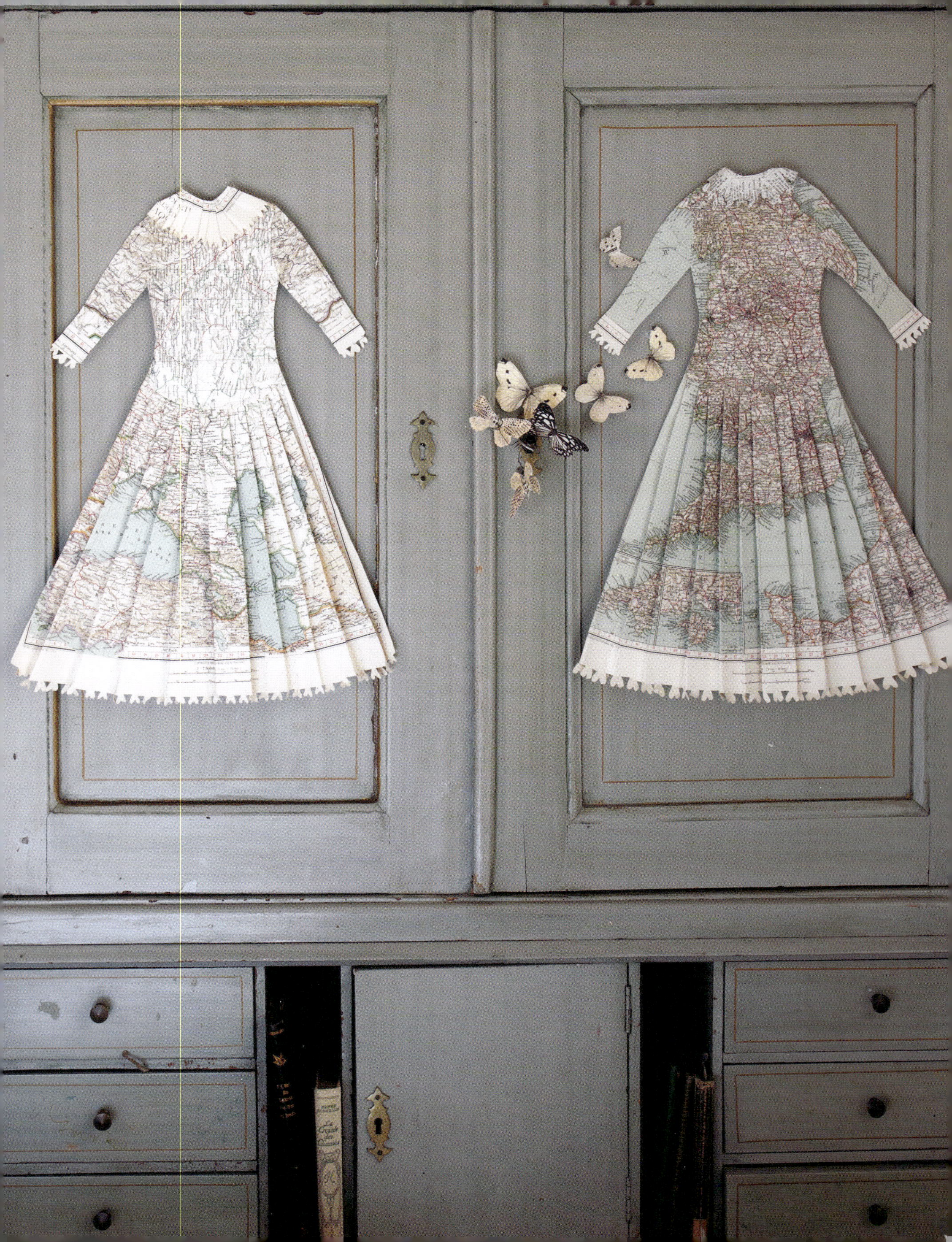

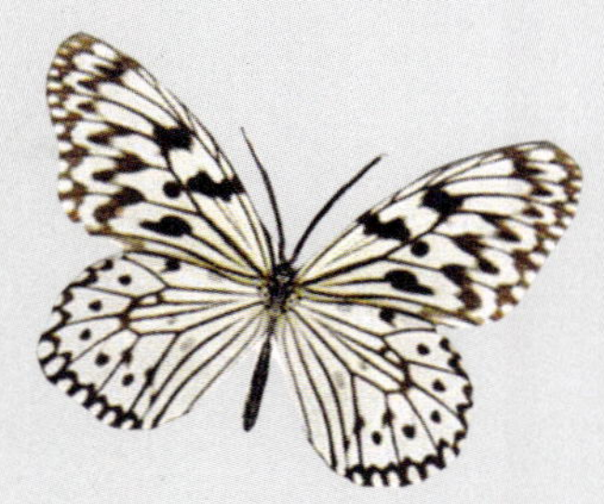

PAPIER-KLEIDER

Maßschneider und -schneiderinnen fertigen oft zuerst ein Modell aus Papier, bevor sie an den Zuschnitt der meist sehr hochwertigen Stoffe gehen, da sich so vieles einfacher und billiger ausprobieren lässt. Wir fanden die Idee lustig, Kleider aus unterschiedlichen Papiersorten zu machen – nicht um sie zu tragen, sondern um sie aufzuhängen. Papier zu vernähen macht riesigen Spaß, daher nutzen wir diese Technik oft für unsere Papierarbeiten.

Die abgebildeten Kleider gehören zu unseren Lieblingsstücken, aber sie sind relativ schwierig in der Herstellung – selbst das Austüfteln der Anleitung war schwierig! Sie sollten deshalb schon einige Erfahrung mit den in diesem Buch vorgestellten Projekten haben, bevor Sie sich Ihr eigenes Papierkleid vornehmen. Die Details zu unserem Anleitungsvideo finden Sie nachstehend aufgeführt. Nun hoffen wir, dass wir Ihnen fürs Erste genug Anregungen gegeben haben und zeigen konnten, auf welch unterschiedliche Arten sich Papier verwenden lässt und wie dekorativ es sein kann, alte Bücher, Landkarten oder Briefe einer Metamorphose zu unterziehen und ihnen eine neue Form zu geben.

[Das Anleitungsvideo zu diesem Projekt findet sich auf dem YouTube-Kanal „Paper Poetry“ und heißt „Helene and Simone's Pleated Paper Dressmaking“]

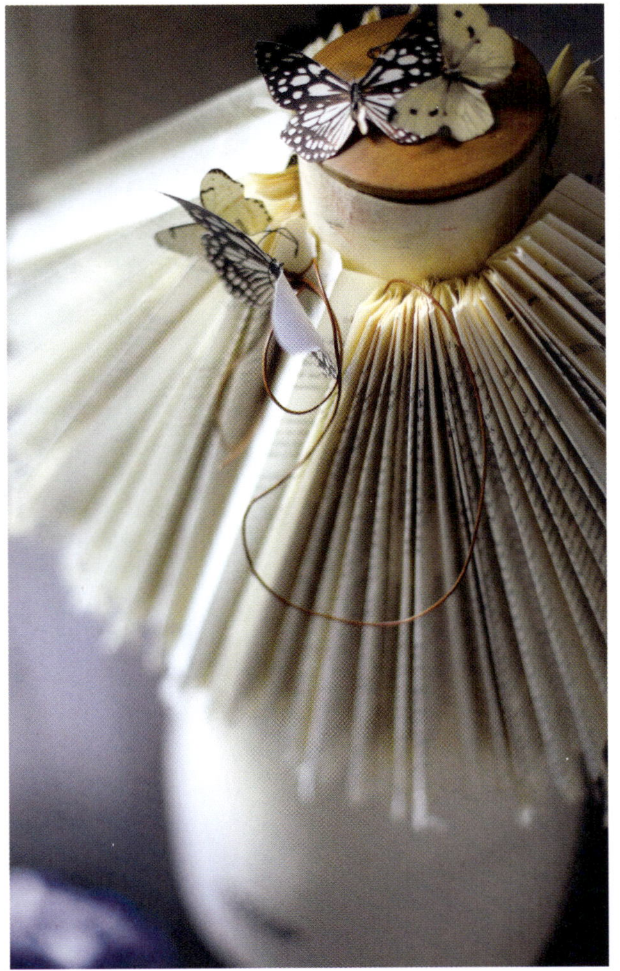

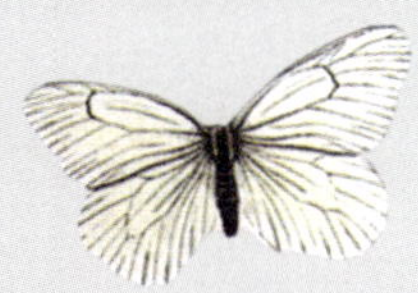

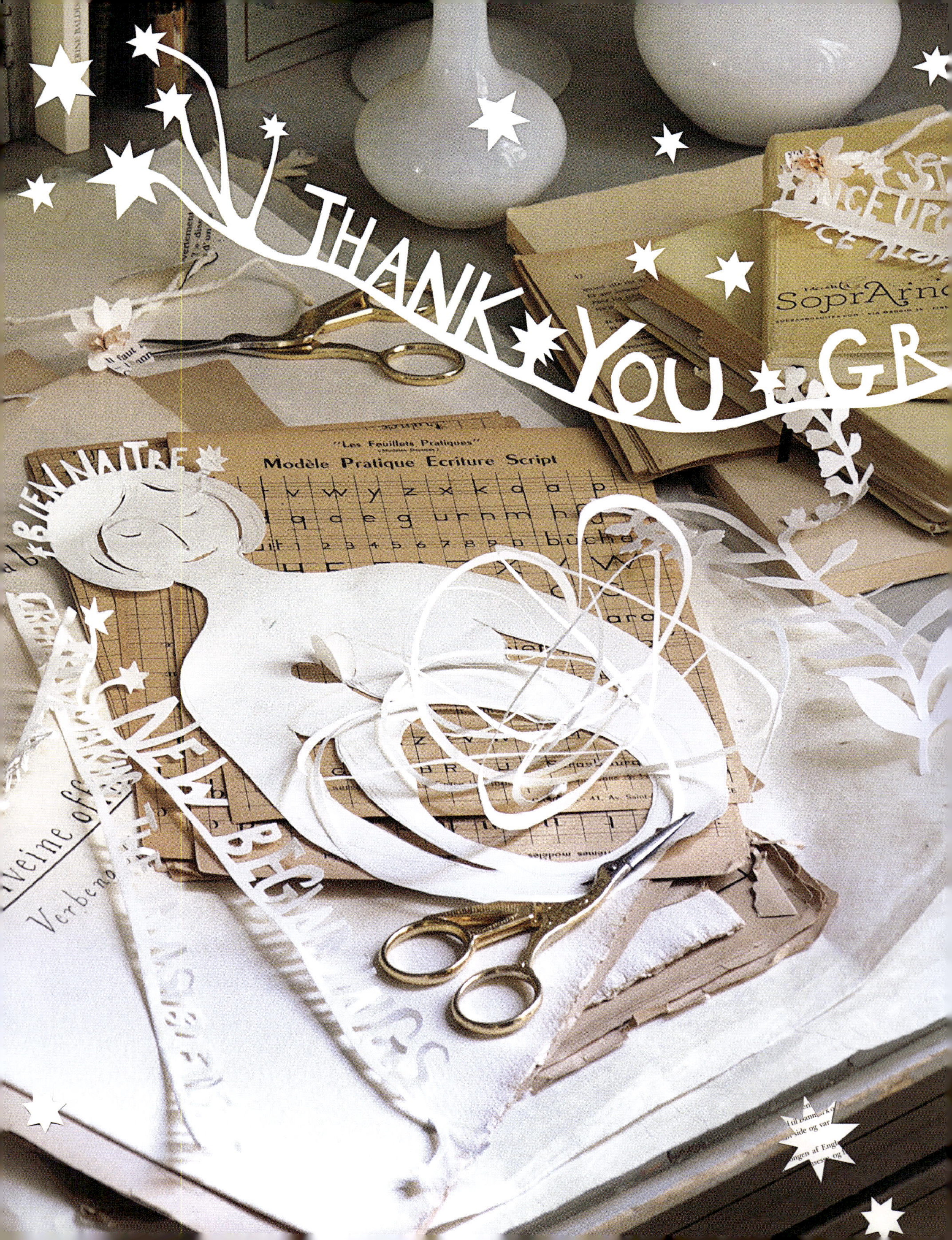
THANK YOU GR
BIEN NAITRE
NEW BEGINNINGS
"Les Feuillets Pratiques"
Modèle Pratique Écriture Script
SoprArno

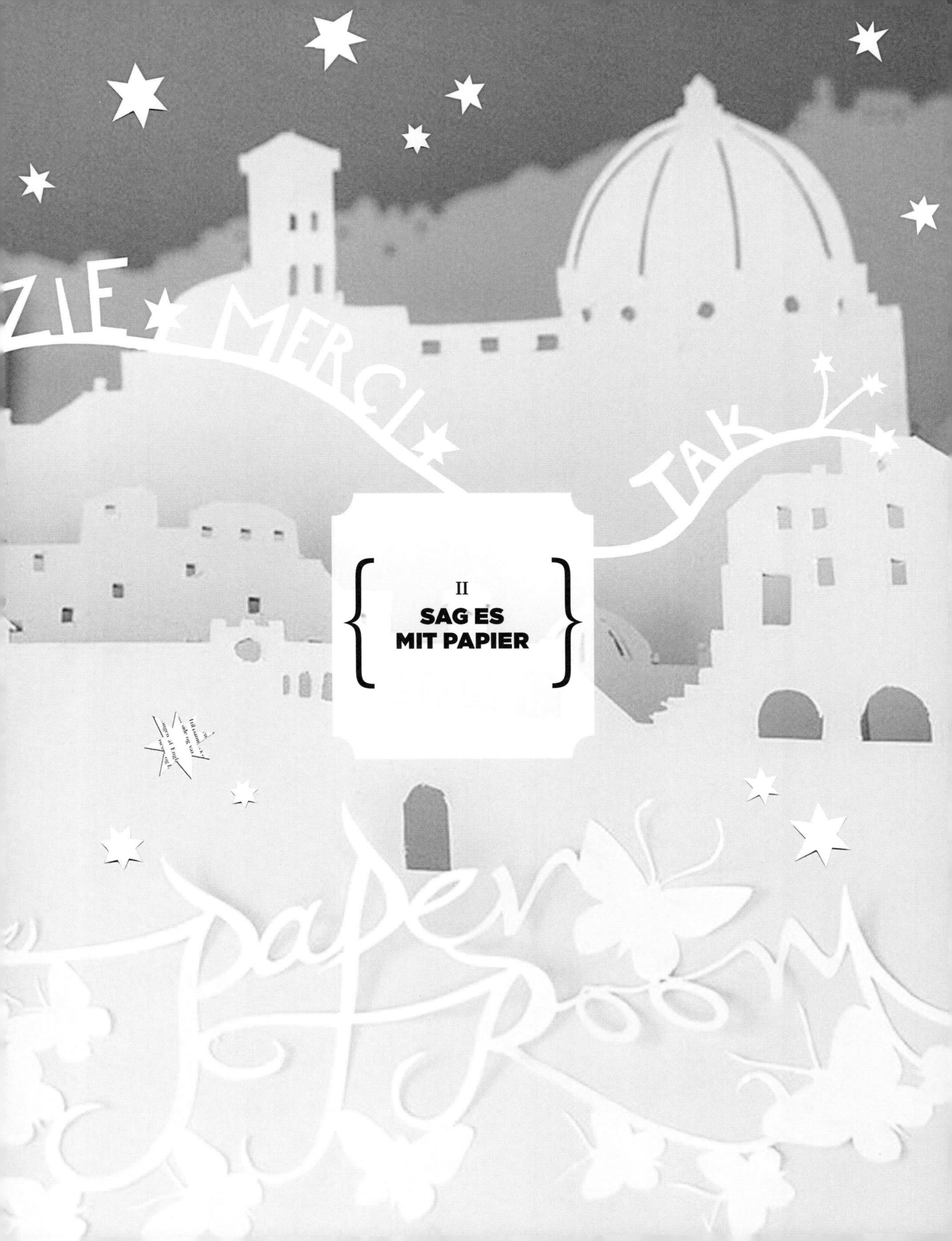

II

SAG ES MIT PAPIER

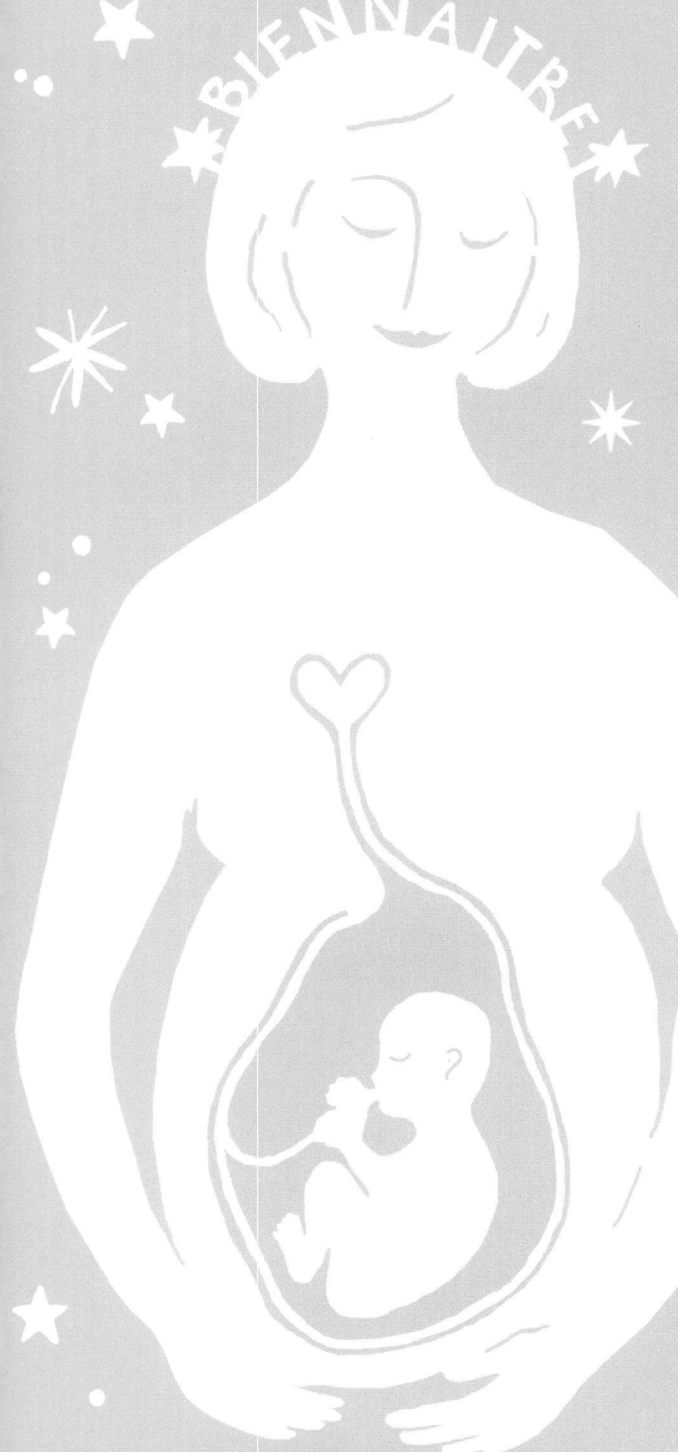

LASST PAPIER SPRECHEN

Von der Liebeserklärung über Geburtstagsgrüße bis hin zum Trauerspruch – eigentlich alles, was Sie sagen wollen, lässt sich auch mit Papier sagen.

Auf den nächsten Seiten finden Sie einige Ideen, die Ihnen den Weg zum Blumenhändler ersparen …

IN FREUDIGER ERWARTUNG

Dieser Scherenschnitt ist eine nette Idee, um einer Freundin zur Schwangerschaft zur gratulieren.

Kopieren Sie die Vorlage und schneiden Sie die Mutter mit Fötus aus. Das Bild lebt von seinen Details, also achten Sie beim Schneiden darauf. „Biennaître" ist ein Wortspiel auf Französisch: Übersetzt heißt es „gut geboren", gesprochen klingt es aber wie „bien-être", was so viel wie „Wohlbefinden" bedeutet. Statt „biennaître" können Sie natürlich auch Ihren eigenen Text wählen, oder Sie lassen das Schriftdiadem weg, wenn Ihnen das lieber ist.

→ *Als wir unsere „Mrs. Biennaître" ausschnitten, schnitten wir, wie so oft, zwei Lagen Papier gleichzeitig. Und – hoppla – schon war es passiert! Wie zufällig hingen plötzlich Zwillinge an der Nabelschnur unserer werdenden Mutter.*

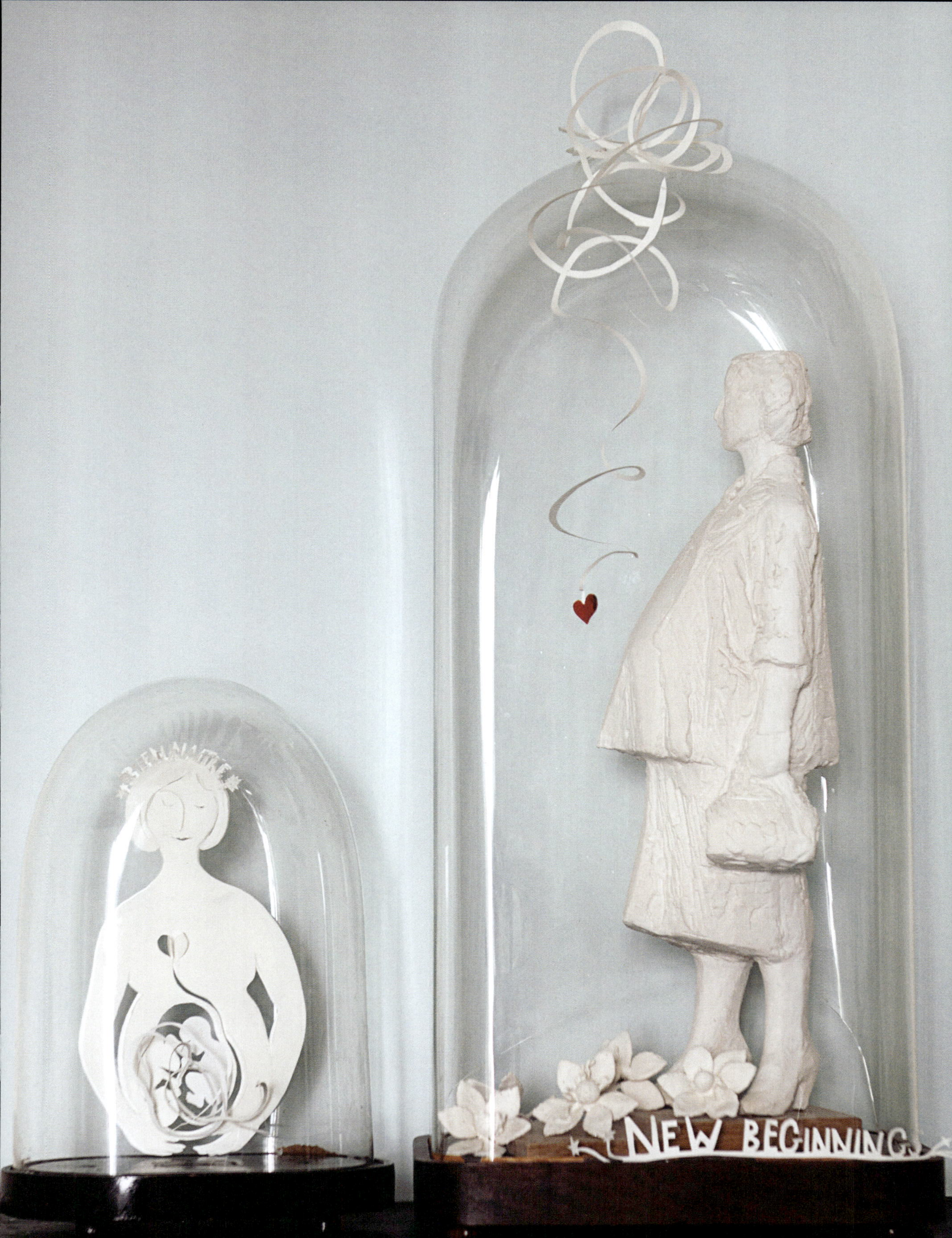
NEW BEGINNINGS

EIN STRAUSS NARZISSEN

Aus alten Partituren, Seiten ausrangierter Bücher oder Kalenderblättern lässt sich spielend ein unvergänglicher Narzissenstrauß zaubern. So ein Strauß ist ein schönes Mitbringsel, das bei jeder Party oder Esseneinladung gut ankommt. Außerdem hat ein Papierblumenstrauß den zusätzlichen Vorteil, dass die Gastgeberin nicht sofort verschwinden muss, um die Blumen ins Wasser zu stellen.

Pro Blume müssen Sie etwa 10–15 Minuten Herstellungszeit rechnen, die Blumenstiele gehen zum Glück etwas zügiger von der Hand. Kalkulieren Sie für den gesamten Strauß circa zwei Stunden Bastelzeit ein.

Sie benötigen:

- **Gelbes oder orangefarbenes Papier für die Blütennarbe**
- **Cremefarbenes oder weißes Papier für die Blütenblätter (besonders hübsch sehen alte Partiturseiten aus)**
- **Dünnen Basteldraht**
- **Flora-Kreppband**
- **Schere**

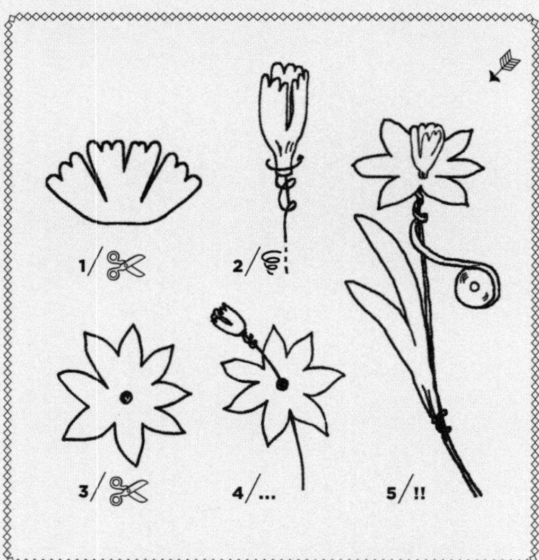

Beginnen Sie mit den Blütennarben der Narzissen. Nehmen Sie am besten irgendein gelbes oder orangefarbenes Papier, damit sich die Narbe vom Cremeton der Blütenblätter abheben kann. Wir haben für unsere Narben die gelben Deckel alter Straßenkarten verwendet.

Schneiden Sie zuerst ein Rechteck in den Maßen 8 x 5 cm. Schneiden Sie nun kleine Zacken in eine lange Seite des Rechtecks; achten Sie darauf, dass mindestens 1 cm Abstand zur gegenüberliegenden Seite bleibt, damit Ihre Narbe nicht auseinanderfällt. Rollen Sie die Narbe zusammen und umwickeln Sie den unteren Teil mit dünnem Basteldraht.

Nun zu den Blütenblättern: Nehmen Sie Ihr weißes oder cremefarbenes Papier und schneiden Sie einen Kreis mit einem Durchmesser von 10–12 cm aus (ist das Papier dünn genug, können Sie auch mehrere Lagen gleichzeitig schneiden). Schneiden Sie nun von außen die Blütenblätter in den Kreis. Wir verwenden in der Regel keine Schablonen, da wir festgestellt haben, dass die schönsten Resultate dann entstehen, wenn man einfach drauflos schneidet; so fällt, wie in der Natur auch, jede Blüte anders aus. Stechen Sie nun ein Loch in die Mitte der Blüte und stecken Sie die mit Blumendraht umwickelte Narbe hinein. Fixieren Sie die Blüte mit etwas Klebeband oder binden Sie die beiden Teile mit einem Stück Basteldraht zusammen.

Zum Schluss umwickeln Sie den Stängel mit grünem Flora-Kreppband, um den Draht zu überdecken. Gehen Sie wie oben beschrieben für jede einzelne Blume vor, bis Sie einen vollständigen Strauß zusammenhaben.

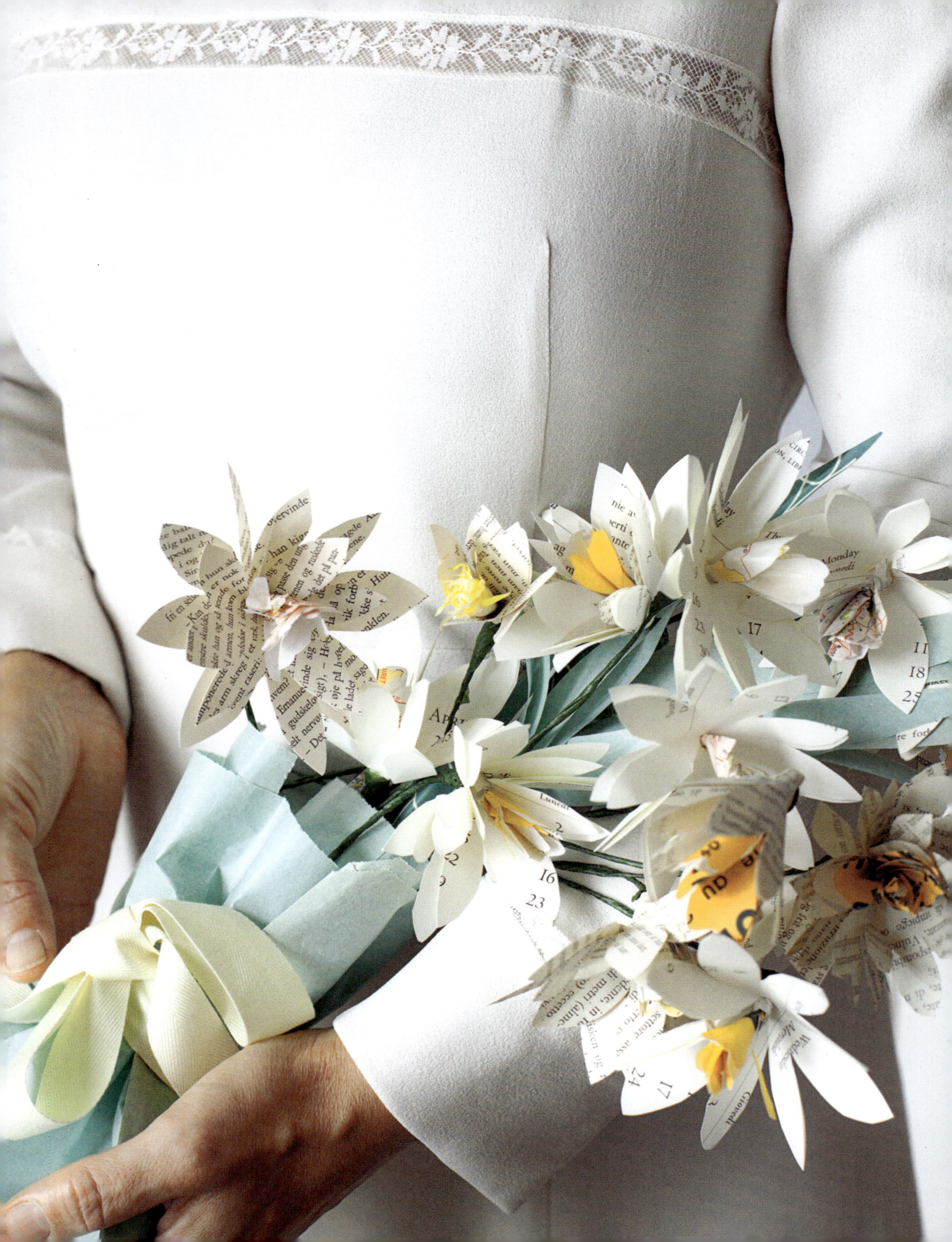

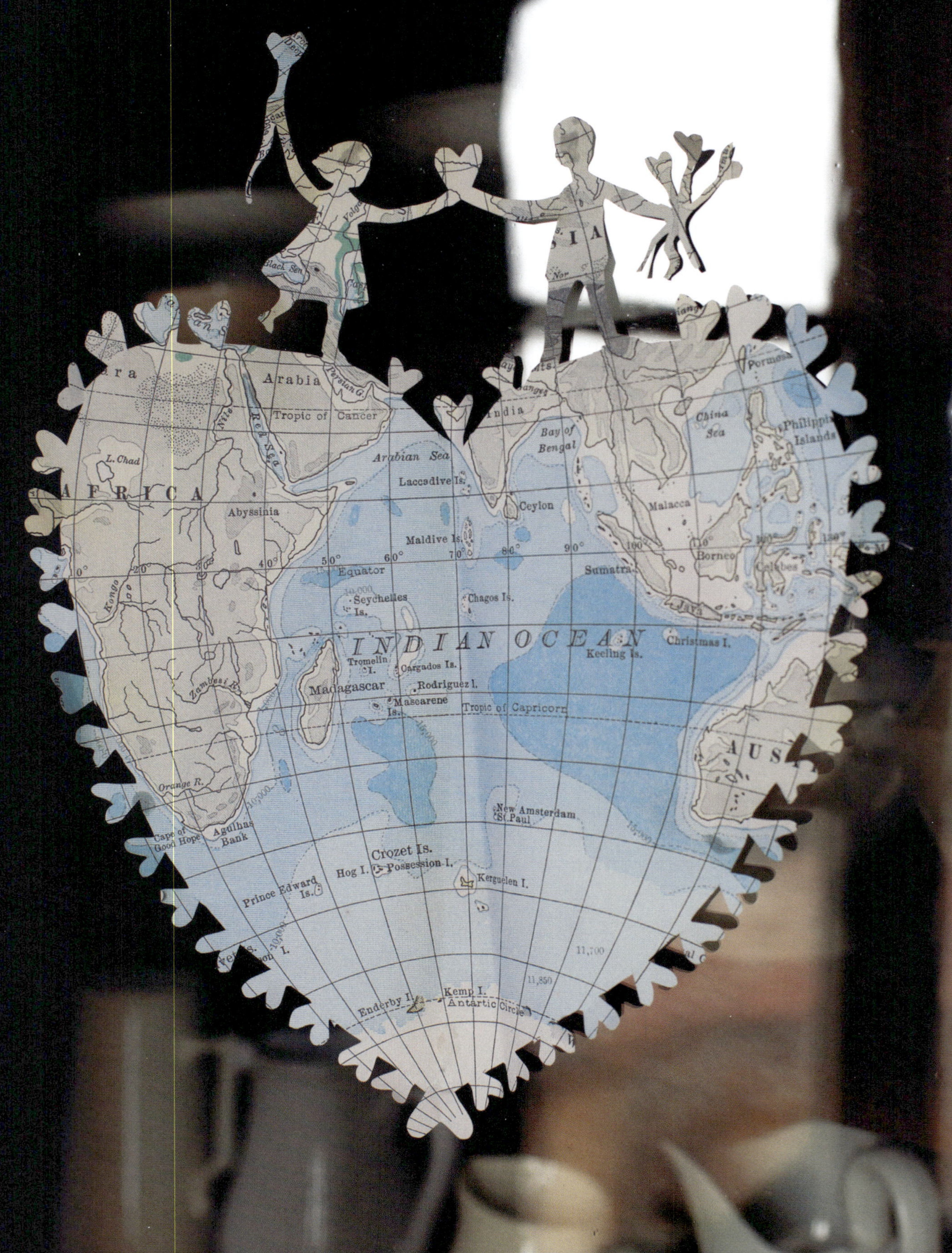
Arabia
Tropic of Cancer
India
Bay of Bengal
China Sea
Philippine Islands
L. Chad
AFRICA
Arabian Sea
Laccadive Is.
Ceylon
Malacca
Abyssinia
Maldive Is.
Borneo
Celebes
Sumatra
Equator
Seychelles Is.
Chagos Is.
Java
INDIAN OCEAN
Christmas I.
Keeling Is.
Tromelin I.
Cargados Is.
Madagascar
Rodriguez I.
Mascarene Is.
Tropic of Capricorn
Orange R.
New Amsterdam
St. Paul
Cape of Good Hope
Agulhas Bank
Crozet Is.
Hog I.
Possession I.
Kerguelen I.
Prince Edward Is.
Enderby I.
Kemp I.
Antartic Circle

HERZLICHE GRÜSSE

Unser aus einer alten Weltkarte ausgeschnittenes Herz ist eine wunderschöne Art, um einer fernen Freundin einen lieben Gruß zukommen zu lassen. Grußherzen lassen sich natürlich auch aus schlichtem, weißem Papier ausschneiden und als Grußkarten zum Beschreiben verwenden. Ist Ihr Papier dünn genug, können Sie mehrere Lagen gleichzeitig schneiden.

Übertragen Sie die Herzform von dem Foto links auf Ihr Bastelpapier. Falten Sie zum Schneiden das Papier in der Mitte; Das ist effektiver, da Sie so die beiden Herzseiten quasi „auf einen Streich" schneiden können. Wenn Sie am oberen Ende angelangt sind, müssen Sie Ihr Werkstück allerdings aufklappen und die beiden Figuren separat ausschneiden.

↘ *Übertragen Sie den unten abgebildeten Storch in größerem Format auf Ihr Bastelpapier und schneiden Sie ihn aus.*

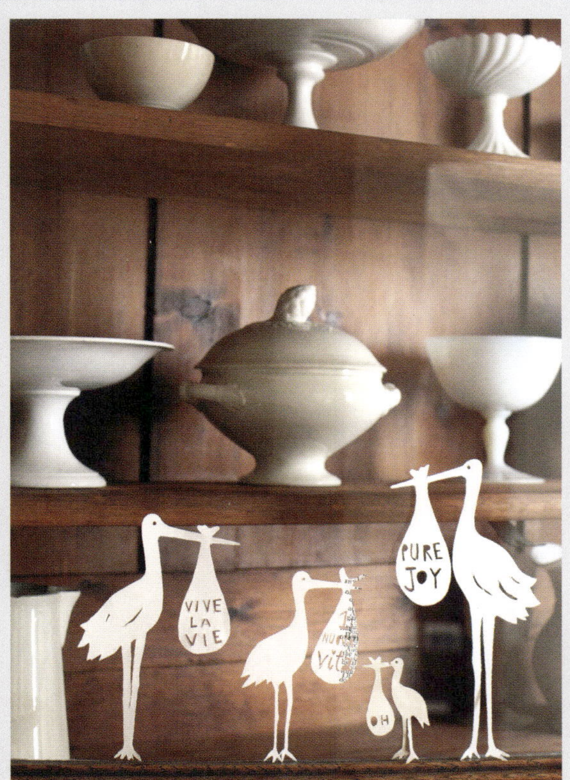

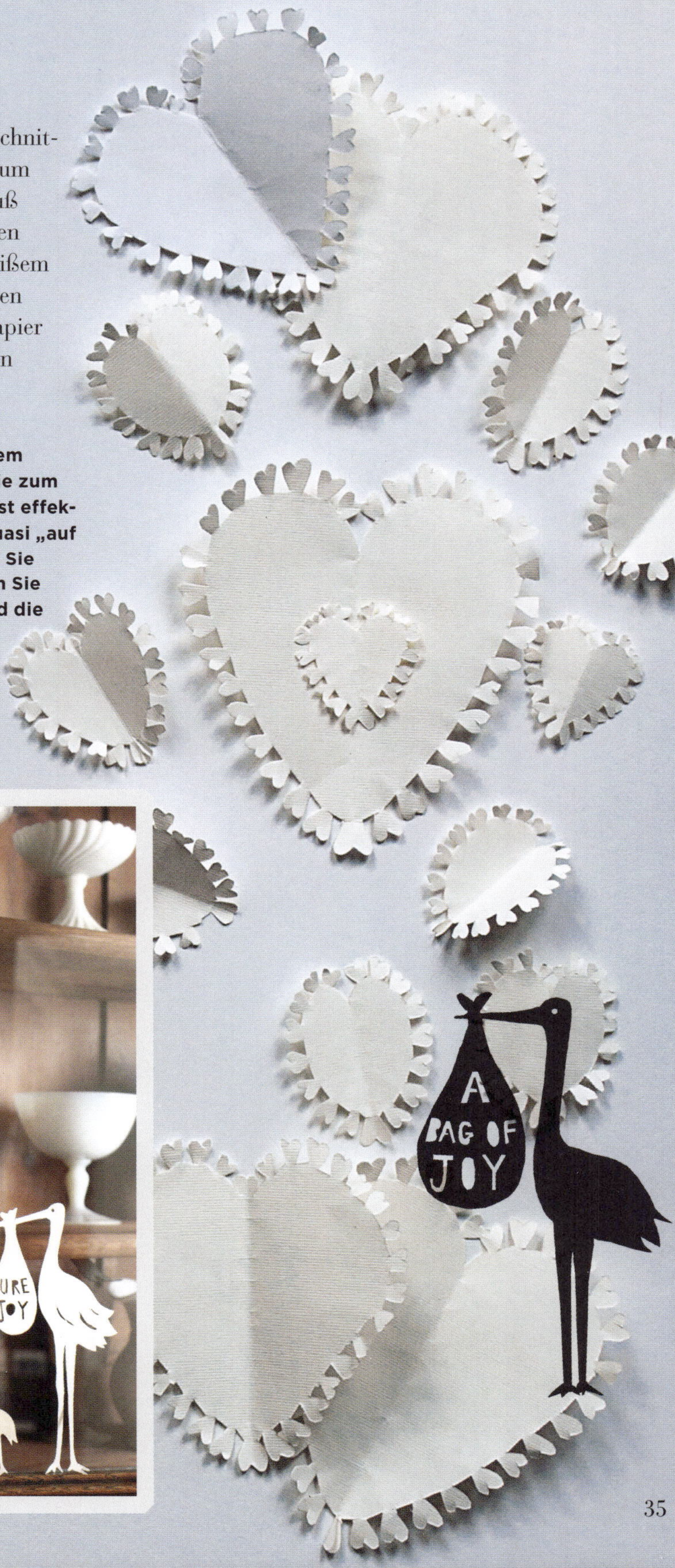

PREISGEKRÖNTE PRÄSENTE

Mit dem Scherenschnitt lassen sich nicht nur schöne Geschenke, sondern auch aparte Geschenkpapiere herstellen. Hauchen Sie Altpapier wie alten Zeitungen, Landkarten oder Zeitschriften neues Leben ein und machen Sie buntes Geschenkpapier daraus. Selbstgebastelte Geschenkanhänger in originellen Formen geben Ihren Geschenken das gewisse Etwas.

↓ Für den unten abgebildeten Siegerkranz wurden Papierblumen und echte Eukalyptusblätter zusammengebunden. Auf den Seiten 96–97 finden Sie die Anleitung zum Binden eines Recycling-Blätterkranzes, auf der Seite 77 die Anleitung zur Herstellung der Papierblumen. Eukalyptusblätter trocknen schön und ergeben attraktive, langlebige Kränze – für Siege, die nicht verblassen!

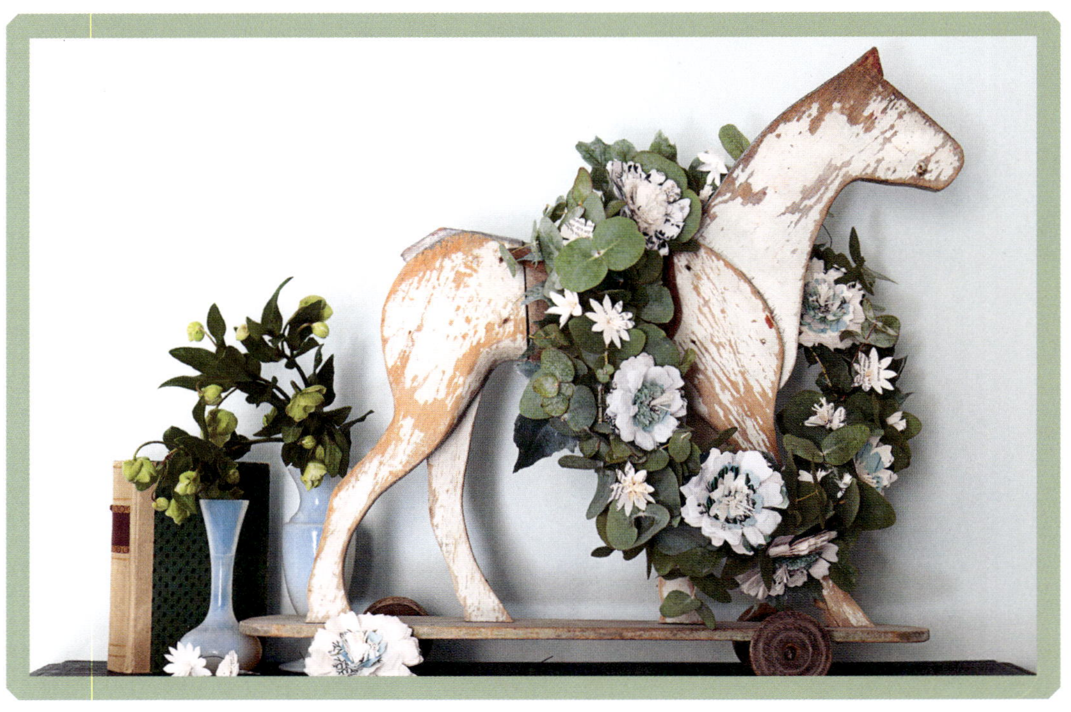

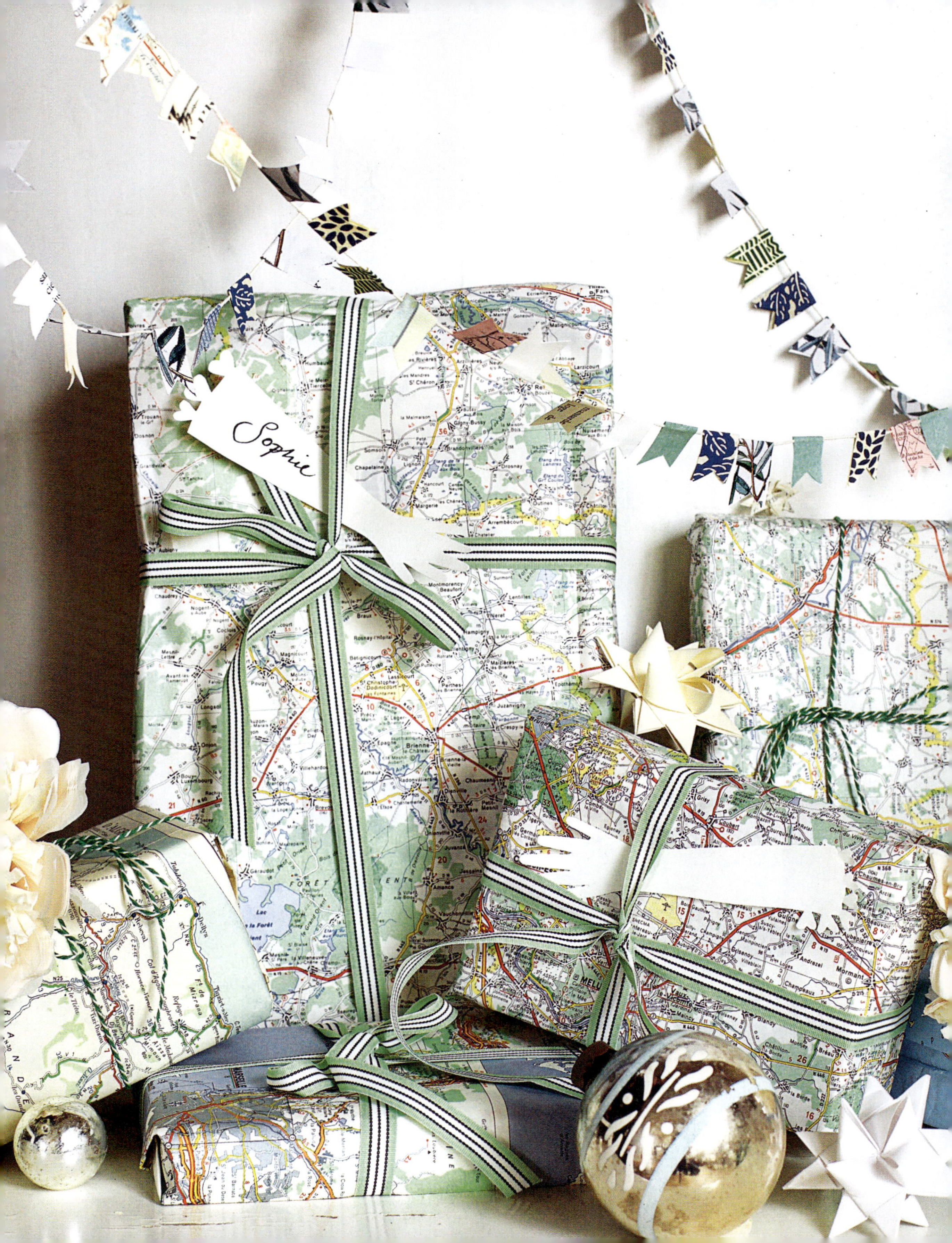
Sophie

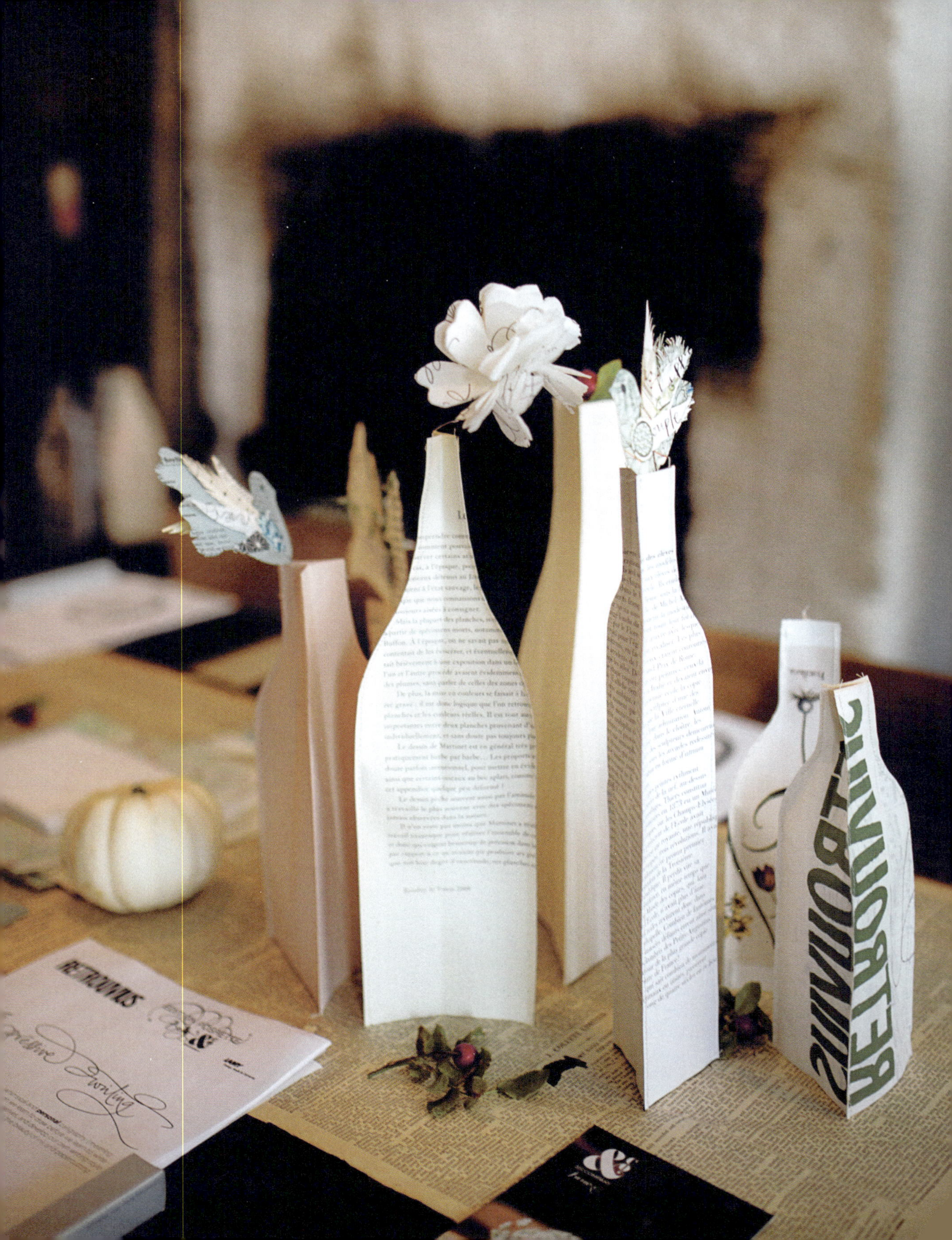

PAPIERFLASCHENPOST

Papierflaschen sind schöne Deko-Objekte und eignen sich wunderbar als Vasen für Papierblumen. Stülpt man sie über eine Glasflasche, kann man sogar echte Blumen hineinstecken. Gepresst und beschrieben lassen sie sich auch als Brief verschicken – als sprichwörtliche Flaschenpost!
Wir stellen unsere Flaschen meist aus alten Buchseiten her oder verwenden Papier mit Kalligrafien von unserer Freundin Betty Soldi (Siehe Seiten 48–49).

Sie benötigen:

- **3 Blätter Papier**
- **Schere**
- **Nadel und Faden**

Schneiden Sie drei identische Flaschenformen aus Ihrem Papier und nähen Sie die drei Teile sorgfältig mit Nadel und Faden zusammen – fertig ist die Flasche in 3D!

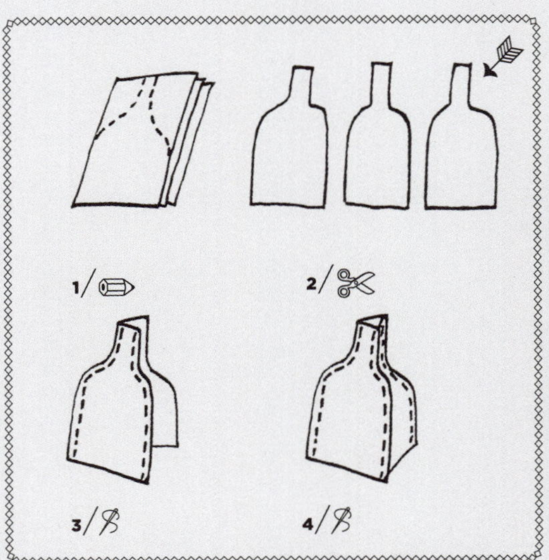

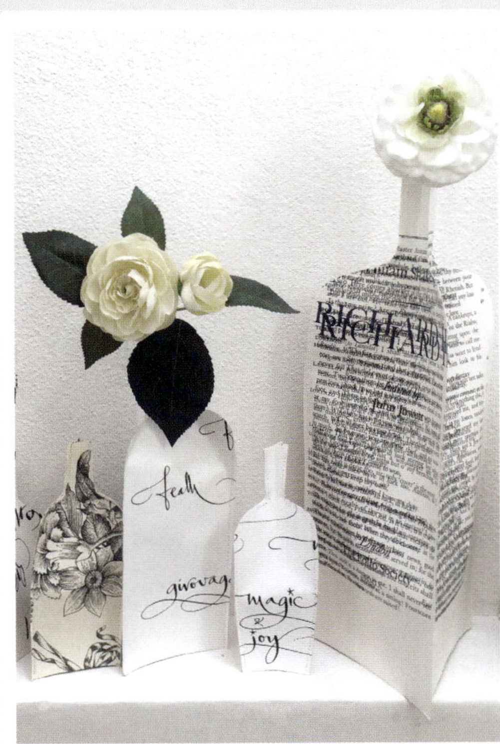

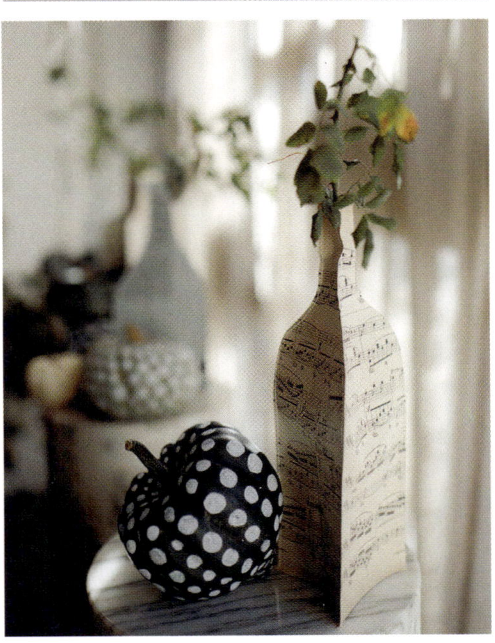

KOMMT EIN VOGEL GEFLOGEN

Aus Scherenschnitten lassen sich charmante Türdekorationen zaubern. Für das rechts abgebildete Projekt haben wir zwei Papiervögel mit Zettel im Schnabel ausgeschnitten und als Willkommensgruß an die Eingangstür gepinnt. Da lässt sich jeder gern über die Schwelle bitten!

Verwenden Sie das Foto rechts als Vorlage für Ihre eigene Türdekoration. Einfach Motiv abzeichnen und ausschneiden – fertig ist der Grußvogel! Nun müssen Sie ihn nur noch an passender Stelle aufhängen, und schon werden sich Ihre Gäste wie zuhause fühlen.

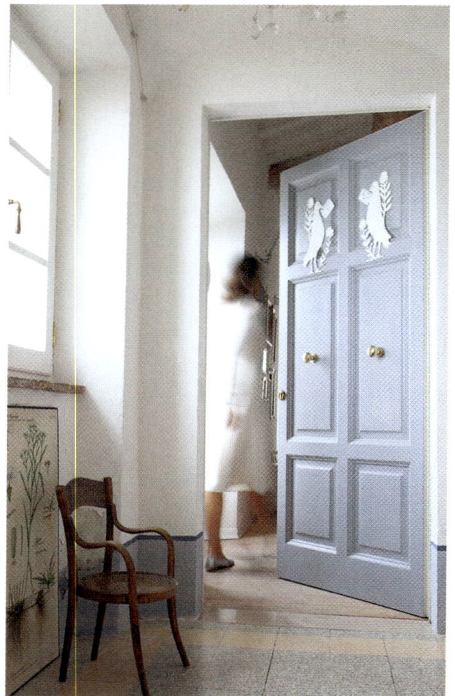

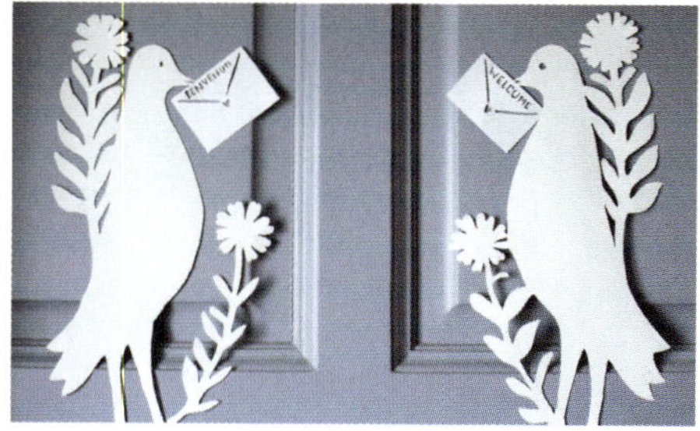

HANDLICHE HELFERSHELFER

Hände haben uns schon immer fasziniert. Sie sind nicht nur schön, sie sind auch unersetzlich bei allem was wir tun. Um ihnen den angemessenen Tribut zu zollen, haben wir diese dekorativen Elemente aus helfenden Händen entworfen.

Pausen Sie die auf Seite 74 abgebildeten Vorlagen ab. Schneiden Sie die Hände aus und fädeln Sie sie zu einer „Hand"-Girlande auf eine Schnur auf (siehe Foto umseitig). Unsere „Handlichen Helfershelfer" lassen sich auch gut als Geschenkanhänger oder Lesezeichen verwenden.

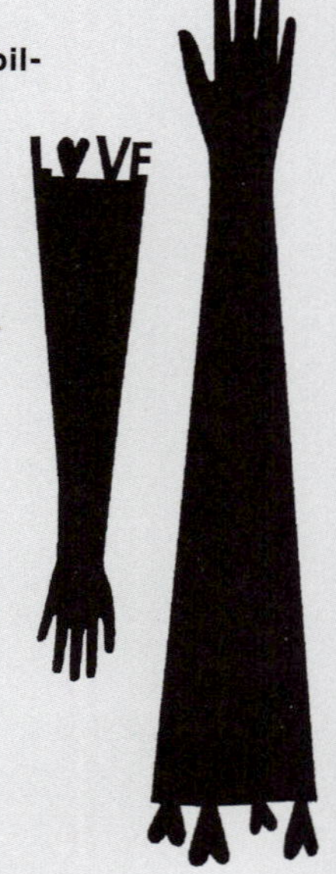

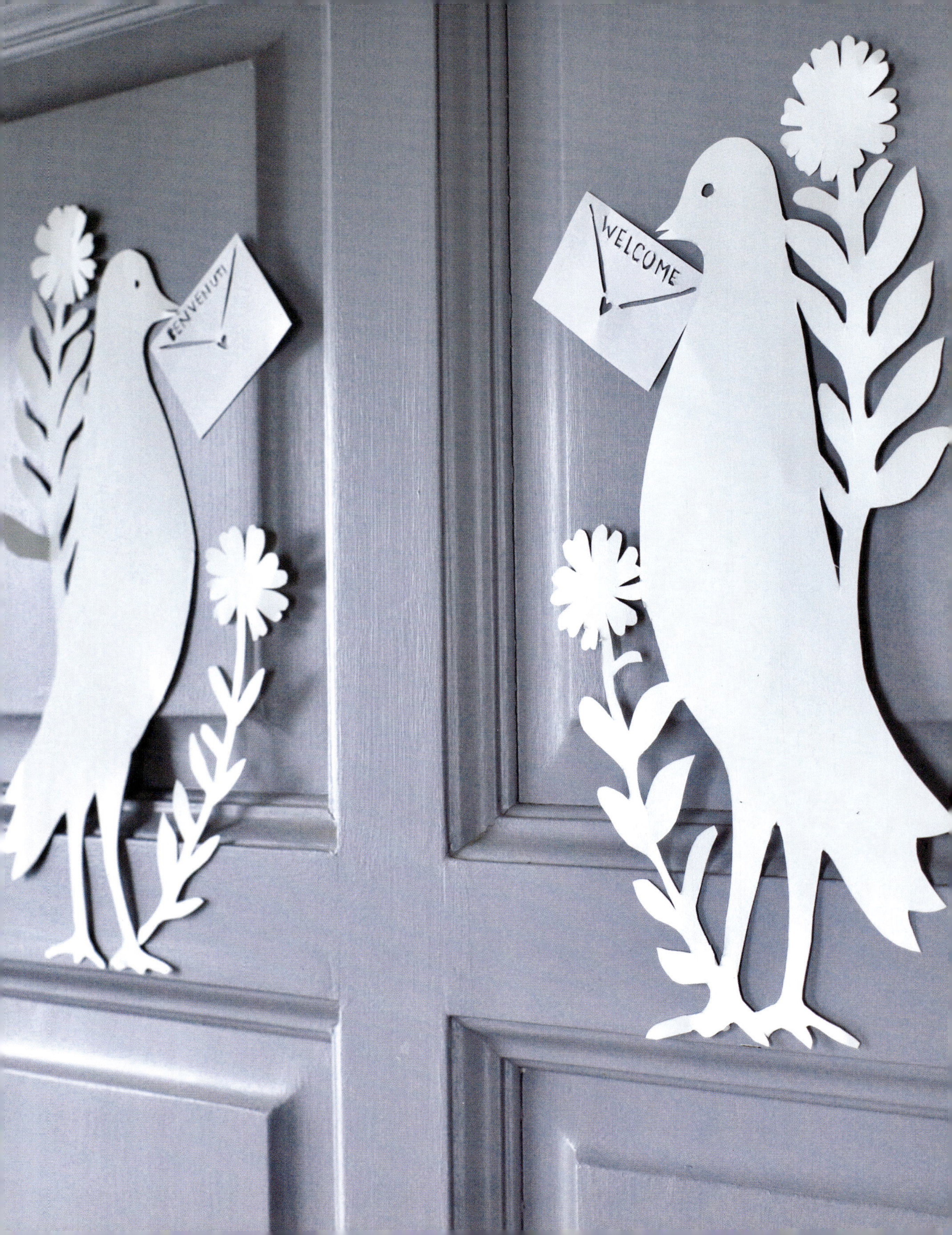
BENVENUTI
WELCOME

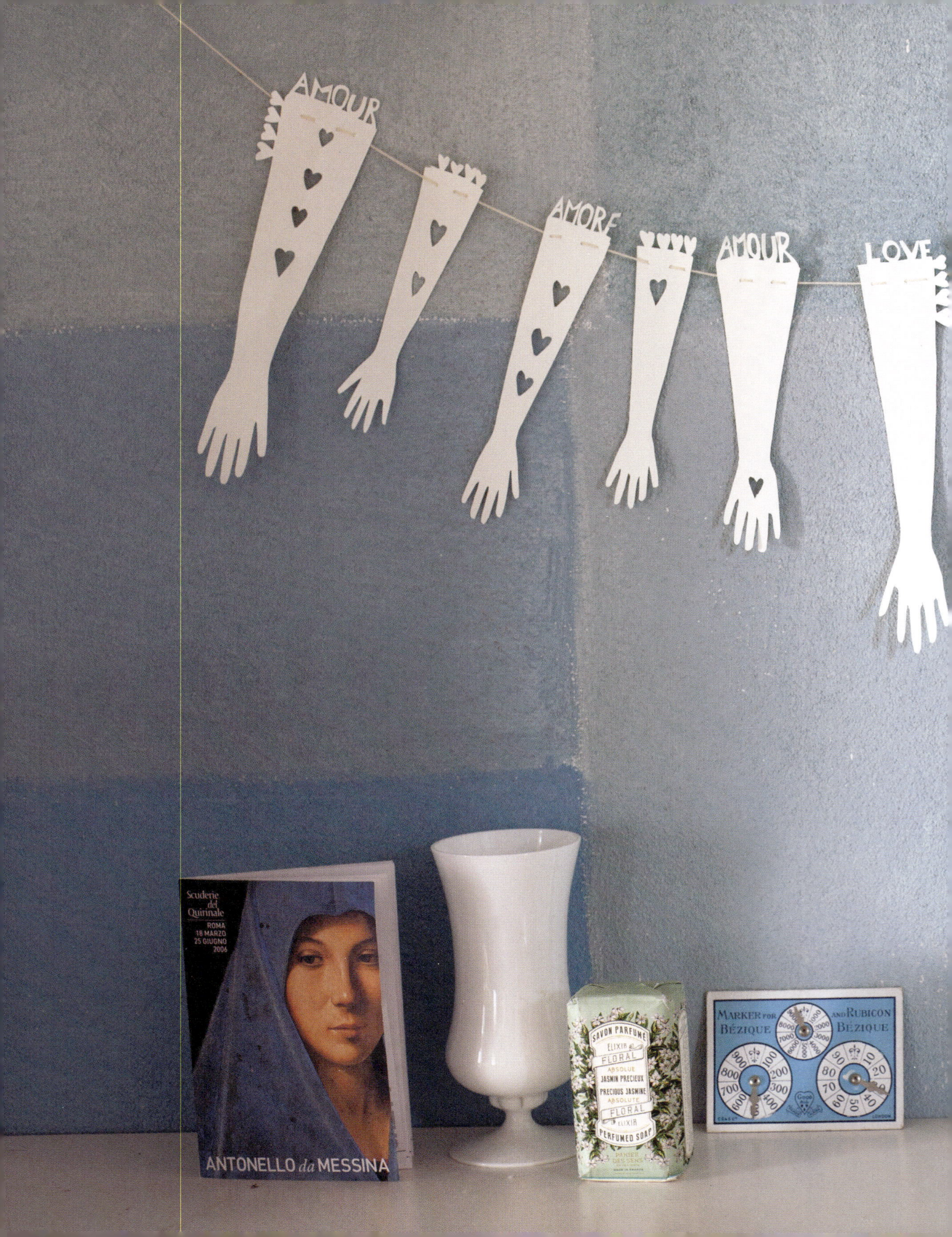

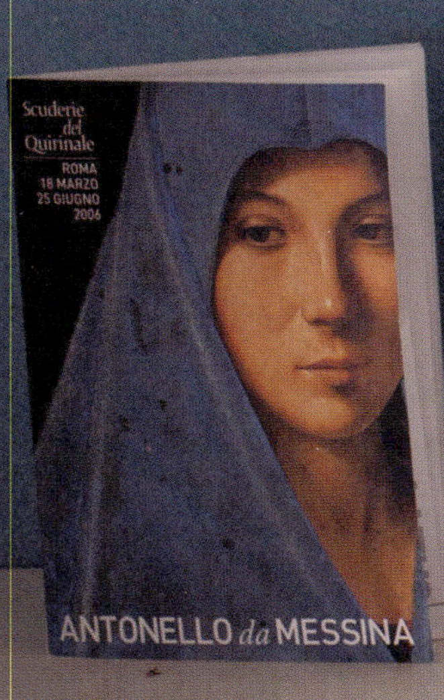
Scuderie del Quirinale
ROMA
18 MARZO
25 GIUGNO
2006
ANTONELLO da MESSINA

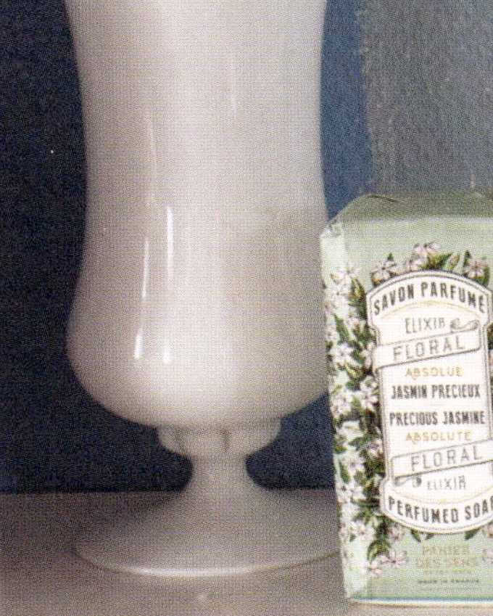
SAVON PARFUMÉ
ELIXIR
FLORAL
ABSOLUE
JASMIN PRECIEUX
PRECIOUS JASMINE
ABSOLUTE
FLORAL
ELIXIR
PERFUMED SOAP

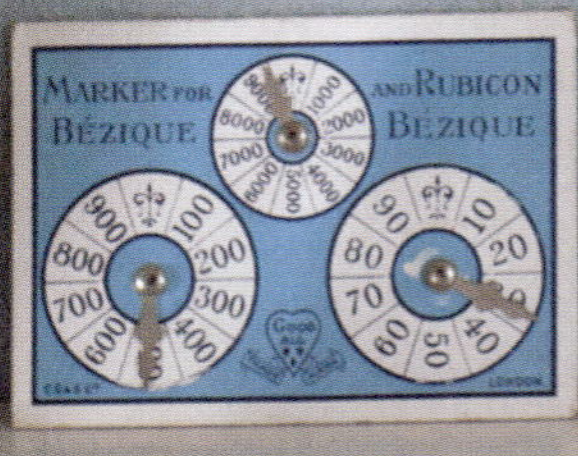
MARKER FOR BÉZIQUE
AND RUBICON BÉZIQUE

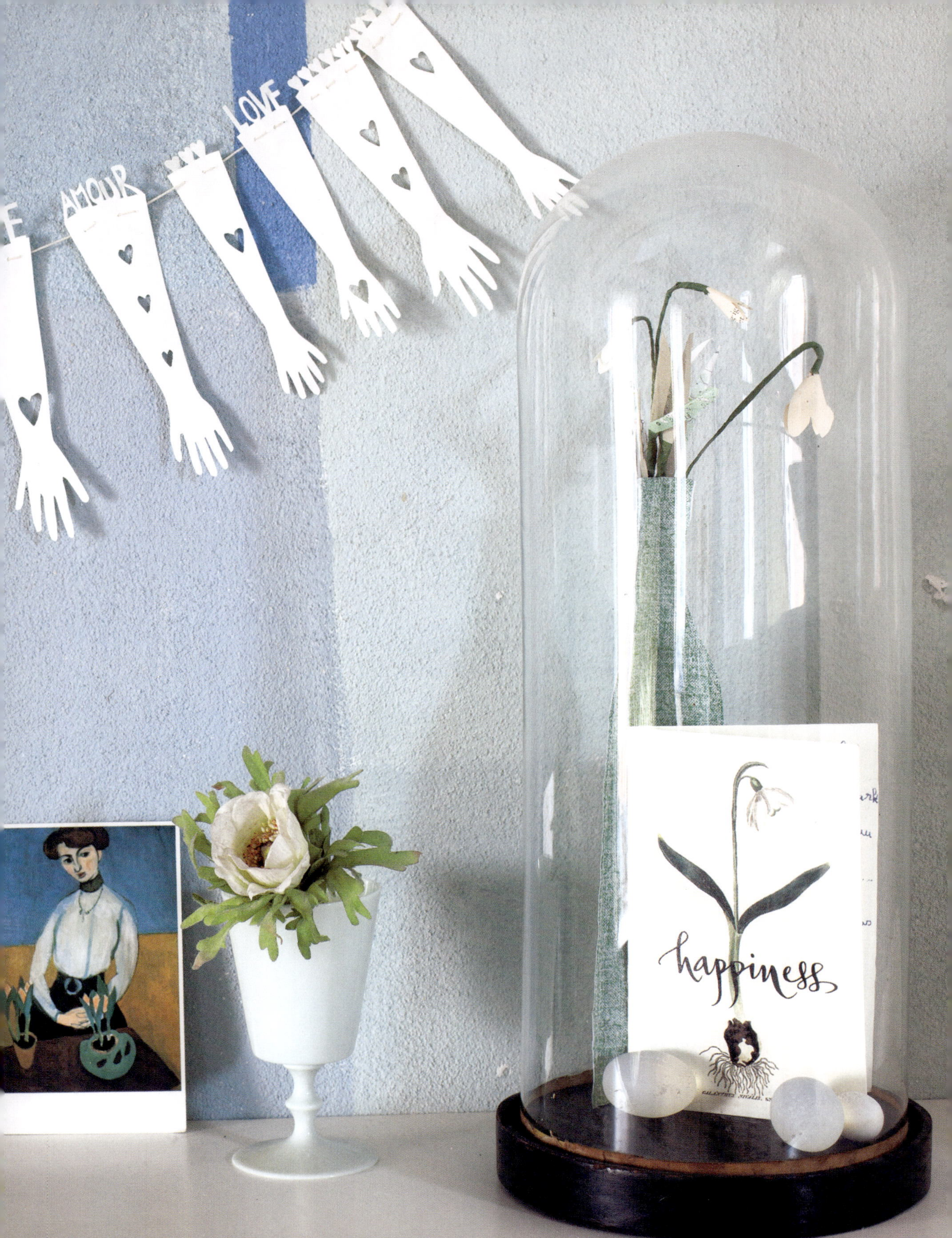
AMOUR
LOVE
happiness

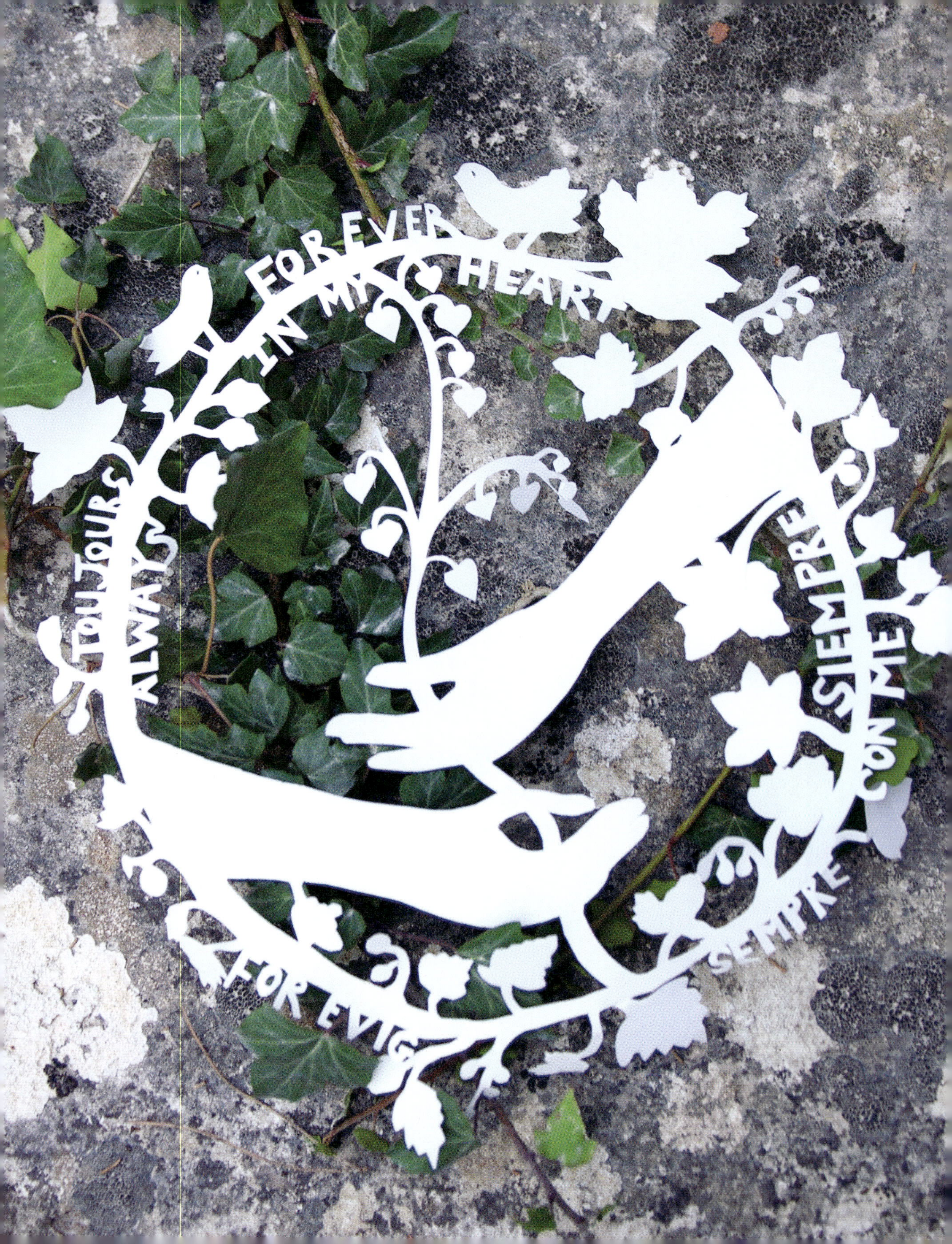
FOR EVER
IN MY HEART
TOUJOURS
ALWAYS
SIEMPRE
CON ME
SEMPRE
FOR EVIG

PAPIER-KONDOLENZEN

Gerade in schweren Zeiten fehlen uns oft die Worte, um unsere Trauer oder unser Mitgefühl angemessen auszudrücken. In solchen Fällen kann die Schere ein feinfühliger Ersatz sein. Der links abgebildete Kranz aus Trauersymbolen und Beileidssprüchen zeigt eine Möglichkeit, unsere Gefühle in poetischer Form zu übermitteln. Papier-Kondolenzen sind nicht nur ein schönes Geschenk – schließlich zeigen sie unsere in Scherenschnitt gebannten Emotionen –, sie sind auch ein gutes Mittel der Trauerbewältigung. Während der Zeit, in der wir an einem Scherenschnitt arbeiten, erleben wir Momente des Friedens, die den Schmerz lindern helfen. Ist Ihnen der Kranz zu kompliziert, können Sie stattdessen eine Taube als Trost- und Hoffnungsbringer ausschneiden und verschenken.

Nutzen Sie das Foto links als Vorlage, um Ihren eigenen Kranz zu kreieren, oder übertragen Sie die unten abgebildeten Tauben auf Papier und schneiden Sie sie aus.

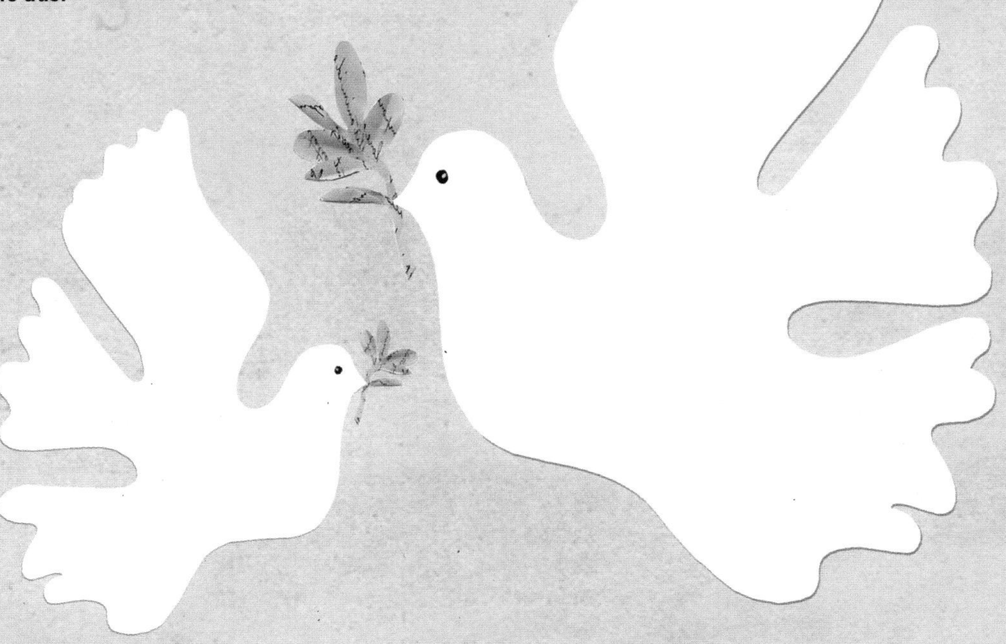

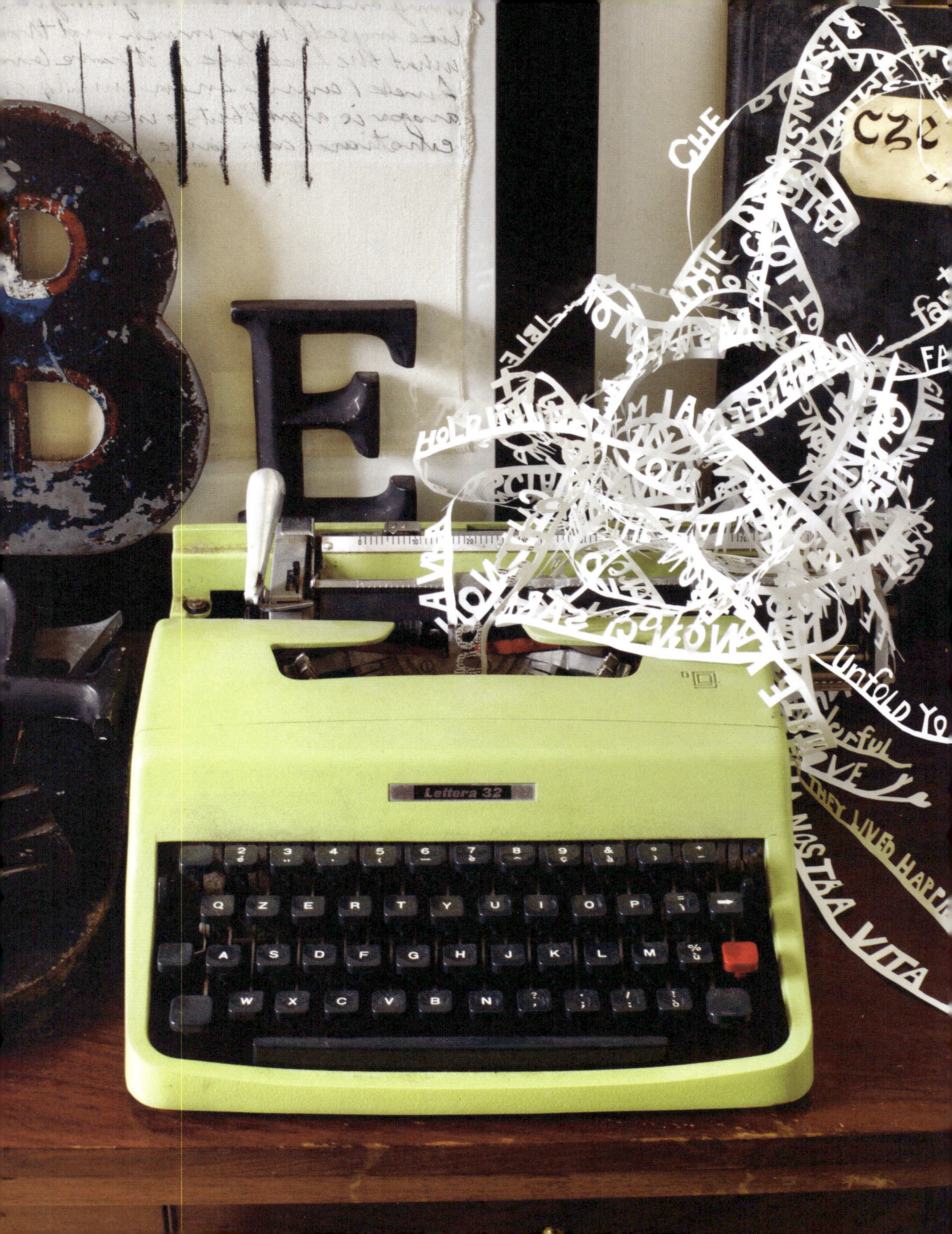
Lettera 32
NOSTRA VITA

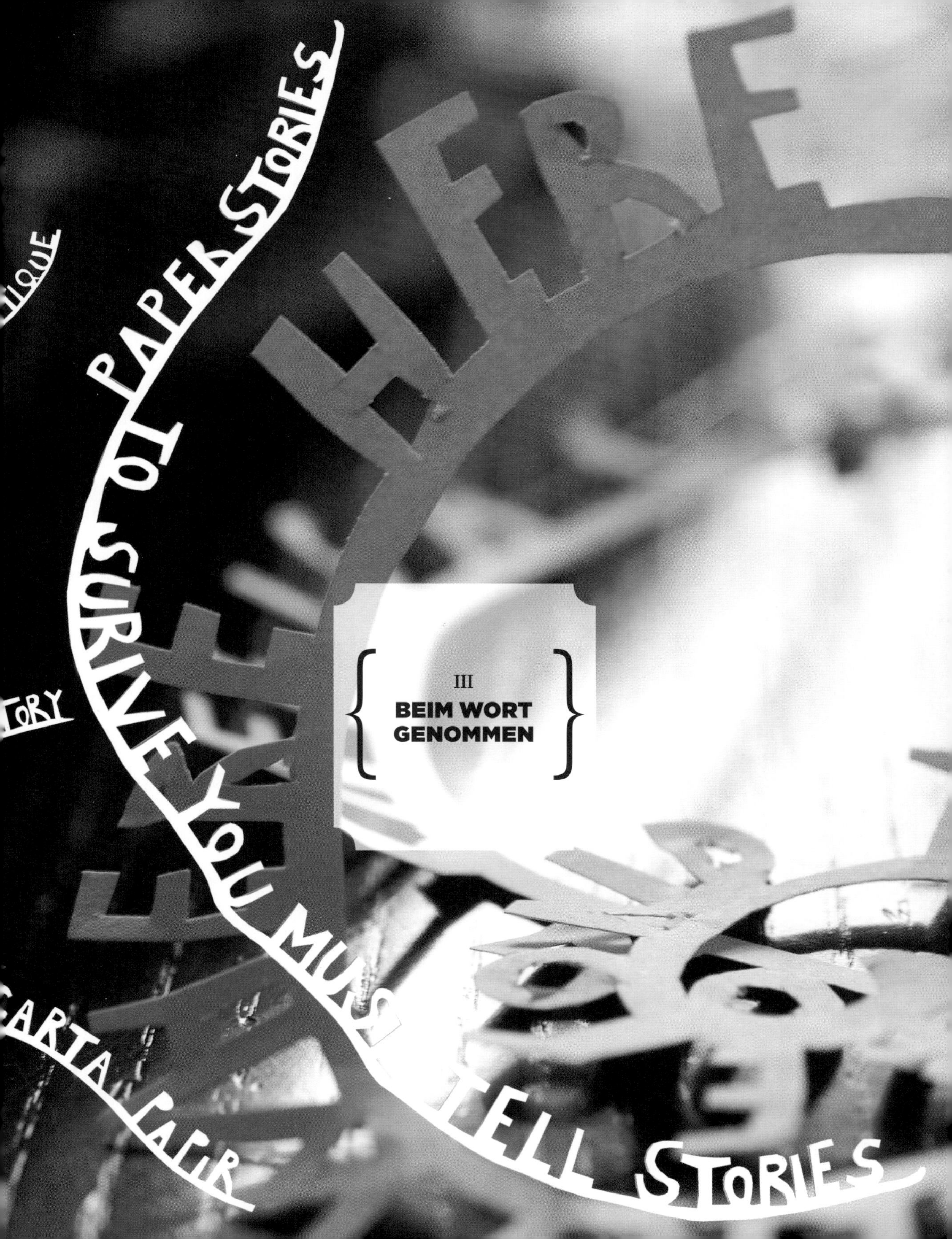

III
BEIM WORT GENOMMEN

GEFÄHRTEN IN WORT UND TAT

Im letzten Kapitel ging es um Grußbotschaften aus Papier für Situationen im Leben, in denen ein Scherenschnitt mehr sagen kann als tausend Worte. Da wir den Wert von Worten keineswegs schmälern wollen, soll es nun hier um sie gehen: tausend Worte auf und aus Papier. Doch zunächst möchten wir Ihnen zwei der beeindruckendsten Papierkünstler vorstellen, mit denen wir in den letzten Jahren die Ehre hatten zusammenzuarbeiten. Wir hoffen, Sie werden sie und ihre ganz andere Art der Papierkunst ebenso inspirierend finden wie wir.

WIR STELLEN VOR: BETTY SOLDI

Wir sehen es als besondere Gunst des Schicksals, dass sich unsere Lebenswege mit dem von Betty kreuzten. Betty ist nicht nur eine unglaublich talentierte Kalligrafin, wie ihr wundervolles Buch *Inkspired* zur Genüge beweist, sie ist auch eine unserer besten Freundinnen. Die vielen Male, die wir zusammen arbeiten durften, sind wie der tintige Zuckerguss auf unserer Torte aus Papier.

Bettys Kalligrafien sind anmutig und grazil und gehören zu unseren Lieblingsmedien. Daher sind es für uns wahre Sternstunden, wenn wir ihre Karten und Briefe in Papierblumen, Federn oder Schmetterlinge verwandeln dürfen. Bettys schwungvolle Kalligrafien bringen ein zusätzliches Element von Schönheit in unsere Scherenschnitte, und die bruchstückhaft auf den Papierarbeiten erscheinenden Zitate oder Worte sind für manchen Denkanstoß gut.

Großzügigkeit

Eine von Bettys schönsten Tugenden ist ihre Großzügigkeit – nicht nur was ihre Kalligrafien, sondern auch was ihre Zeit angeht. Wenn wir uns etwas wünschen dürften, dann dies: dass auch Sie lernten, so generös mit der Uhr umzugehen. Lassen Sie sich inspirieren und nehmen Sie sich die Zeit, die es braucht, um die eigene Kreativität zu entfalten. Spielen Sie mit Papier, experimentieren Sie mit beschriebenen Blättern wie alten Liebesbriefen oder Einkaufslisten und beobachten Sie, welchen Bedeutungswandel Worte erfahren können, wenn sie durch die Schere aus dem Zusammenhang gerissen werden.

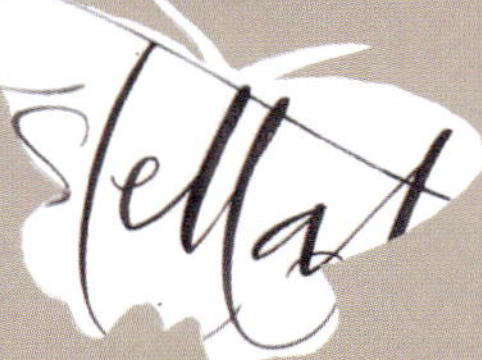

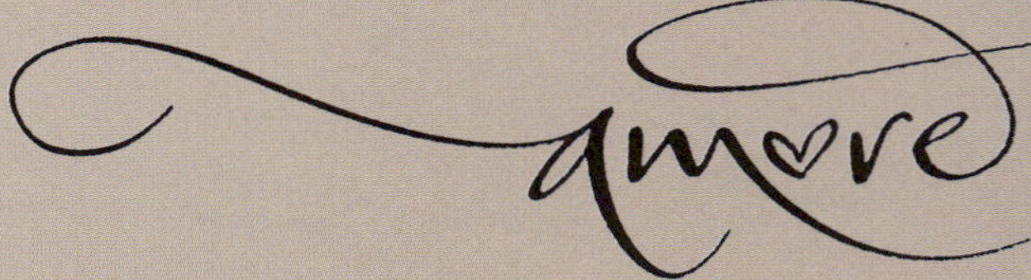

Vertrauen

Bettys Vertrauen in unsere Fähigkeiten ist unerschütterlich, voller Zuversicht lässt sie uns gewähren und gibt uns die Freiheit, unsere Entwürfe zu verwirklichen. Einige der in diesem Buch verwendeten Fotografien stammen aus dem „Papierzimmer" im *SoprArno Suites*, Bettys wunderschönem Hotel in Florenz. Jeder einzelne Raum im *SoprArno Suites* ist liebevoll ausgestaltet und trägt seine eigene Handschrift – das Papierzimmer die unsrige! Es war eine unserer beglückendsten Erfahrungen, diesen großen, schönen Raum ganz nach Belieben mit Scherenschnitten und Buch-Origami-Objekten dekorieren zu dürfen. Wer weiß, wenn Sie nicht aufgeben und viel üben, vielleicht finden auch Sie irgendwann dieses Vertrauen in sich und in die Arbeit Ihrer Hände? Wir wünschen es Ihnen!

Gemeinschaftssinn

Mit Betty zusammenzuarbeiten macht Spaß. Keine von uns hat das Gefühl, die anderen unter Druck setzen zu müssen, wir alle tun das, was wir tun, aus freien Stücken, einfach weil wir Freude am Gestalten haben. Wenn wir gemeinsam am Werkeln sind und schreiben, schneiden oder falten, wird viel gelacht und die Arbeit geht leicht von der Hand. Diesen Sinn für gemeinschaftliches Arbeiten würden wir gerne hinaus in die Welt tragen: Lassen Sie sich anstecken und gründen Sie Ihren eigenen Scherenschnittkreis. Das gemeinsame Arbeiten im Freundes- oder Familienkreis wird Ihre Kreationen noch schöner und persönlicher machen.

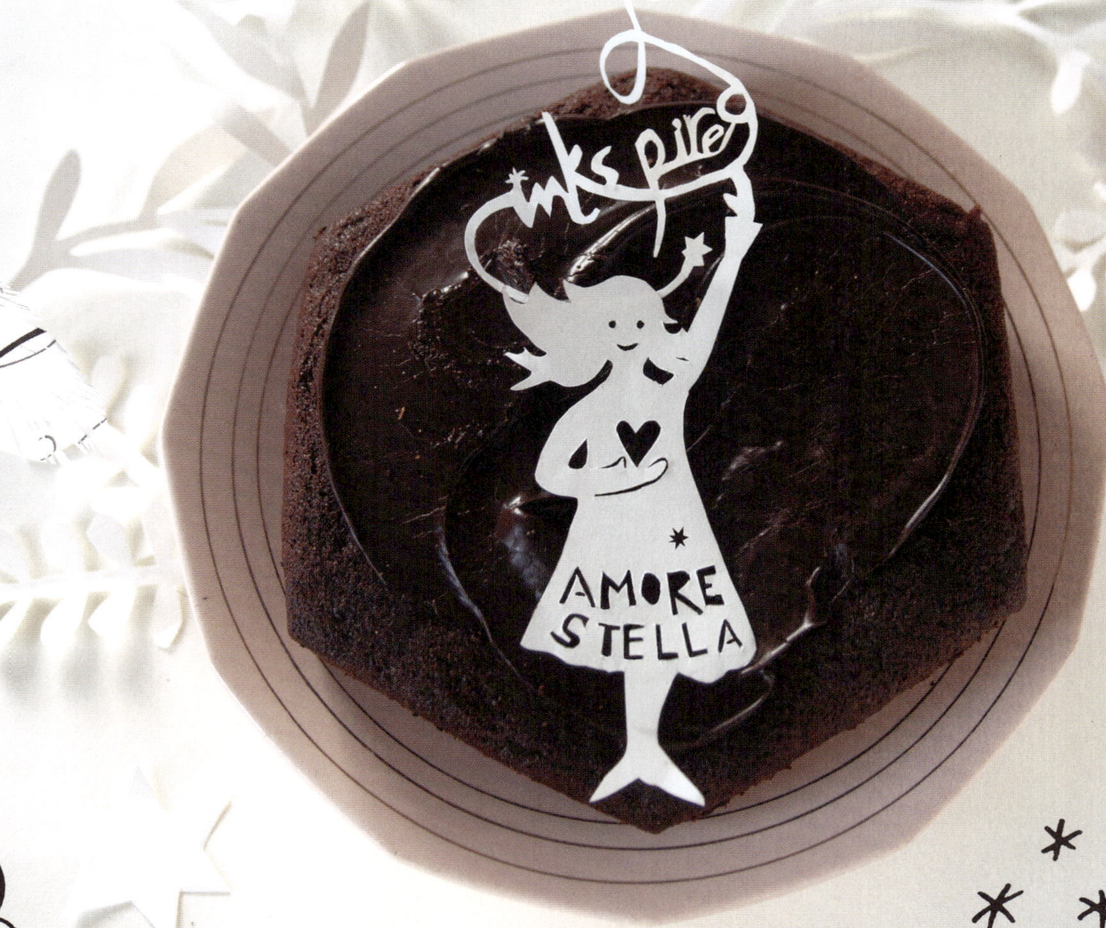

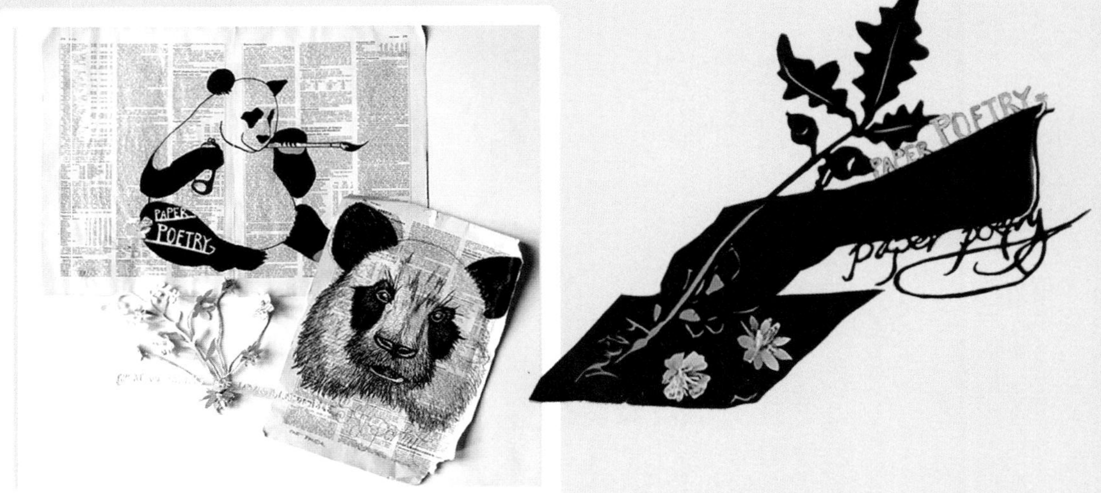

WIR STELLEN VOR: DAVID S.

Als wir David S. kennenlernten, fand er Scherenschnitt zunächst eher langweilig, denn als Street-Art-Künstler nutzte er Papier ausschließlich zur Herstellung seiner Schablonen. Tatsächlich sind seine Stencils das ziemliche Gegenteil von dem, was wir tun. Während er bei seinen Schablonen die Bereiche, die später als aufgesprühtes Graffiti auf der Wand erscheinen, aus dem Papier ausschneidet, schneiden wir alles Äußere weg, bis nichts als die Form übrig bleibt. Aber wie so oft in der Kunst lässt sich unmöglich sagen, welcher Part denn nun der „bessere" ist: der Papierschnitt selbst oder das, was entsteht, wenn er als Schablone dient. Beide Techniken funktionieren nicht ohne die jeweils andere und letztlich ist die Frage sowieso müßig. Denn einer Sache sind wir gewiss: David S. verwandelt Papier in die schönsten Kunstobjekte, die man sich vorstellen kann.

Davids Talent hat etwas Magisches. Wann immer wir zusammensitzen und über eine Idee reden, trifft er zielsicher den Kern der Sache. Und ehe man sich versieht, hat er mit seinem Skalpell unverwechselbare Schmetterlinge, Kronen, Herzen, Wörter, Eulen oder Vögel aus Papier gezaubert. Vielleicht liegt diese intuitive Direktheit ja daran, dass dem Papier derselbe ephemere Charakter innewohnt wie der Straßenkunst – heute geschaffen, morgen weggewaschen. Vielleicht ist sie aber auch einfach Davids Naturell geschuldet, seiner Art, spielerisch die Grenzen von Papier auszuloten. Inzwischen probiert er sich auch äußerst geschickt an Scherenschnitten aus Holz, um sich so dem eigentlichen Ausgangsmaterial von Papier zu nähern.

Während wir uns mit der Schere in der Hand wohler fühlen, arbeitet David S. praktisch immer mit Cutter oder Skalpell. Seine aufsehenerregenden Schnitte mit den winzigen Durchstichen und den raffinierten Details zeigen, was man mit der Präzision eines Messers erreichen kann. Die von uns bevorzugte Schere dagegen verleiht Papierschnittarbeiten eine gewisse Weichheit und hat zudem den Vorteil, dass man unabhängig in der Wahl des Arbeitsplatzes ist. Da man für den Scherenschnitt kein Schneidebrett, ja nicht einmal eine flache Oberfläche braucht, lässt sich praktisch überall schneiden: Im Zug, im Bus oder im Wartezimmer.

Aus den Seiten eines alten Buches hat David S. eine schier unglaubliche Menge von Schmetterlingen geschnitten und mit dem von Betty kalligrafierten und aus Papier geschnittenen Schriftzug „Butterfly" (Schmetterling) garniert. Das aufgeschlagene Buch wirkt, als flattere Poesie aus seinen Seiten (siehe Seiten 52–53).

Papier ist hier stets das Hauptmedium, egal welches Arbeitsgerät Sie wählen, ob Stift, Schere oder Skalpell.

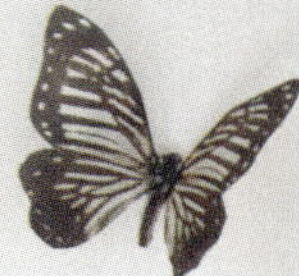
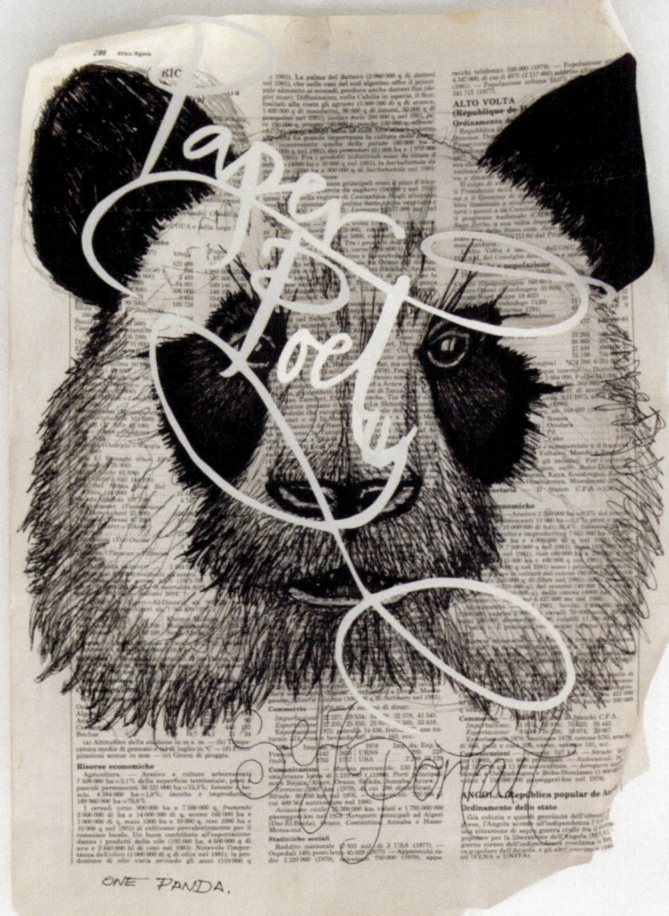
ONE PANDA.
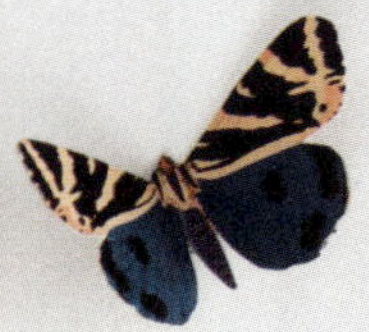
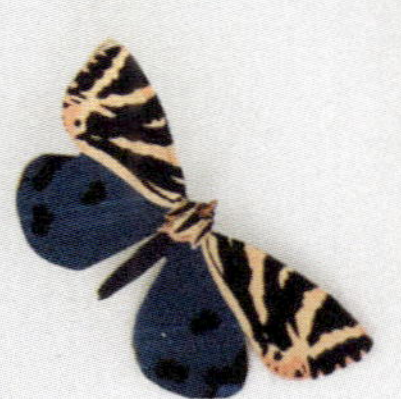
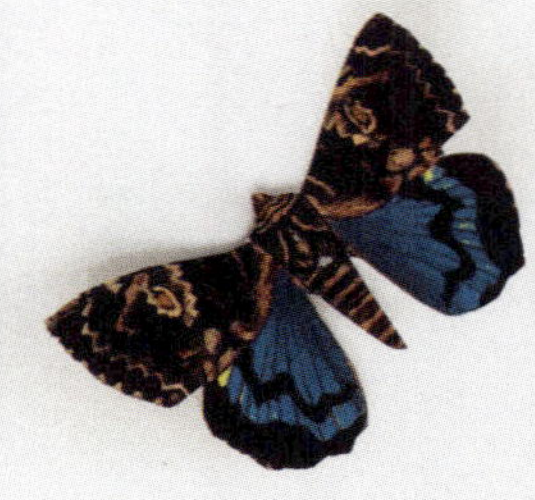
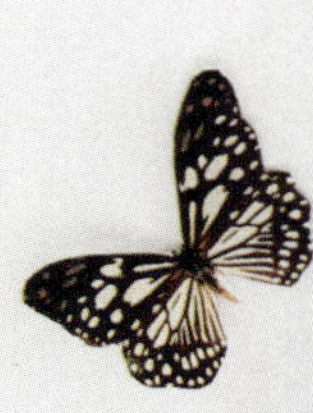
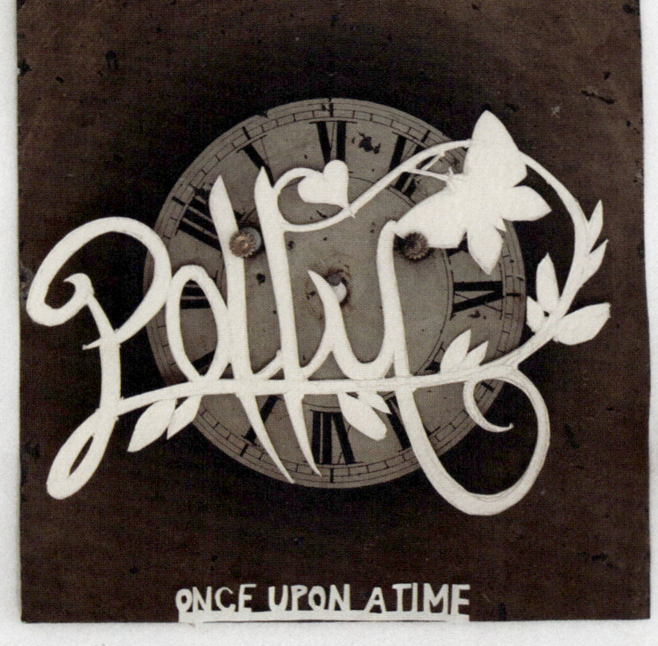
Poetry
ONCE UPON A TIME
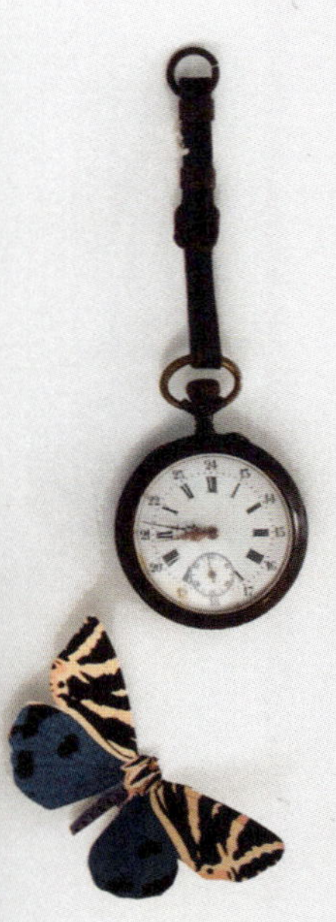

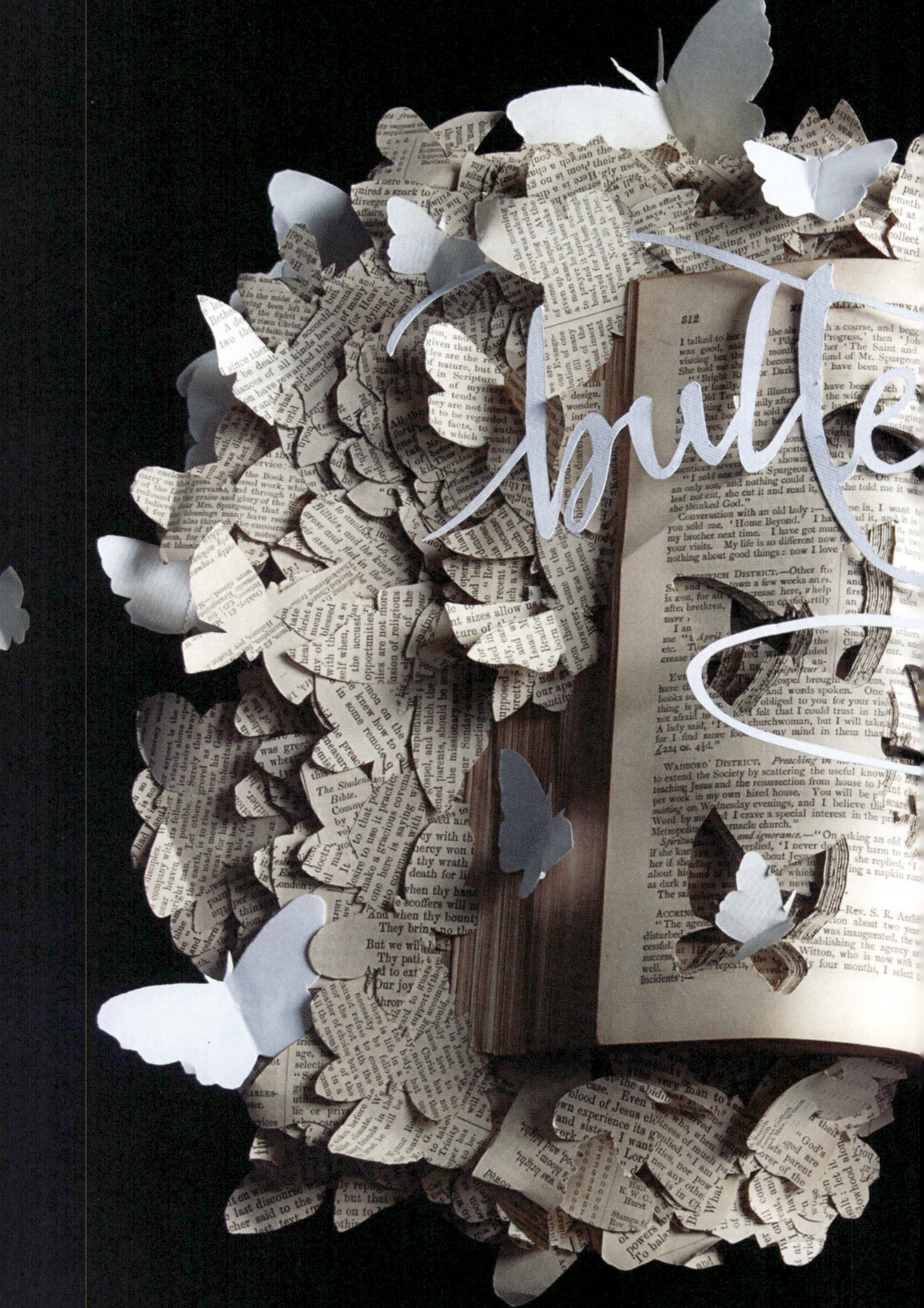

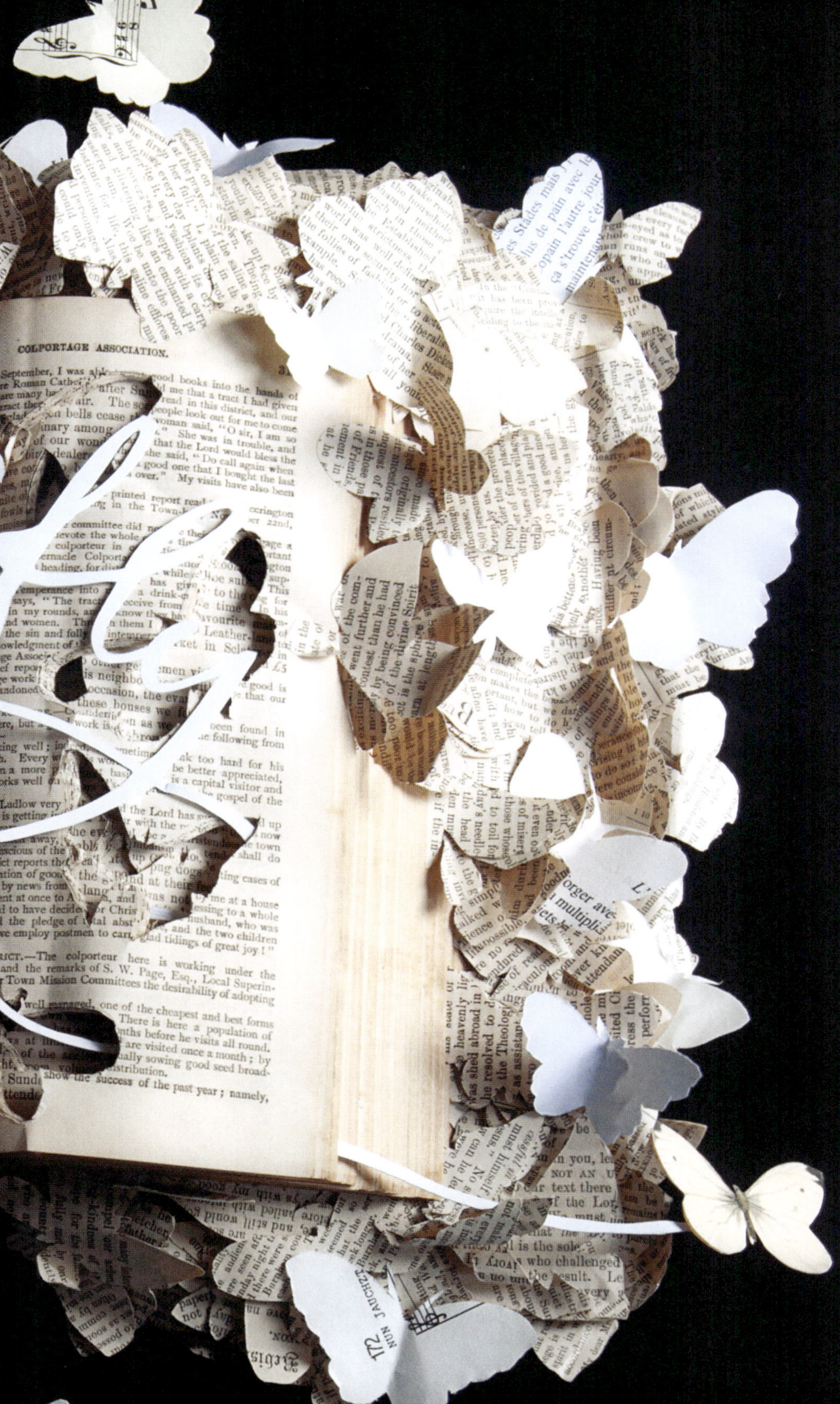
COLPORTAGE ASSOCIATION.
My visits have also been
glad tidings of great joy!"
and the remarks of S. W. Page, Esq., Local Superin-
one of the cheapest and best forms
the success of the past year; namely,

WORT-WERTES

Worte lassen sich auch in banalerer Form in Scherenschnitte umsetzen, sie müssen nicht unbedingt schön kalligrafiert oder kunstvoll mit dem Messer ausgeschnitten sein. Schreiben Sie einfach etwas in Ihrer eigenen Handschrift auf, am besten in Großbuchstaben, da diese leichter zu schneiden sind, oder schneiden Sie Ihren Lieblingsspruch frei Hand.

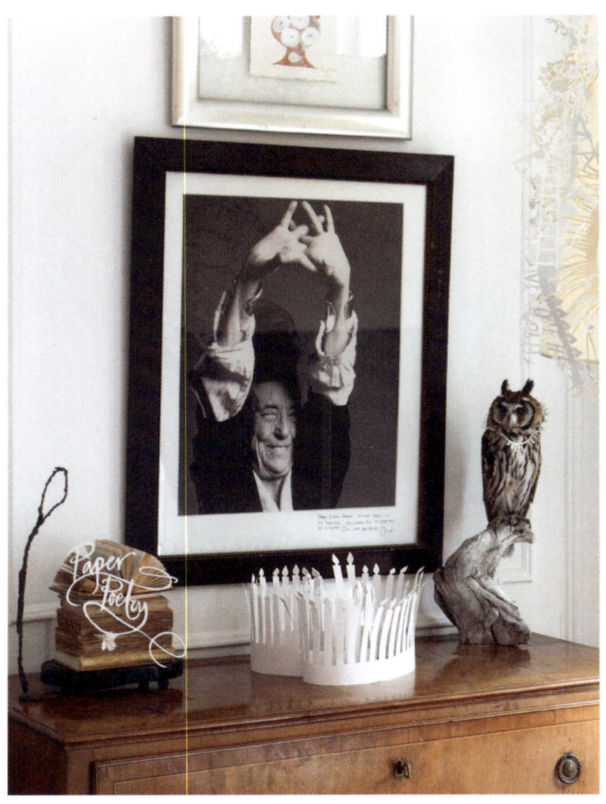

WEISE WORTGIRLANDEN

Aus Papier geschnittene Redewendungen können völlig neue Bedeutungen entfalten, je nachdem, wie und wo sie platziert werden. Wählen Sie einfach eines Ihrer Lieblingszitate und erwecken Sie es mit Schere oder Skalpell zu neuem Leben.

Wenn Sie ein Wort oder einen Spruch als zusammenhängende Kette schneiden wollen, sollten Sie die Buchstaben am besten auf eine durchlaufende Linie setzen. Mit diesem einfachen Trick bringen Sie ein verbindendes Element in Ihren Schriftzug. Redewendungen aus Papier sind eine schöne Deko-Idee für Zuhause; einfach Lampenschirme und Nippsachen damit garnieren oder als Gestaltungselement für Wände und Ablagen verwenden.

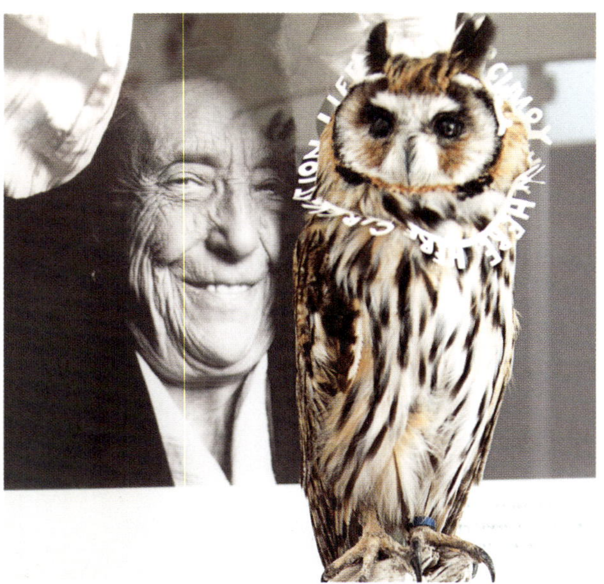

← *Die Eule gilt als Symbol der Weisheit schlechthin. Dieser aparte Vogel steht vor einer Fotografie der wunderbaren Louise Bourgeois und wurde mit einem kranzförmigen Sinnspruch um den Hals verziert.*

→ *Die Büste unserer Tante Pia stammt von ihrem Ehemann, dem dänischen Bildhauer Knud Nellemose. Tante Pia bewegte sich ihr Leben lang unter Künstlern und verstand es fantastisch, ihre Worte mit diplomatischem Geschick und Eleganz zu wählen.*

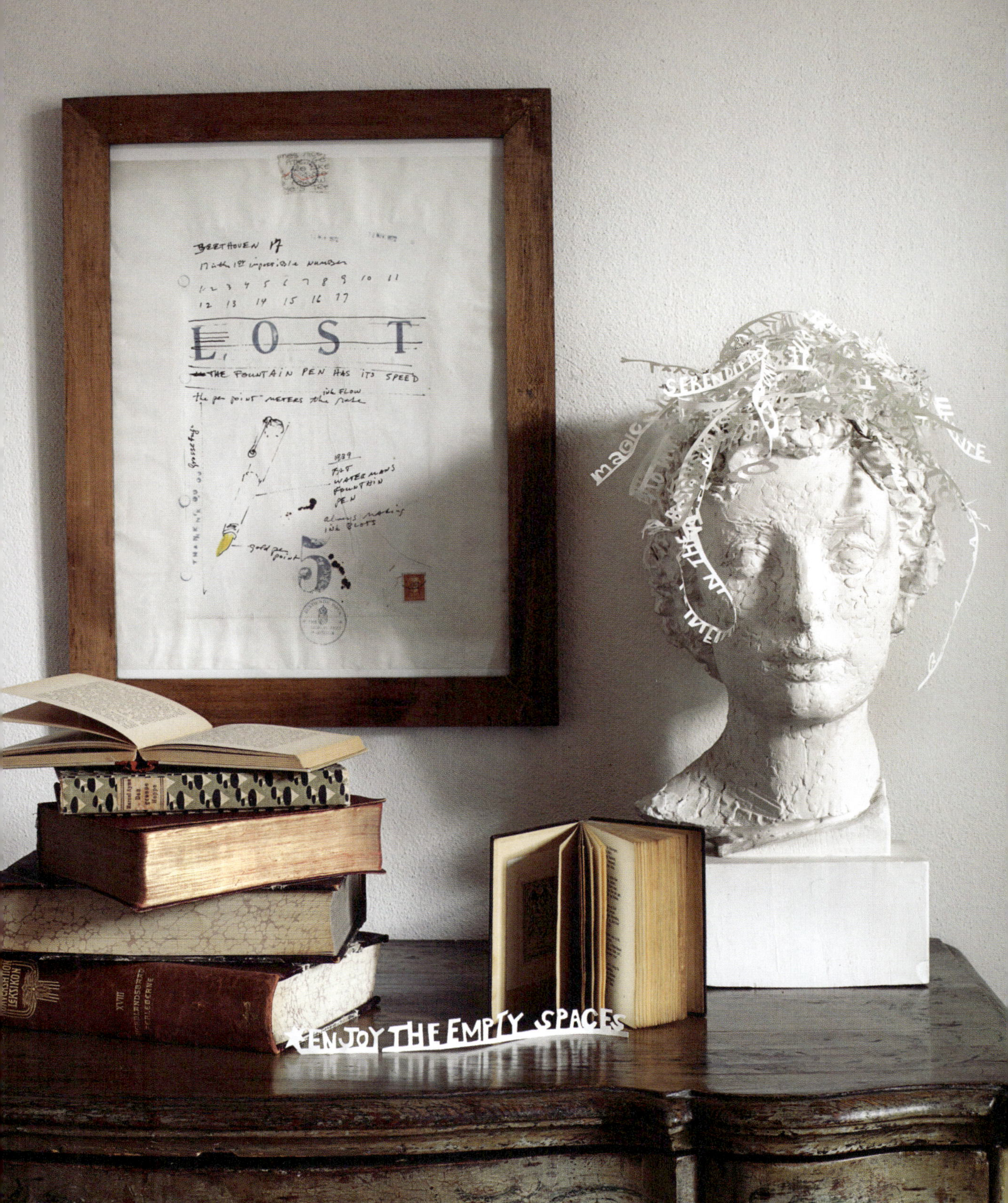
BEETHOVEN 17
1 2 3 4 5 6 7 8 9 10 11
12 13 14 15 16 17
LOST
THE FOUNTAIN PEN HAS ITS SPEED
ENJOY THE EMPTY SPACES

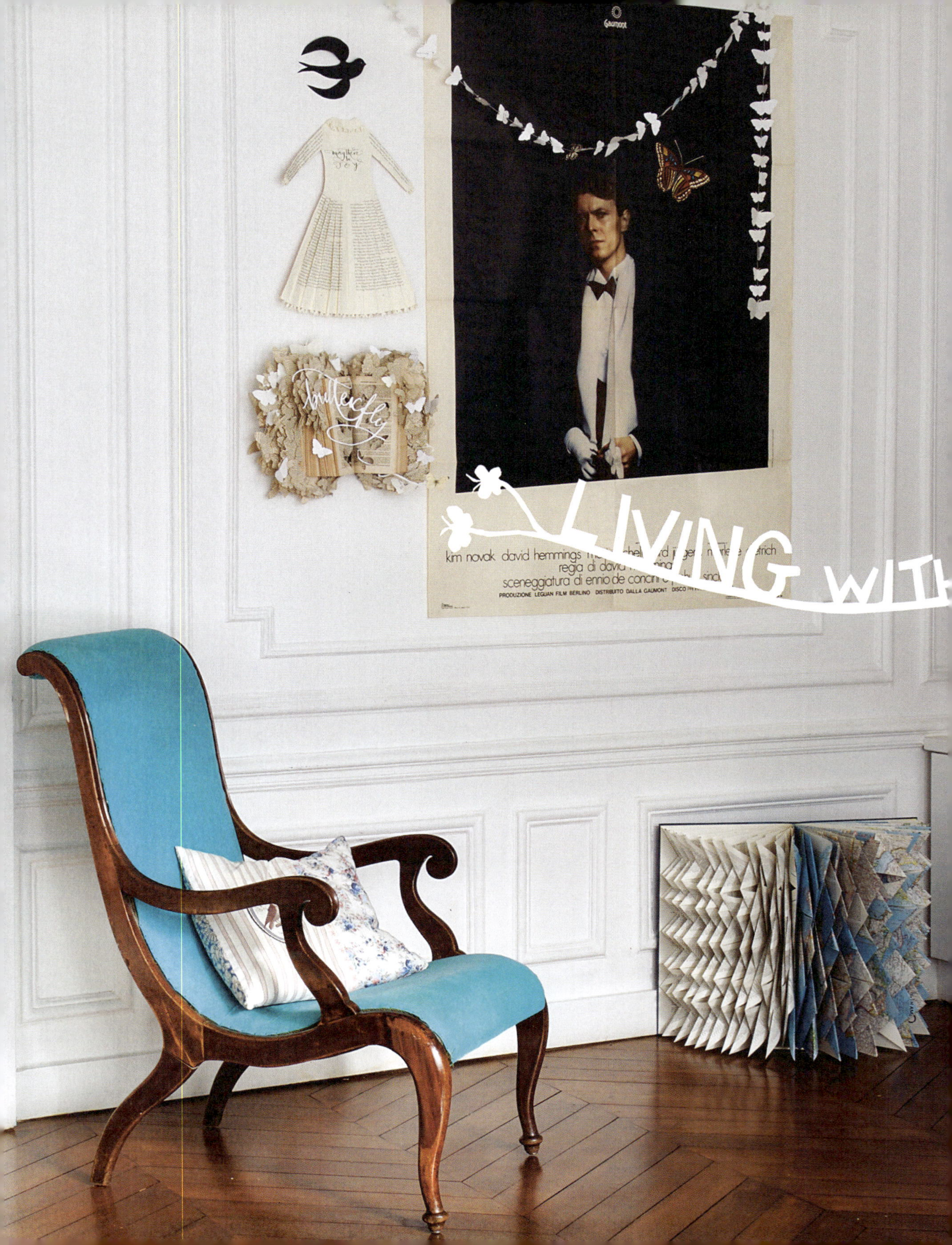
Gaumont
kim novak david hemmings
PRODUZIONE LEGUAN FILM BERLINO DISTRIBUITO DALLA GAUMONT
LIVING WITH

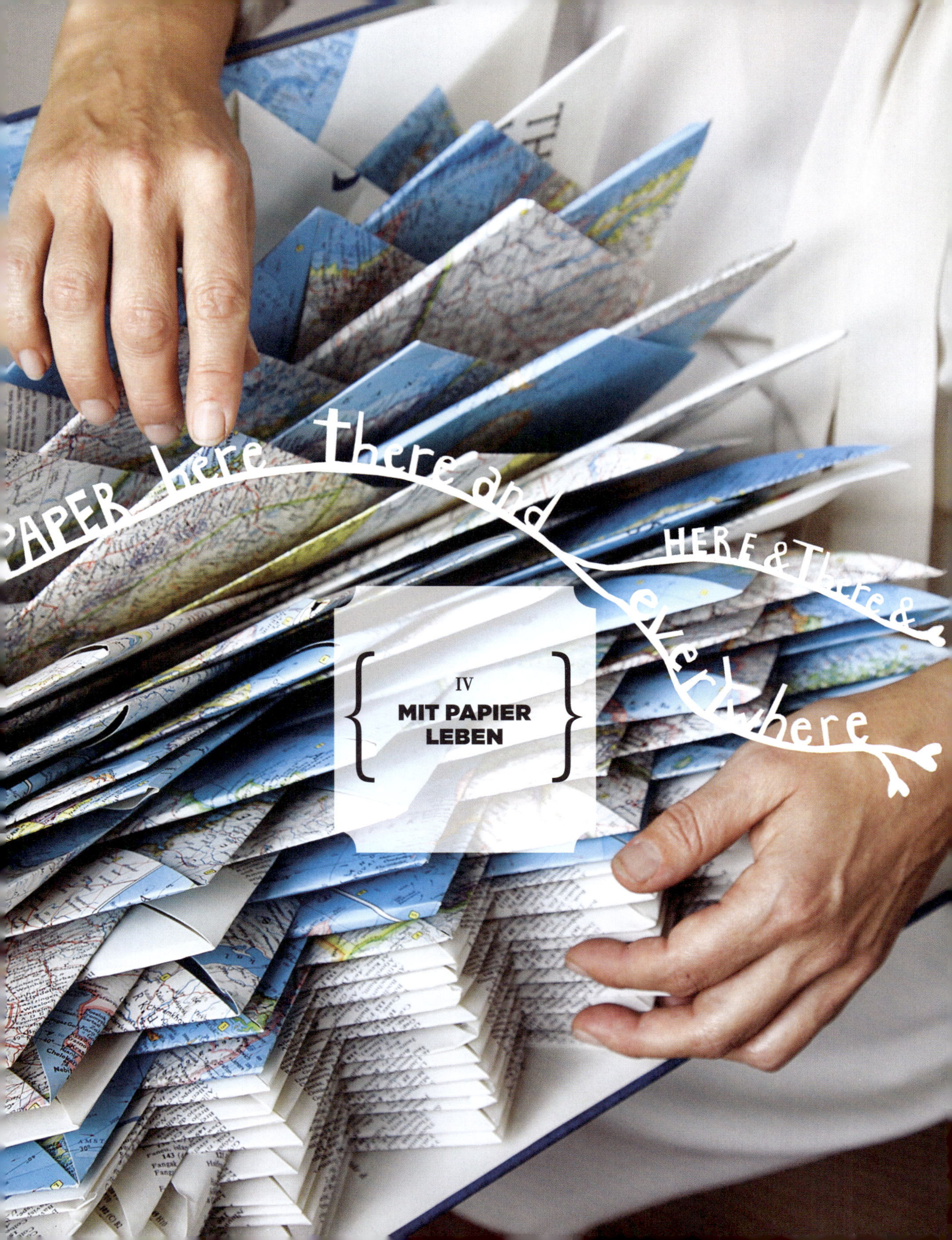

IV MIT PAPIER LEBEN

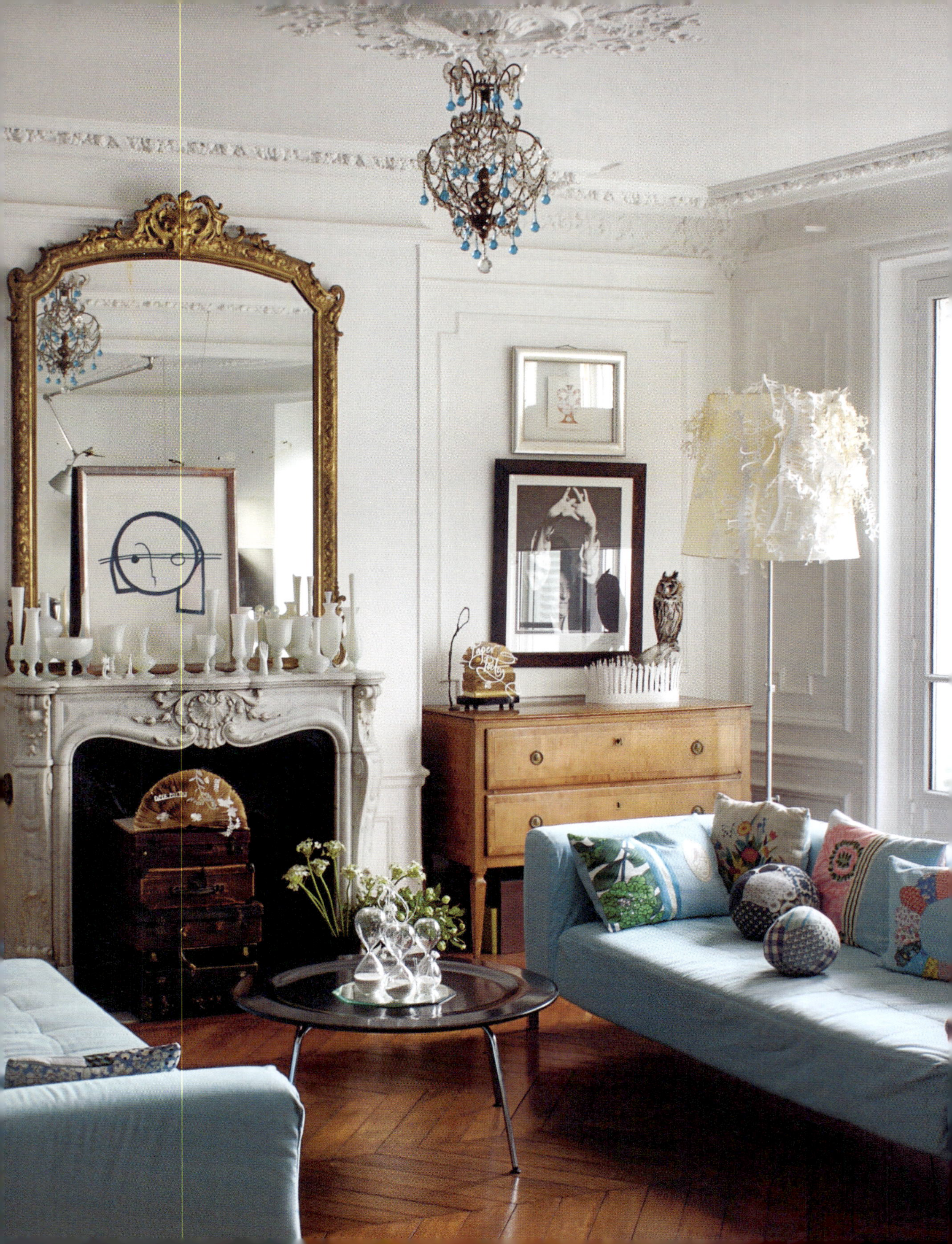

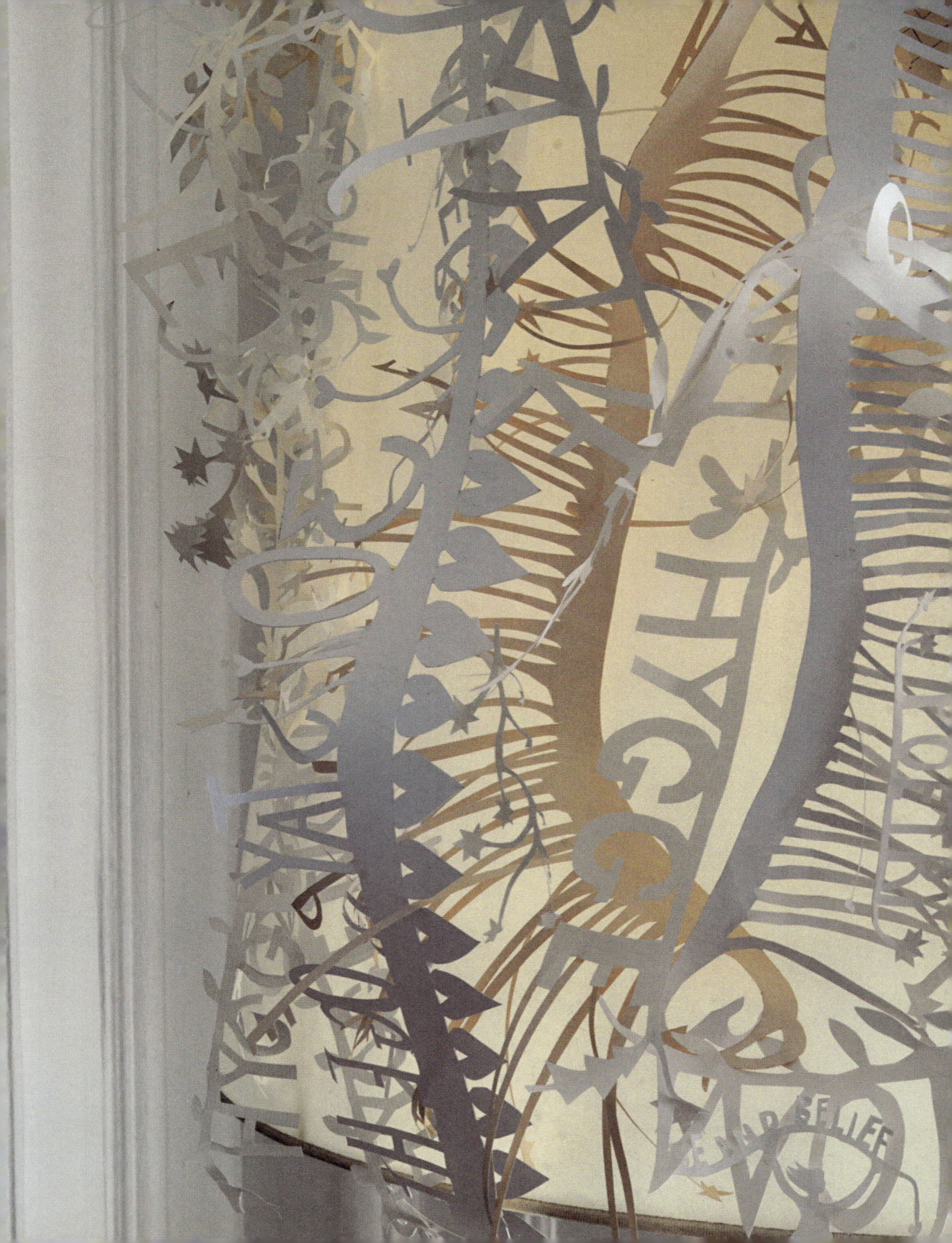

WOHNEN MIT PAPIER

Papier, dieses vertraute Material, bietet Ihnen eine schnelle und preiswerte Möglichkeit, Ihr Zuhause neu zu dekorieren, egal, ob Sie nur einem einzigen Raum einen frischen Look verleihen oder das Ambiente Ihres ganzen Heims verändern wollen.

BANNER UND GIRLANDEN

Aus Papier ausgeschnittene Wimpel sorgen für eine festliche Atmosphäre und können je nach Anlass aus unterschiedlichen Papieren und in verschiedenen Formen angefertigt werden.

Wählen Sie Papier in einer breiten Farbpalette aus und entscheiden Sie sich, wie groß Ihre Wimpel werden sollen. Haben Sie alle Fähnchen zugeschnitten, kleben Sie sie nebeneinander um eine Schnur gelegt zusammen.

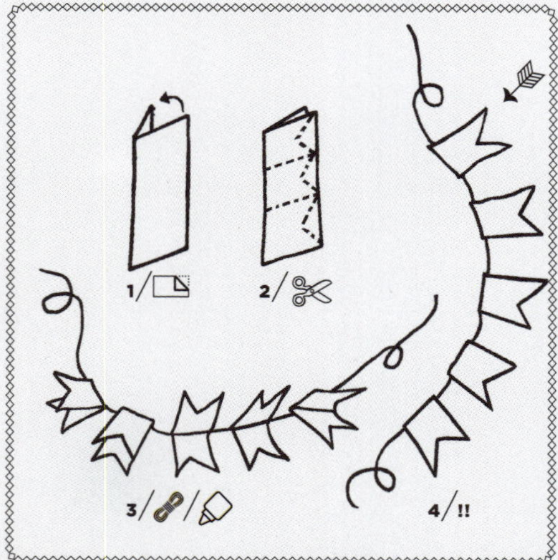

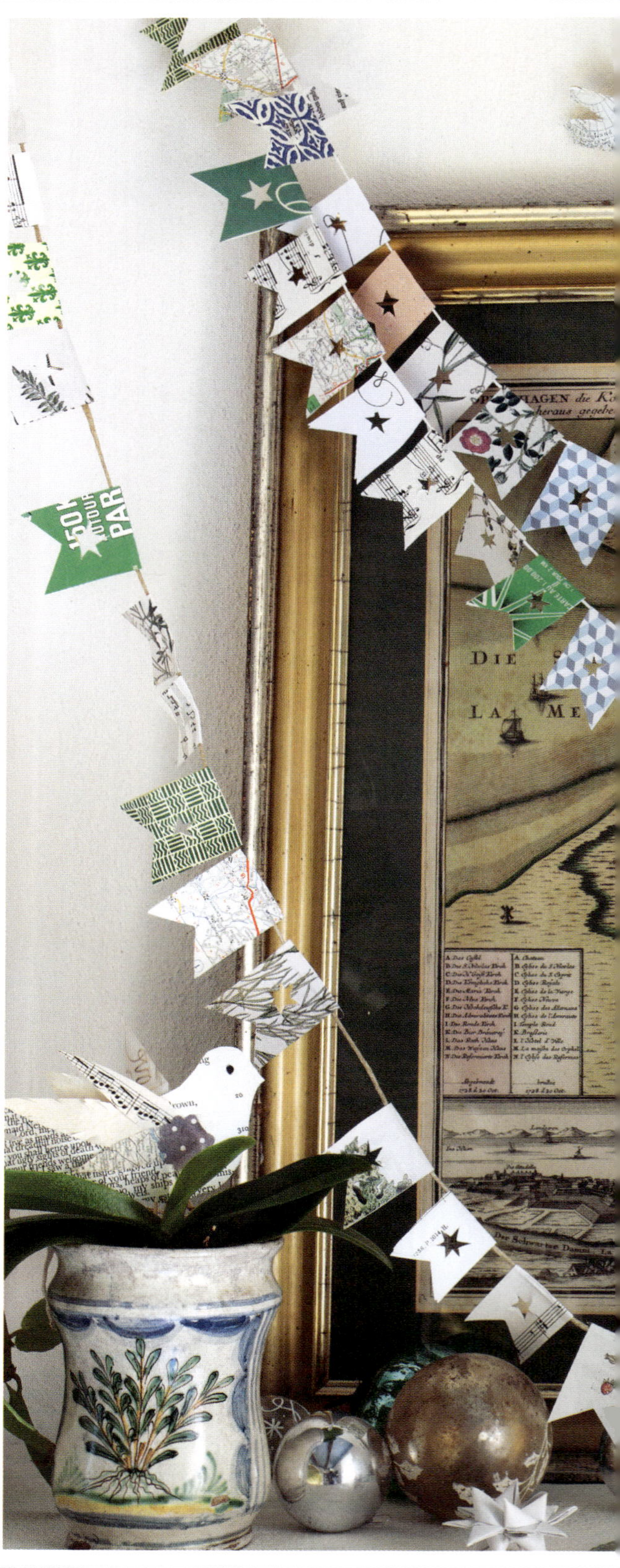

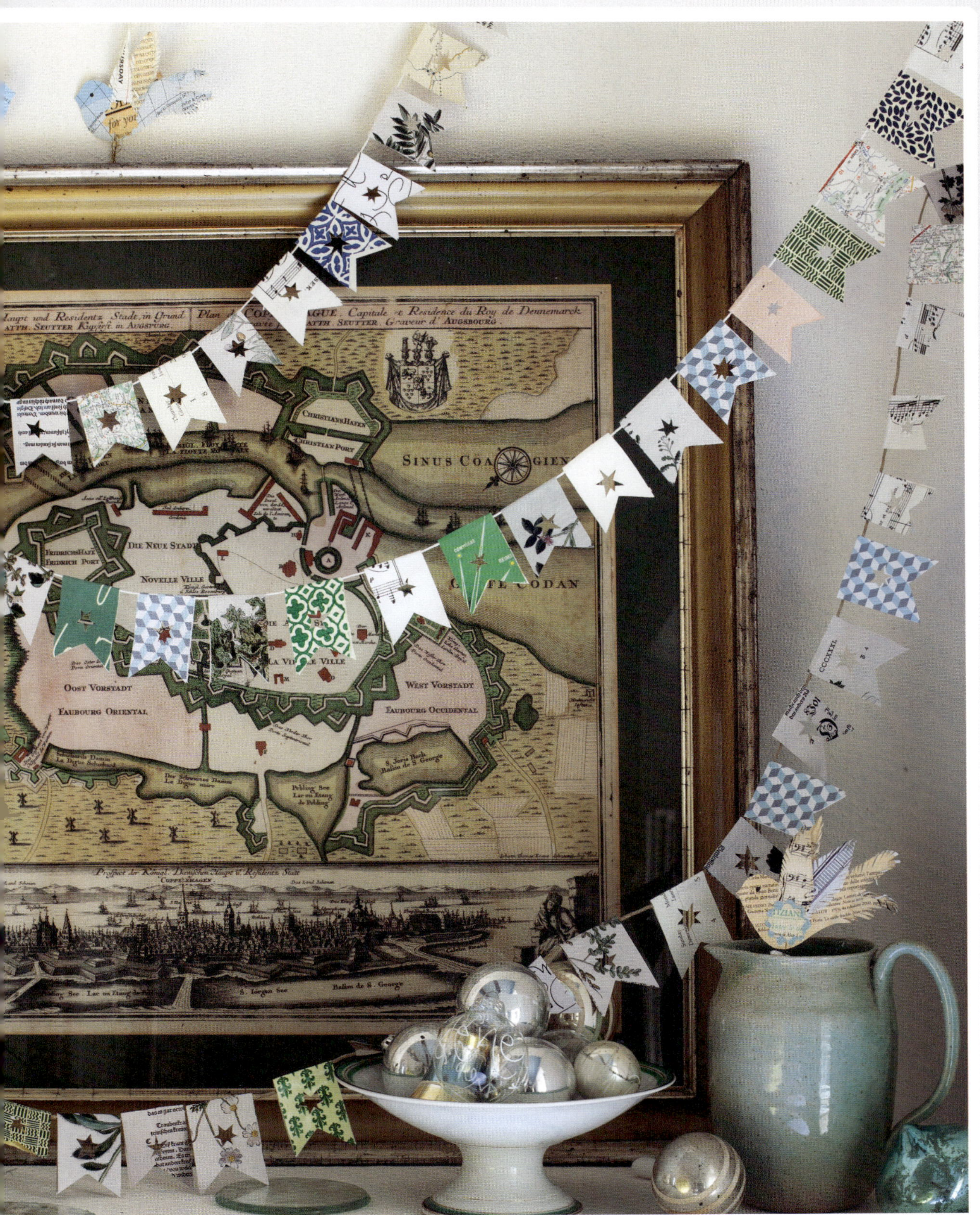
CHRISTIANS HAFEN
CHRISTIAN PORT
DIE NEUE STADT
NOVELLE VILLE
OOST VORSTADT
FAUBOURG ORIENTAL
WEST VORSTADT
FAUBOURG OCCIDENTAL
CCCXXXI

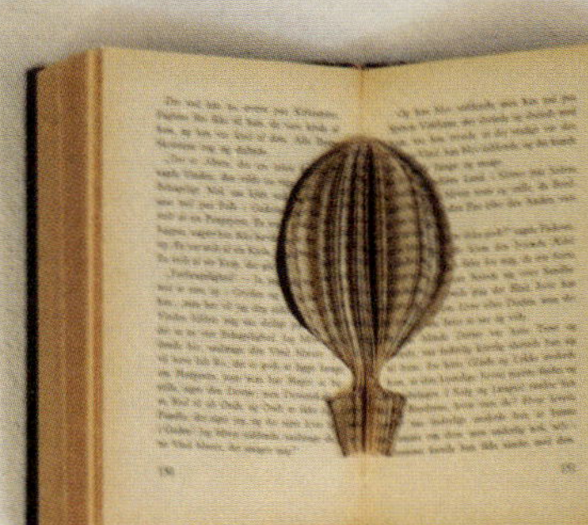

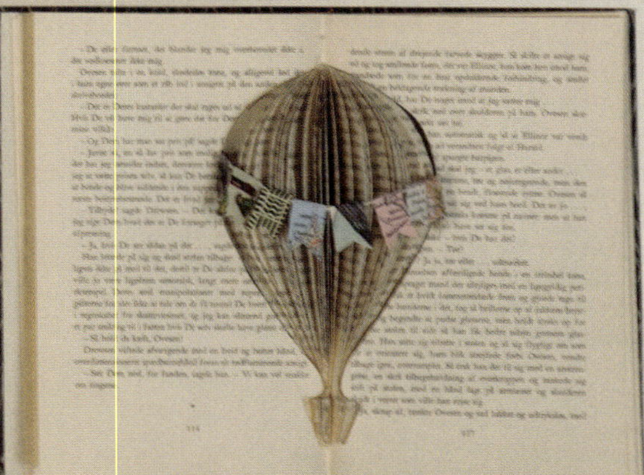

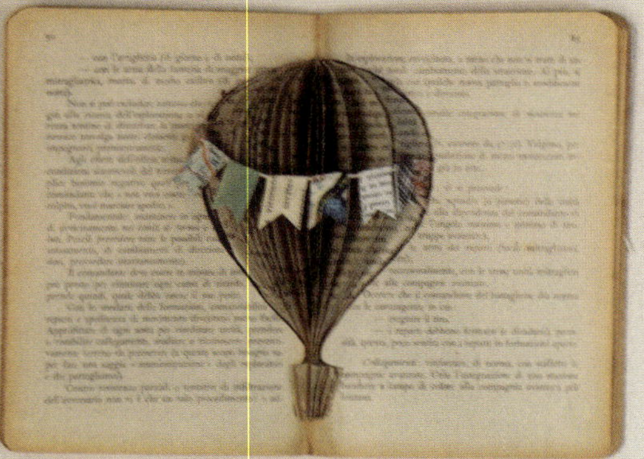

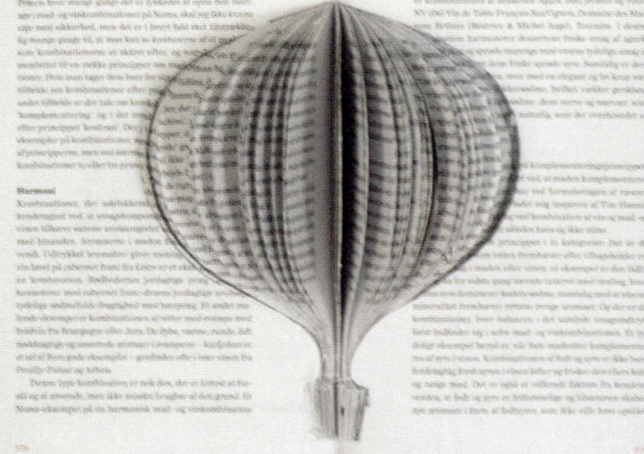

→ *Mit Heißluftballons aus Büchern geschmückte Wand.*

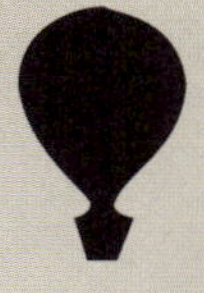

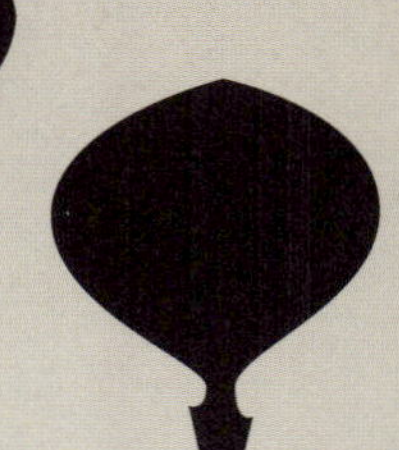

HEISSLUFTBALLONS AUS BÜCHERN

Bei diesem Projekt arbeiten Sie am besten mit einem Skalpell. Denken Sie dabei wie beim Schneiden mit der Schere daran, dass Sie das Werkzeug kontrollieren und nicht umgekehrt. Lassen Sie sich also Zeit und schneiden Sie erst dann, wenn Sie dazu bereit sind.

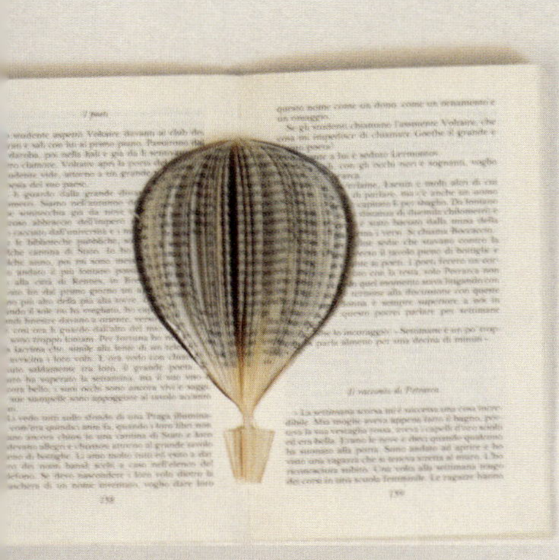

Legen Sie eine für die Größe Ihres ausgewählten Buches passende Schablone des Heißluftballons, den Sie ausschneiden wollen, ungefähr in der Hälfte des Buches mittig auf eine Doppelseite. Schneiden Sie mit dem Skalpell vorsichtig ringsherum an der Schablonenkante entlang. Dazu die Klinge wie einen Stift schräg aufs Papier setzten und kräftig aufdrücken (die andere Hand bleibt ruhig und außer Reichweite der Klinge). Durchschneiden Sie möglichst viele Buchseiten auf einmal – Sie dürfen sogar ein und dieselbe Stelle mehrmals nachschneiden! Ist die gesamte Kontur ausgeschnitten, heben Sie die Buchseiten hoch und lassen den

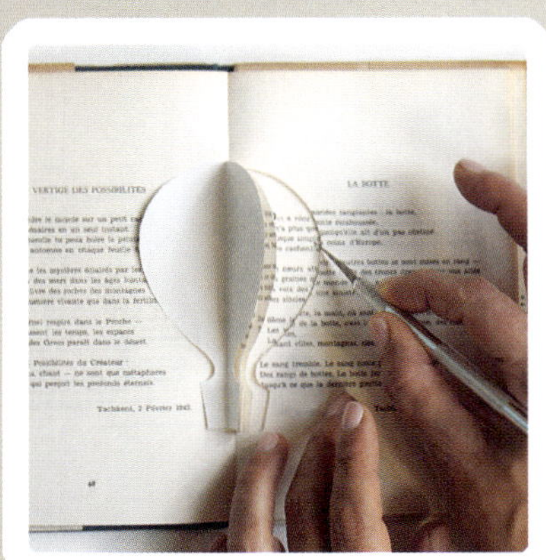

Ballon fliegen. Um den gewünschten Effekt zu erzielen, müssen Sie etwa durch die Hälfte der Buchseiten schneiden.

18.

Export af Klid fra København

angivet i Millioner ℔.

Aar	København uden Frihavn	Frihavnen	Ialt	heraf S…
1897.	10, 0.	3, 3.	13, 3.	
1898.	15, 1.	3, 8	18, 9.	
1899.	15, 8.	7, 7.	23, 5	
1900.	13, 5.	8, 2	21, 7.	
1901.	10, 9.	9, 3.	20, 2.	
1902	6, 6.	23, 0.	29, 6.	29, 6
1903.	9.	19, 0.	28, 0.	28, 0.
1904.				
1905.				

1903.	Imp.	3,6	
	Exp.	12,8	0,6
1904.	Imp.		
	Exp.		
1905.	Imp.		
	Exp.		

*) Köb…

L'ÉTRANG

bien avec le reste de mon tem… pensé alors que si l'on m'… dans un tronc d'arbre sec, sa… tion que de regarder la fleur … de ma tête, je m'y serais p… tué. J'aurais attendu des pa… ou des rencontres de nuages … dais ici les curieuses cra… avocat et comme, dans un … patientais jusqu'au samedi … le corps de Marie. Or, à b… n'étais pas … un arbre … plus … que moi … de mam… … qu'on finissait par s'habi-tuer à tout.

Du reste, … n'allais pas si loin d'ordinaire. Les … ers mois ont été durs. Mais justement … que j'ai dû faire aidait à les passer. … exemple, j'étais tourmenté par le dés… une femme. C'était naturel, j'étais jeun… ne pensais jamais à Marie particulièr… Mais je pensais tellement à une fem… ux femmes, à toutes celles que j'ava… nues, à toutes les circonstances où … vais aimées, que ma cellule s'emplissa… tous les visages et se peuplait de … irs. Dans un sens, cela me

110

… pediment the tale is carried on. The destiny of the nascent city and is to be determined. Is Athens to become a votary of Poseidon? Is … ways of the sea, to be devoted to commerce, to strive after a pros… mainly material? In part she must take this course. Material neces… purposes, as they do the purposes of all cities. Men must live, and … too fertile Attic land they must increase their natural resources by … by trade. But still the city is not to be the city of Poseidon. In spite … ities she shall remain true to her higher calling. Even her material … ll be controlled by Athena Ergane, the mistress of the workers. If … not be by merely supplying the grosser needs of men. … e connected with their higher activities. She shall pro… pple the limbs of athletes and to feed the lamps which … ds. Her honey and her figs shall have something of the … light Athenian air. She shall supply the most beautiful … building and for carving. And one of her chief produc… … ses, in which she has almost a monopoly in the ancient … preserved to us in such abundance in the tombs of Italy

… this, Athens is to be the city of arms and of courage, of

Cerchio III … Inf. V …

seco mi tenne in …
Voi cittadini mi chia…
per la dannosa col…
come tu vedi, alla …
E io anima trista no…
chè tutte queste a…
per simil colpa. » E…
Io li rispuosi: « Ciacc…
mi pesa sì, ch'a la…
ma dimmi, se tu s…
li cittadin della città …
s'alcun v'è giusto, …
per che l'ha tanta …
Ed elli a me: « Dopo …
verranno al sangue, …
caccerà l'altra con …
Poi appresso convien …
infra tre soli, e che …
con la forza di tal …

HO SOGNATO DI TE

BEGUINE

VIOLINO-FISARMONICA

attentiel 16.10.1978.

ABC

WENN WÄNDE SPRECHEN

Letztes Jahr erhielten wir den Auftrag, eine heruntergekommene Sommerherberge für Kinder mit besonderen Bedürfnissen außerhalb von Kopenhagen zu renovieren. Wegen der sehr knappen finanziellen Mittel mussten wir uns originelle und nachhaltige Lösungen einfallen lassen. Wir entschlossen uns, jeden Raum mit einer anderen Art Papier zu tapezieren: einen Raum mit gebrauchten Comicheften, einen anderen mit alten Landkarten und den Flur mit ausrangierten Wörterbüchern. Dies verlieh jedem Raum seinen eigenen Charme und Reiz und ließ die Wände Geschichten erzählen – wahrlich eine anregendere Umgebung für die Kinder als die üblichen kahlen Wände! Wenn man schöne, bedeutungsvolle Gegenstände um sich hat, ist das Balsam für die Seele.

Den Kindern zuzusehen, die sich seit Beendigung unserer Renovierungsarbeiten in der Herberge aufgehalten haben, hat uns eine überraschende Entdeckung beschert: Obwohl einige von ihnen mit Frustration und Ärger zu kämpfen haben, die sie bisweilen an ihrer Umgebung auslassen, zeigen sie eine unglaubliche Achtung vor dem, was wir für sie geschaffen haben, vor allem vor den Dingen aus Papier.

☛

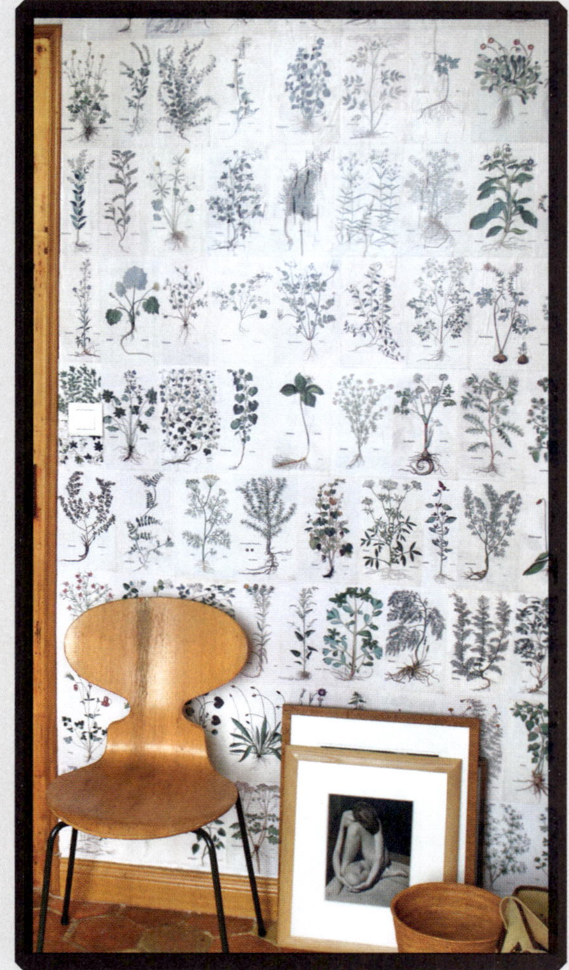

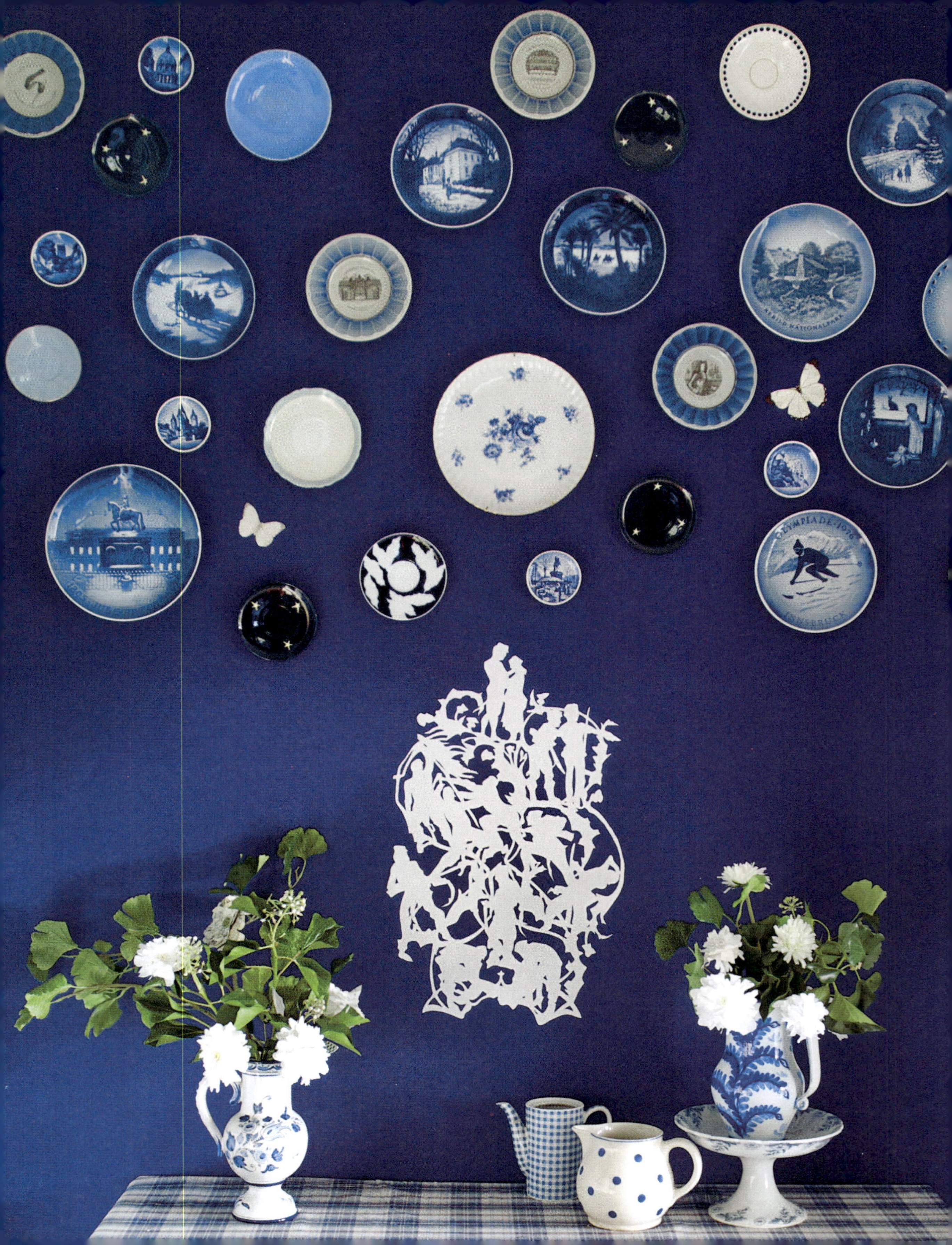
REBILD NATIONALPARK
OLYMPIADE 1976
INNSBRUCK

☛ So haben sie Elemente wie Schmetterlingsvorhänge, Papierkleider und die Tapeten pfleglich behandelt und bewundert. Vielleicht liegt dies ja daran, dass die Kinder ihren Wert erkennen können, weil so viel Zeit in sie geflossen ist, vielleicht an der Zartheit von Papierobjekten, die sie nicht zerstören wollen – vielleicht auch einfach an dem Umstand, dass es wunderschön ist, von so etwas Fragilem umgeben zu sein.

Papier und Büchern ist eine Authentizität zu eigen, die Kinder zu schätzen wissen, manchmal mehr, als wir Erwachsenen es uns vorstellen können, da wir so daran gewöhnt sind, sie mit digitalen Geräten hantieren oder sich sofort langweilen zu sehen, sobald es einmal keine Internetverbindung gibt.

Hier fördert das Papier eine spielerische Neugier zutage. So suchen die Kinder zum Beispiel auf den mit Wörterbuchseiten tapezierten Wänden nach Vokabeln und ihren Definitionen, im Landkartenraum nach ihrem liebsten Reiseziel und im Comicraum nach einem vertrauten Comic.

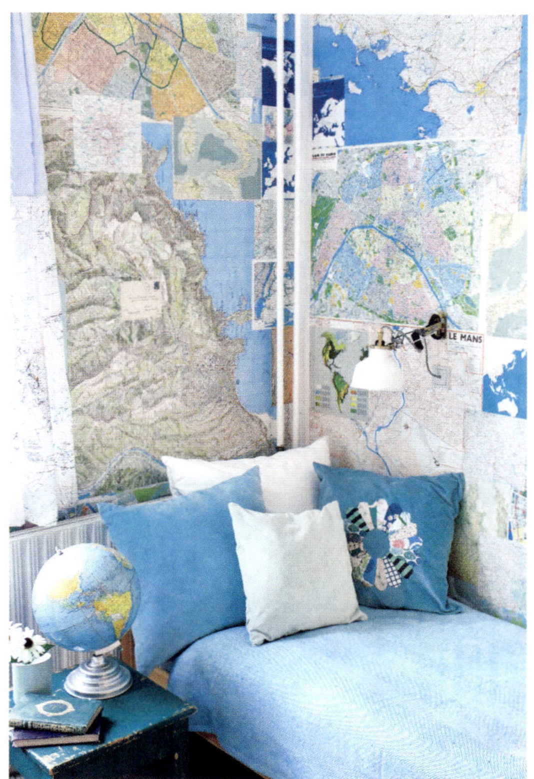

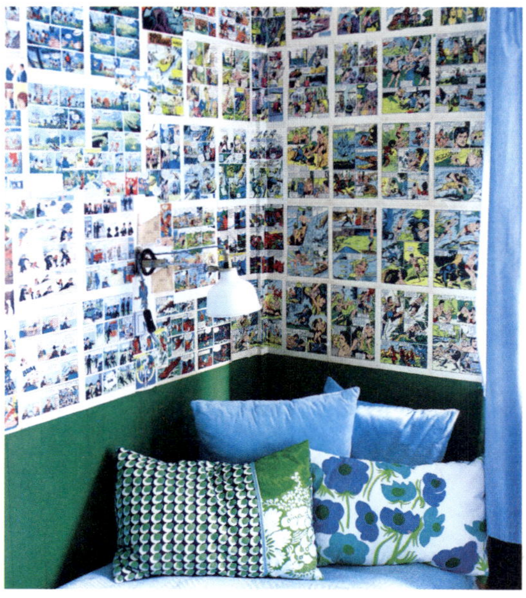

→ *Im „Høve-Hus“ in Dänemark wurden Schlafräume mit verschiedenen Landkarten und Comicheften tapeziert.*

← *Dieser kunstvolle Scherenschnitt, entworfen von Hans Christian Andersen und ausgeführt von David S., wurde unterhalb der blauen Porzellanteller direkt auf die Wand geklebt.*

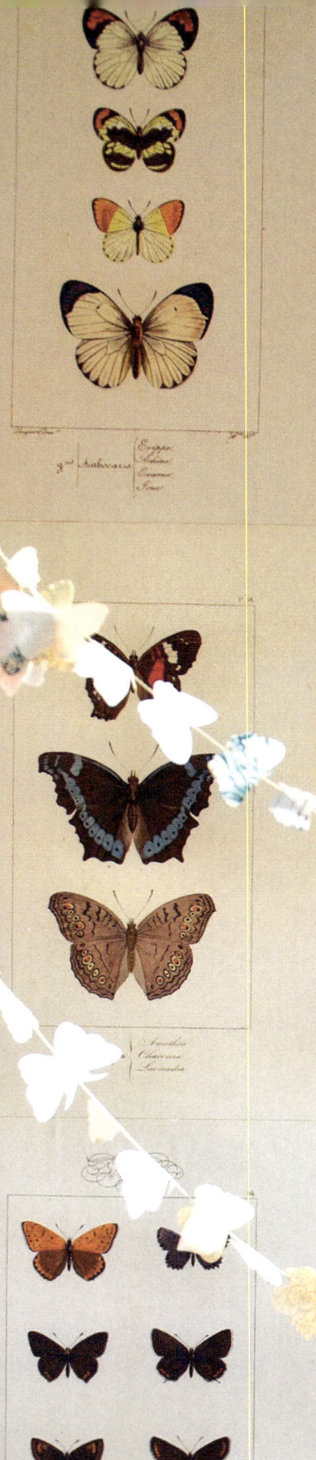

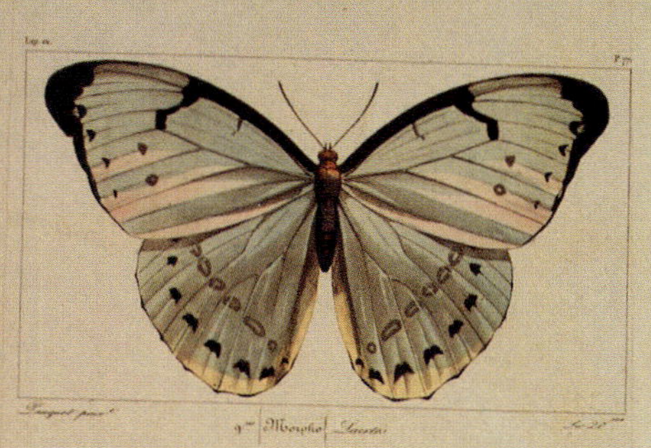

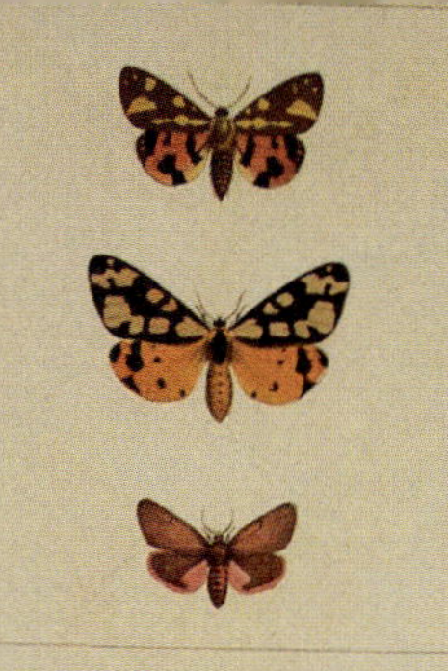

DER KLEINSTE RAUM

Es ist nur ein Stück Papier
ein ausgedruckter Abzug,
eine Urkunde
ein letzter Brief voll
mütterlicher Erinnerungen
ein handgeschriebener Gruß
ein Schnappschuss
Großmutters
Lieblingsausdruck
Papier, gesammelt in der Toilette,
damit es nicht
hinweggespült wird

Kleine Räume wie Bäder und Garderoben können einen kräftigen Dekor vertragen. Wenn Sie die Idee reizt, einen Raum mit altem Papier zu tapezieren, empfiehlt es sich, hier zu beginnen. Sammeln Sie Papiere, die Erinnerungen für Sie bergen oder für Sie von Bedeutung sind, und schmücken Sie damit die Wand, anstatt sie in die Schublade zu verbannen.

→ *Blätter mit Gedichten und eine Urkunde dienen in diesem Badezimmer als Tapete.*

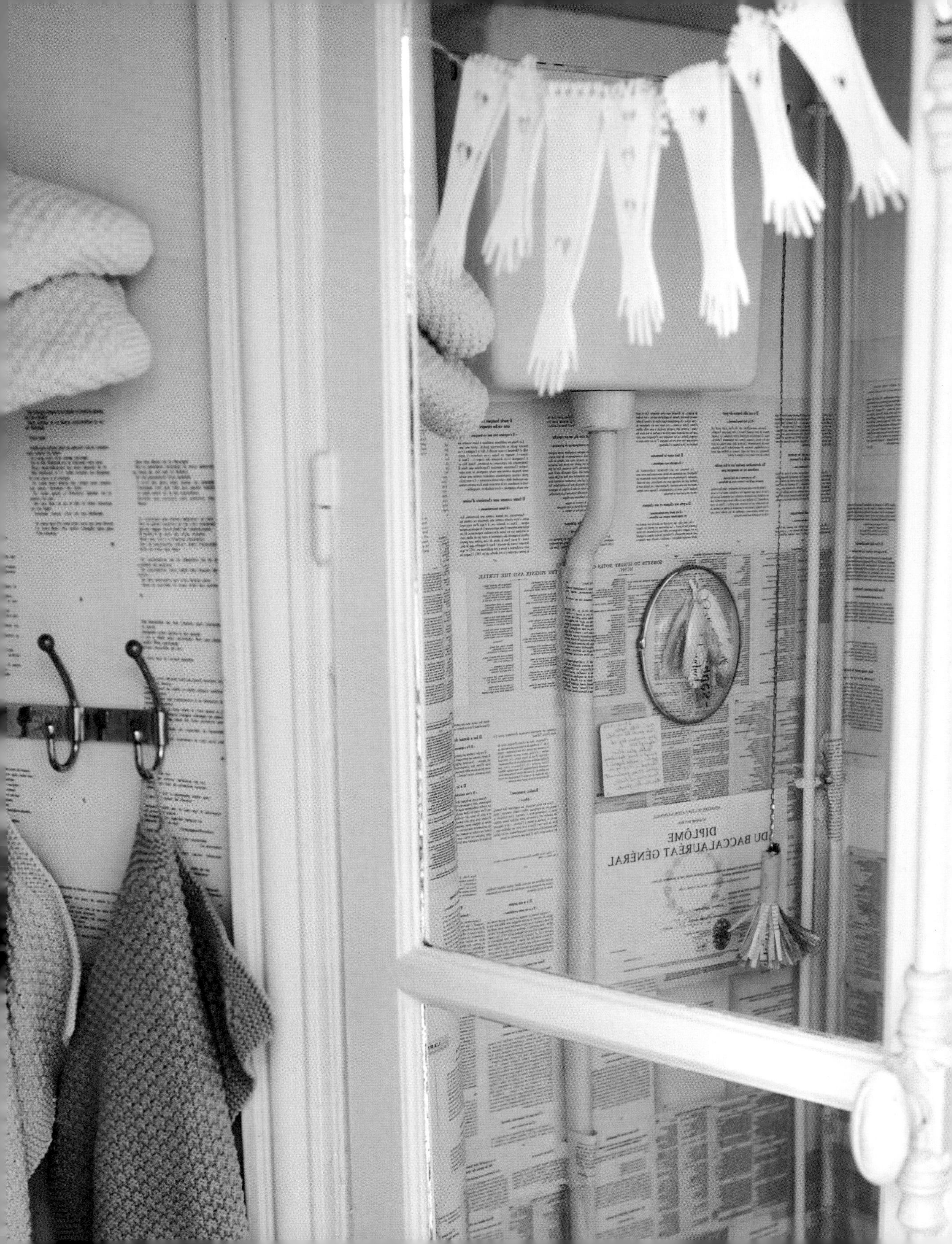
DIPLÔME
DU BACCALAURÉAT GÉNÉRAL

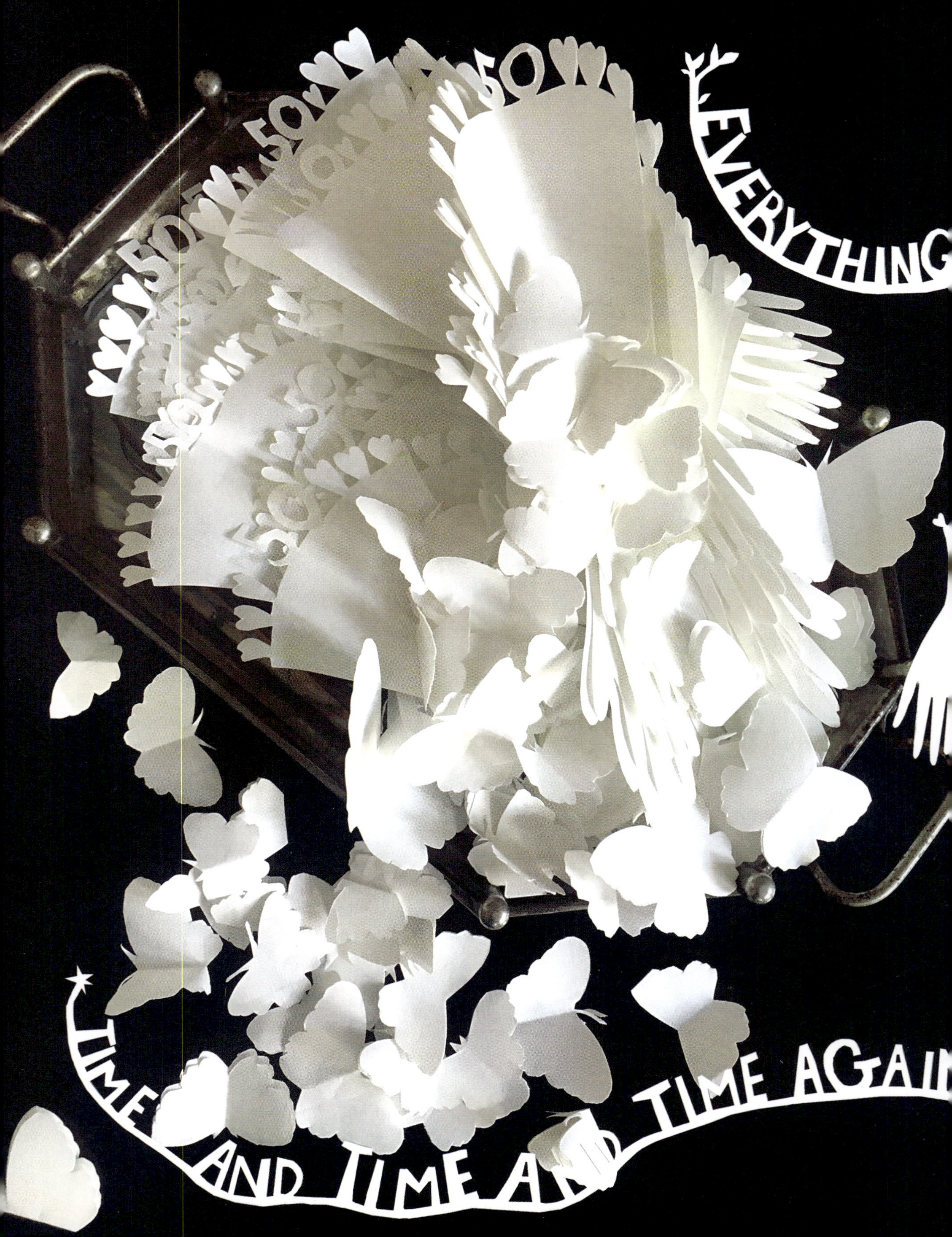
EVERYTHING
TIME AND TIME AND TIME AGAI

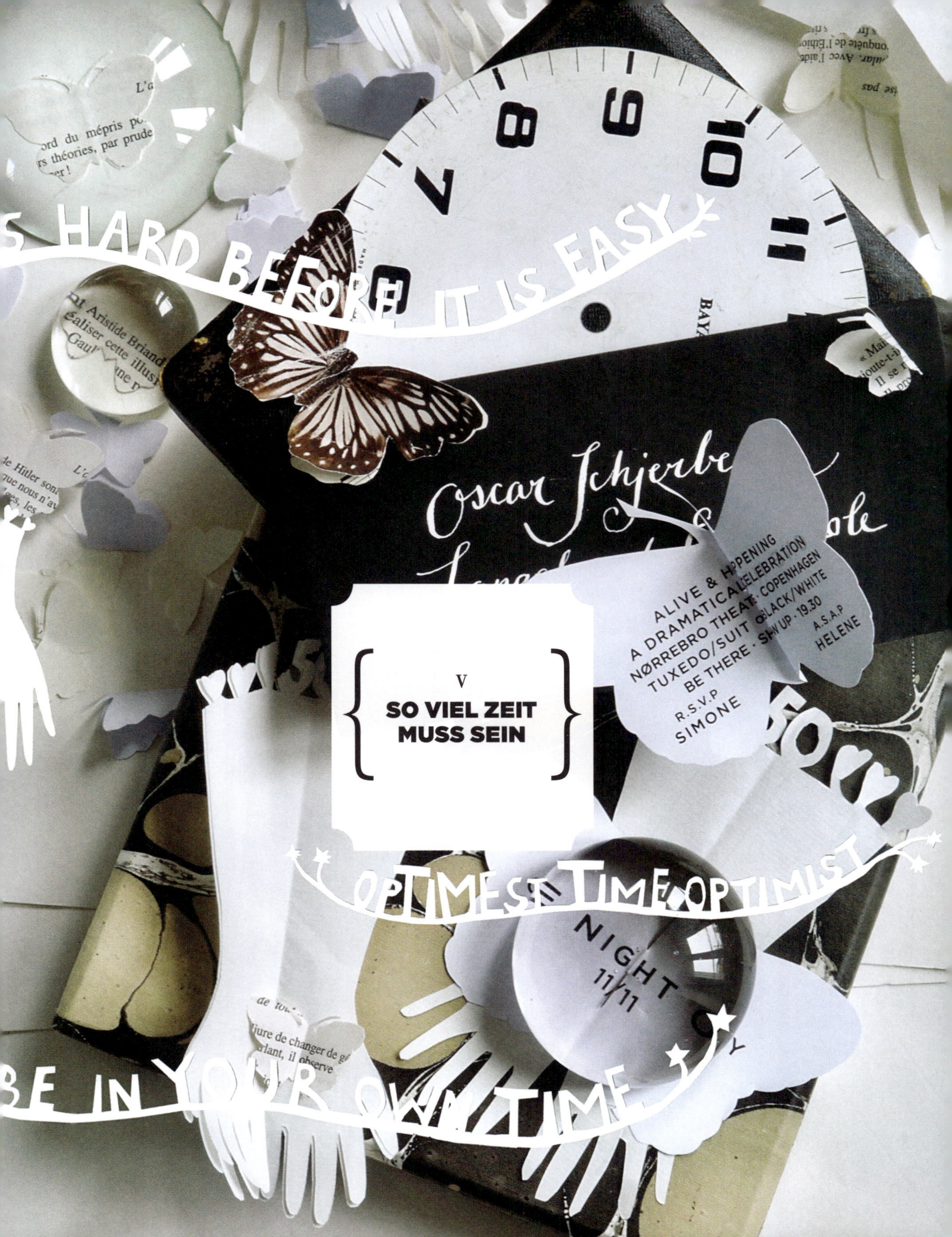

S HARD BEFORE IT IS EASY
Oscar Schjerbe
ALIVE & HAPPENING
A DRAMATICAL CELEBRATION
NØRREBRO THEATER · COPENHAGEN
TUXEDO/SUIT · BLACK/WHITE
BE THERE · SHOW UP · 19.30
R.S.V.P
SIMONE
A.S.A.P
HELENE
V
SO VIEL ZEIT
MUSS SEIN
OPTIMEST TIME OPTIMIST
NIGHT
11/11
BE IN YOUR OWN TIME

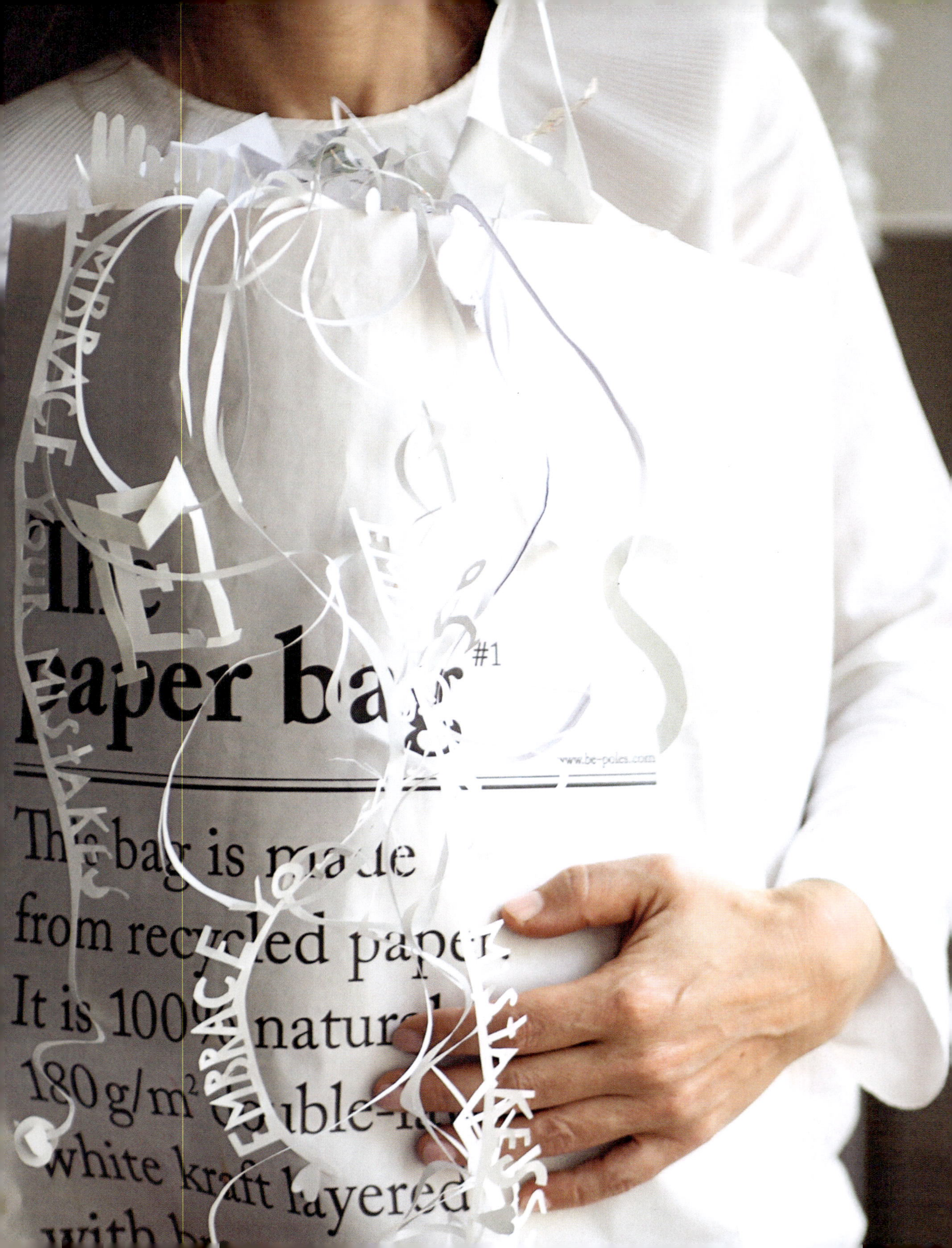

paper ba
#1
www.be-poles.com
bag is made
from rec led pape
It is 100 natur
180 g/m^2 uble-
white kraft layered
EMBRACE YOUR MISTAKES
EMBRACE MISTAKES

NEHMEN SIE SICH ZEIT!

Alles braucht seine Zeit, doch heutzutage sind wir nur allzu oft bemüht, alles allzu schnell zu erledigen, und eilen durchs Leben, ohne irgendetwas die gebührende Aufmerksamkeit zu schenken. Daher haben wir in diesem Kapitel einige Projekte nach erforderlichem Zeitaufwand angeordnet, sodass Sie sich die Zeit dafür reservieren und die Anfertigung auch wirklich genießen können.

Mit das Beglückendste daran, sich Zeit zu nehmen, ist, dass wir es uns erlauben, tief in unseren Gedanken und unserer Kreativität zu versinken und uns im Vertrauen darauf, dass sich schon alles wie von selbst entwickeln wird, ihrem Fluss zu überlassen.

Machen Sie sich keine Sorgen über das, was Sie nicht kontrollieren können, sondern verlagern Sie Ihre Energie auf alles, was Sie kreieren können.

FEHLER SIND ERLAUBT.

Wenn Sie einen Stift in der Hand halten, bemerken Sie vielleicht irgendwann, dass Sie aus purer Gewohnheit begonnen haben, das nächstbeste Stück Papier damit zu bekritzeln. Entdecken Sie erst einmal die Freuden des Scherenschnitts für sich, werden Sie feststellen, dass der gleiche Automatismus einsetzt, sobald Sie eine Schere in der Hand halten. Sie müssen das Ergebnis ja keinem zeigen!

Wer weiß, vielleicht wäre es für Sie sogar enorm befriedigend, einen frustrierenden Absagebrief in tausend Stücke zu zerschneiden, bevor Sie ihn in die Tonne werfen!

10 MINUTEN

Wenn die Projekte in diesem Kapitel ein mehrgängiges Menü ergäben, wären die folgenden Übungen die Vorspeise. Sie sind leicht verdaulich und wecken bei Ihnen hoffentlich so großen „Appetit“ bzw. Selbstvertrauen, dass Sie sich auch an die weiteren Gänge wagen.

SCHARF AUF SCHERENSCHNITT

Die Hände ergeben wunderbare Geschenkanhänger oder kleine Lesezeichen und sind, mit ein paar persönlichen Worten versehen, eine tolle Zugabe für jedes Geschenk. Die Schwalben eignen sich als Schmuck für alles Mögliche, vom Schreibtisch bis zum Eingangsbereich.

Sie benötigen:

- **Schere**
- **Transparentpapier**
- **Schwarzes und weißes Papier**

Pausen Sie die Hände oder die Schwalben ab. Legen Sie dann das Transparentpapier auf ein anderes Blatt Papier und schneiden Sie durch beide Lagen. Haben Sie die Form gemeistert, versuchen Sie einmal, sie ohne Schablone auszuschneiden – es ist womöglich leichter als gedacht! Wenn Sie wollen, dürfen Sie die Brust der Schwalben noch mit ein wenig rosa Papier verschönern oder ein vierblättriges Kleeblatt ausschneiden, das Sie den Vögeln in den Schnabel geben können.

LOVE

AMORE

fatto a mano

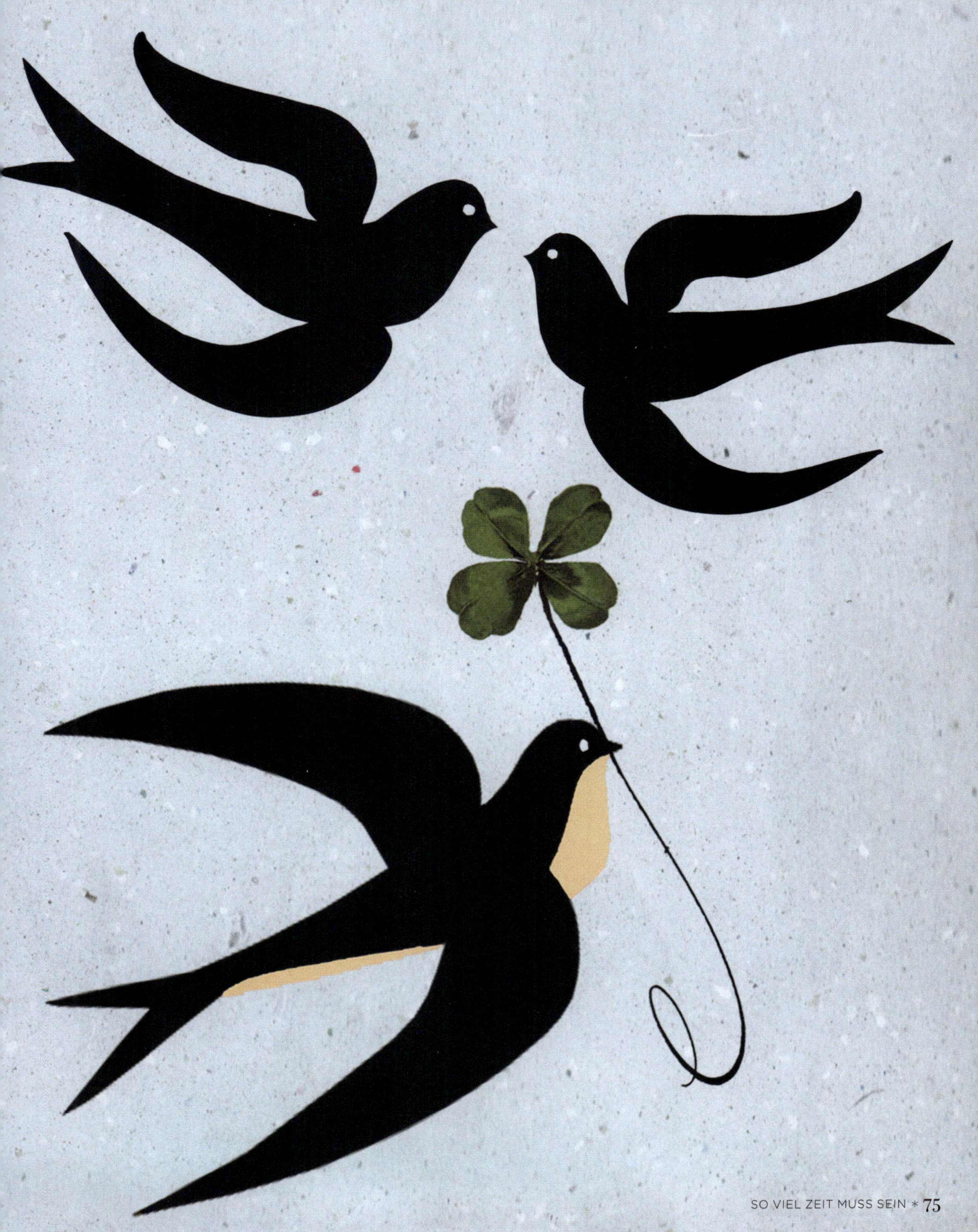

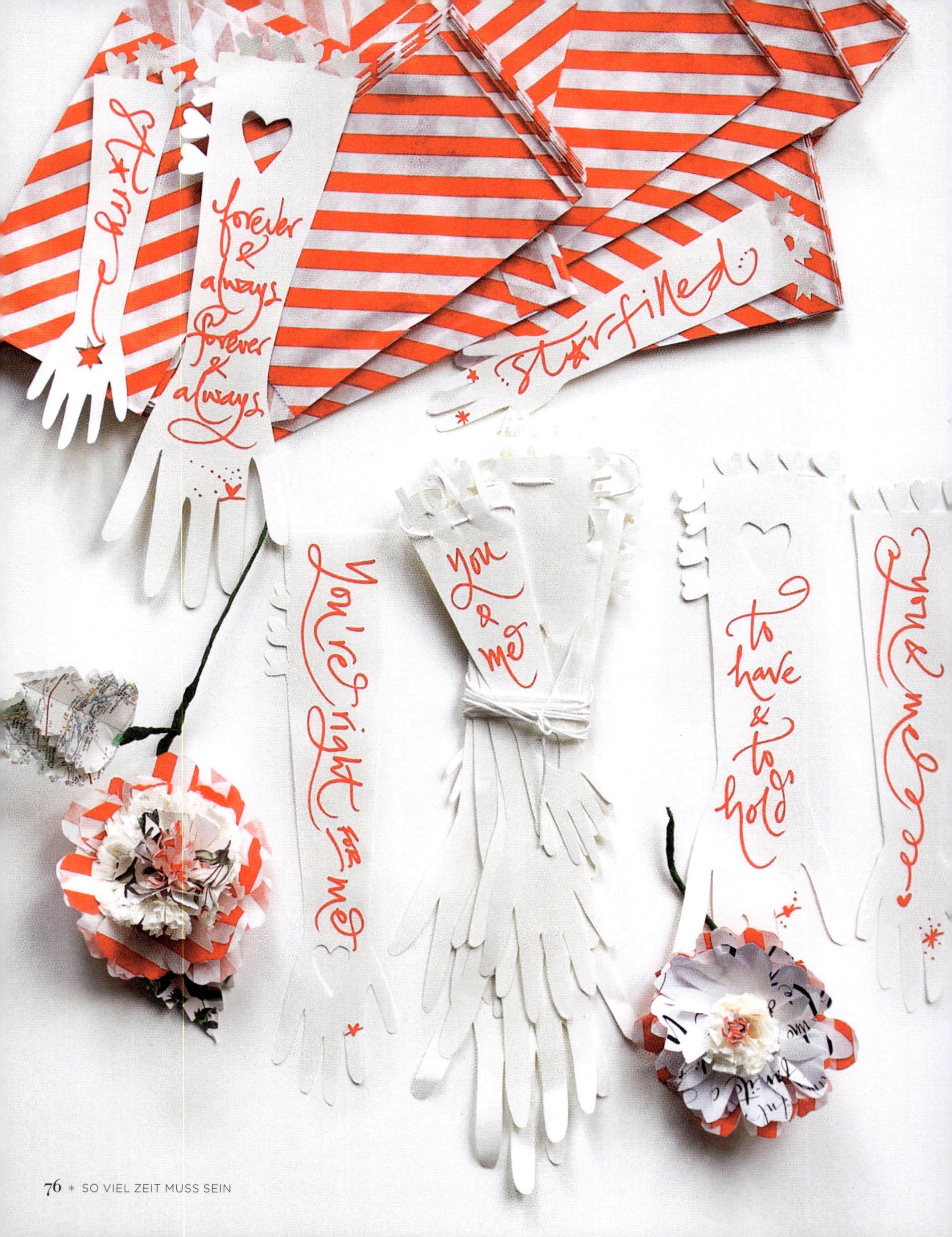
forever & always forever & always
starfilled
you & me
you're right for me
to have & to hold

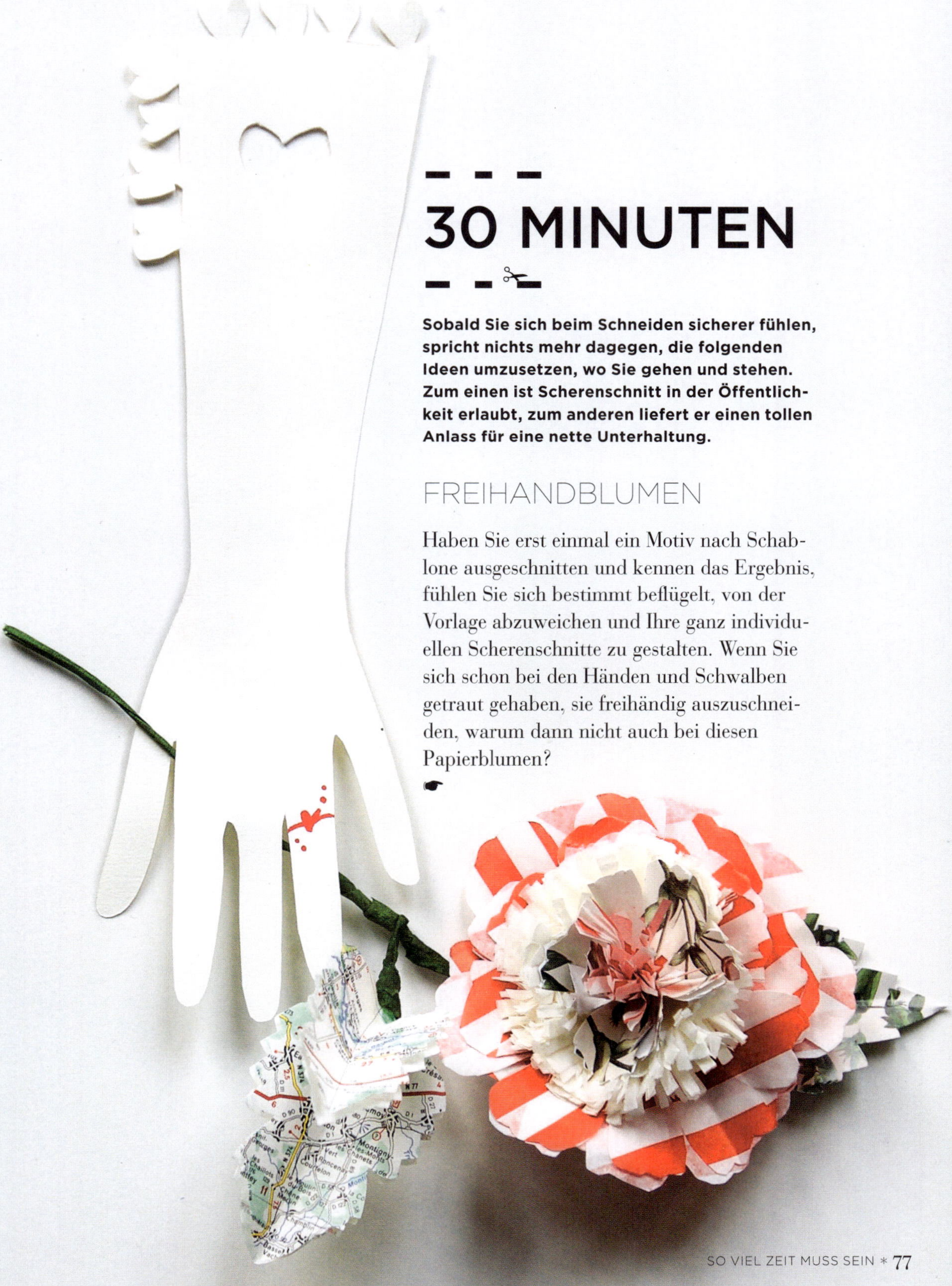

30 MINUTEN

Sobald Sie sich beim Schneiden sicherer fühlen, spricht nichts mehr dagegen, die folgenden Ideen umzusetzen, wo Sie gehen und stehen. Zum einen ist Scherenschnitt in der Öffentlichkeit erlaubt, zum anderen liefert er einen tollen Anlass für eine nette Unterhaltung.

FREIHANDBLUMEN

Haben Sie erst einmal ein Motiv nach Schablone ausgeschnitten und kennen das Ergebnis, fühlen Sie sich bestimmt beflügelt, von der Vorlage abzuweichen und Ihre ganz individuellen Scherenschnitte zu gestalten. Wenn Sie sich schon bei den Händen und Schwalben getraut gehaben, sie freihändig auszuschneiden, warum dann nicht auch bei diesen Papierblumen?

☛

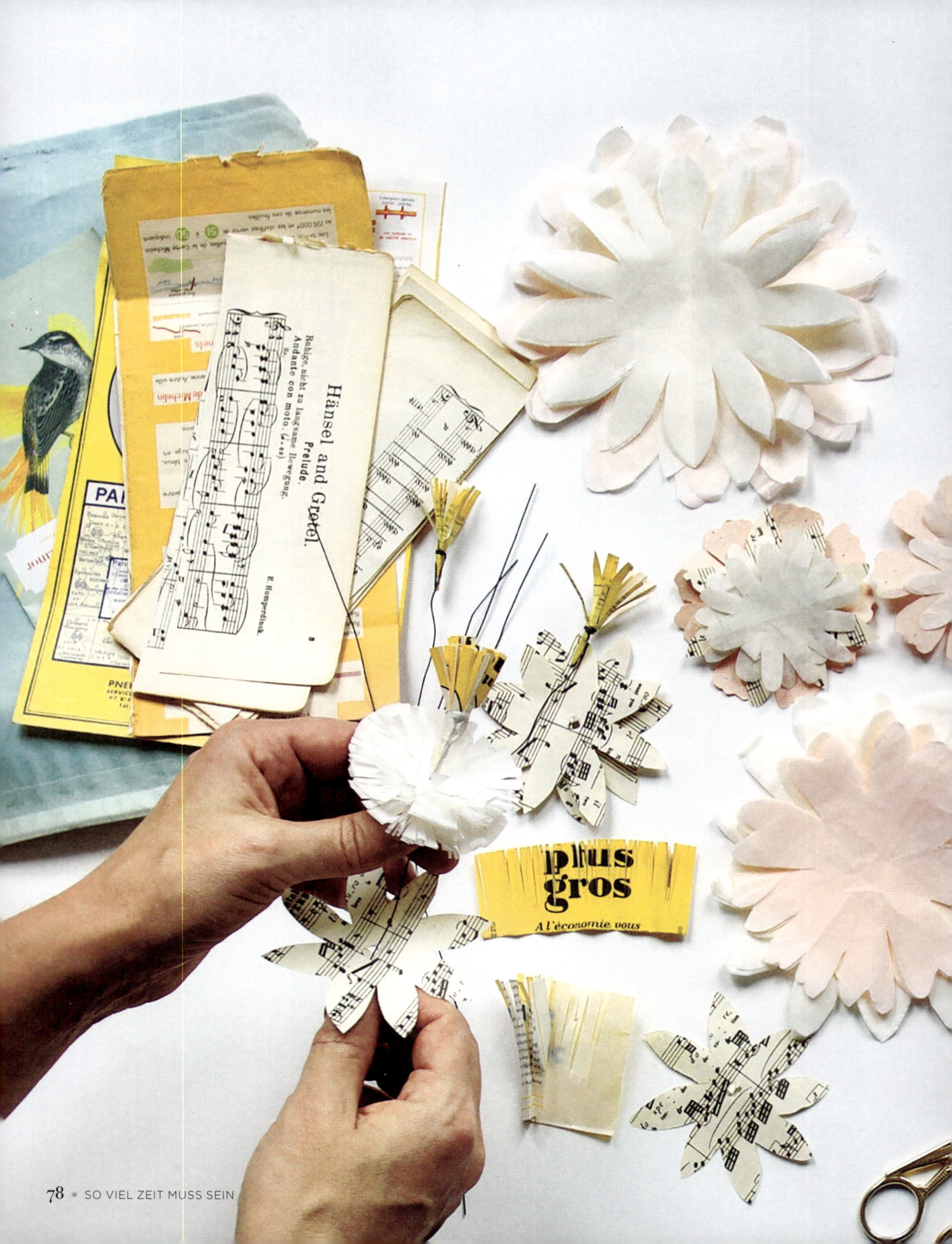
Hänsel and Gretel
Prelude.
Andante con moto.
E. Humperdinck
plus
gros
A l'économie vous

☛

Sie benötigen:

- **Schere**
- **Auswahl an Papieren**
- **Dünnen Draht**
- **Grünes Flora-Kreppband**
- **Malerkrepp**

Fertigen Sie zuerst die Blütennarbe an, zum Beispiel aus einer alten Landkarte. Schneiden Sie dazu einen 4 x 6 cm großen Streifen zu, schneiden Sie diesen mehrmals ein, rollen Sie ihn zusammen und umwickeln Sie ihn mit Draht.

Schneiden Sie aus Papieren in verschiedenen Farben unterschiedlich große Kreise mit blütenblattförmigem Rand aus (siehe Grafik). Die Blütenblätter der Größe nach aufeinanderschichten, wobei das größte unten liegt. Stechen Sie mit der Schere mittig ein Loch in die Blüte und schieben Sie den Draht der Narbe so weit wie möglich hindurch.

Dann kleben Sie das äußerste Blütenblatt mit etwas Malerkrepp direkt am Loch an den Draht. Zum Schluss umwickeln Sie den Draht mit Flora-Kreppband.

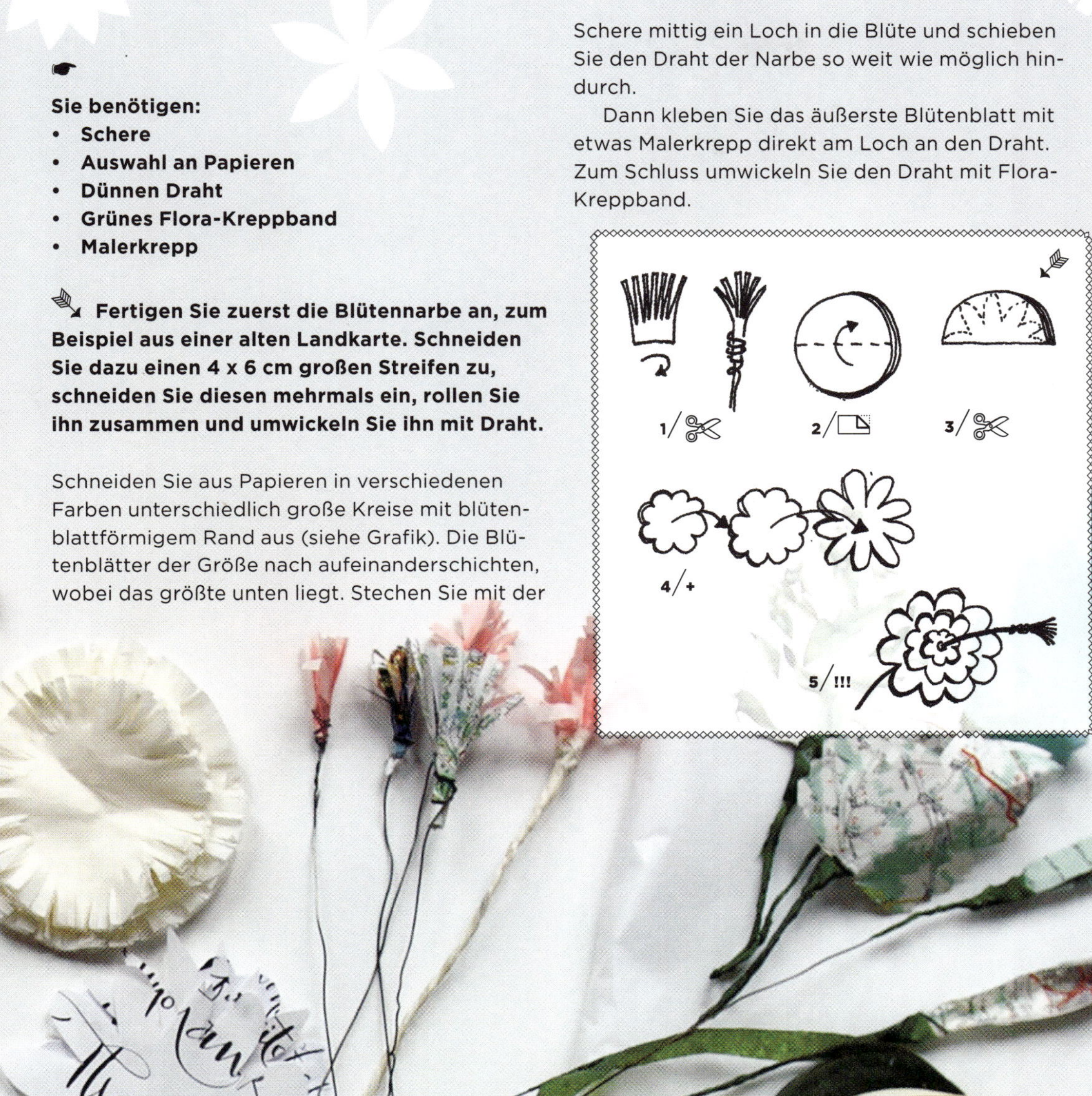

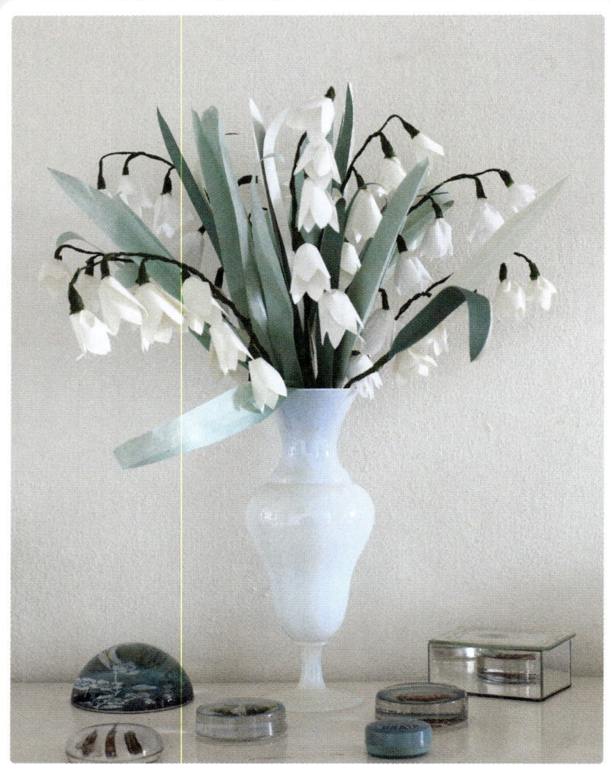

BLÜTENWUNDER IN WEISS

Diese herrlichen Blüten erinnern an Maiglöckchen. Sie bestehen aus weißem Krepppapier, das zurechtgeschnitten und anschließend für einen langlebigen Strauß reinen Glücks einzeln zu glockenförmigen Blüten gerollt wird.

Sie benötigen:

- **Krepppapier in verschiedenen Weiß- und Cremetönen**
- **Dünnen Draht**
- **Grünes Flora-Kreppband**
- **Grünes Papier**
- **Schere**

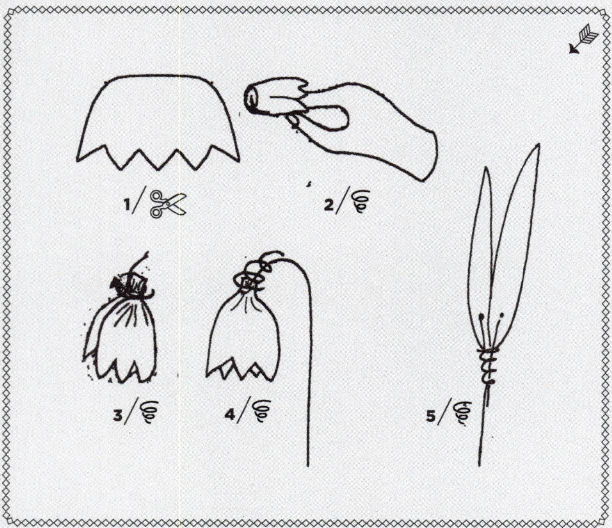

Schneiden Sie anhand der Schablone für die Blüte Krepppapier zu. Rollen Sie es um einen Finger glockenförmig zusammen, verdrehen Sie es am Blütenboden und wickeln Sie für einen Stiel Draht um die verdrehte Stelle. Fertigen Sie so fünf bis sechs Blüten an und befestigen Sie sie dann einzeln nacheinander an einem langen Stück Draht. Den Draht mit grünem Flora-Kreppband umwickeln. Nun schneiden Sie aus grünem Papier Blätter aus, die Sie ebenfalls am Draht anbringen, ehe Sie diesen erneut mit Flora-Kreppband umwickeln.

Kreieren Sie auf diese Weise einen ganzen Blumenstrauß.

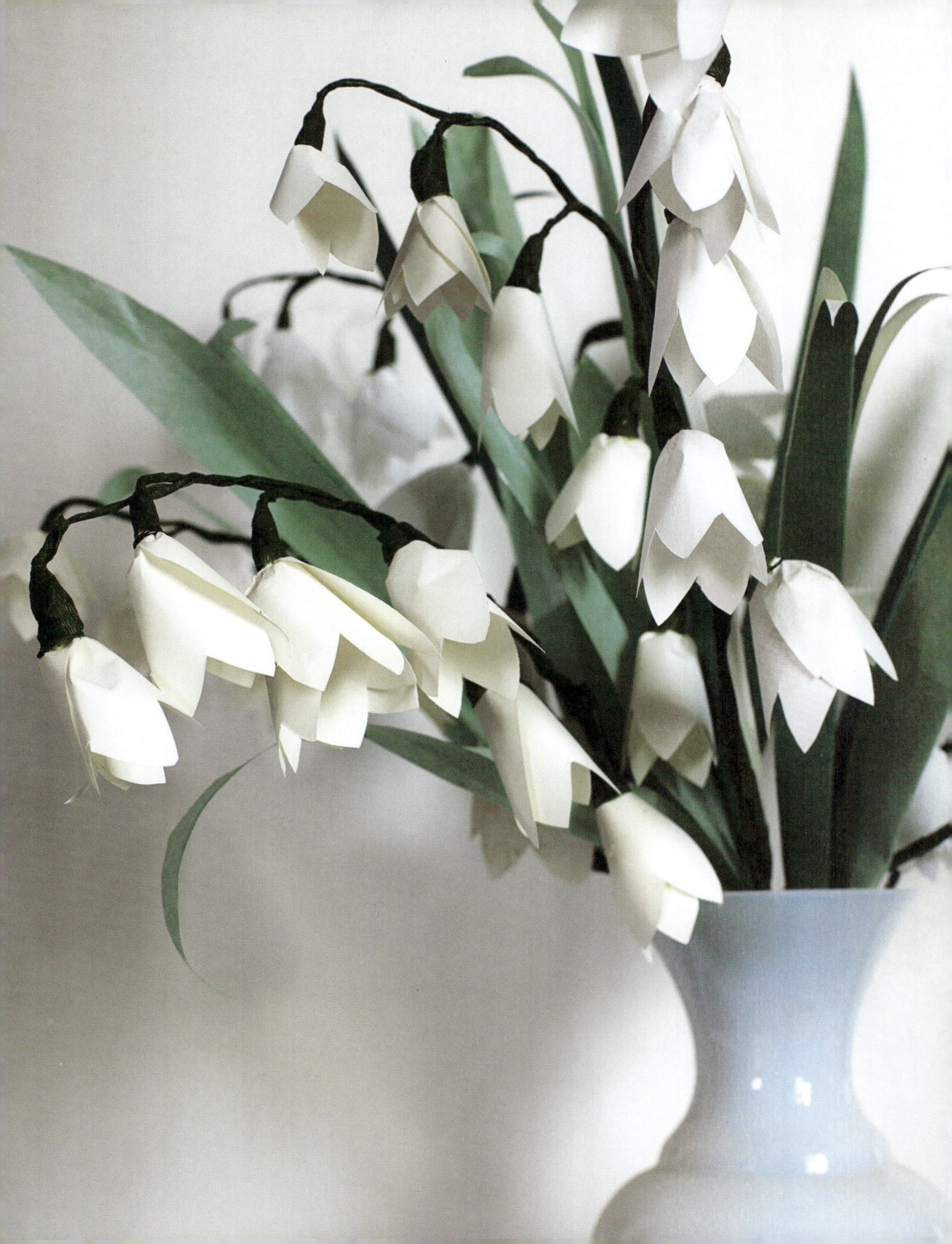

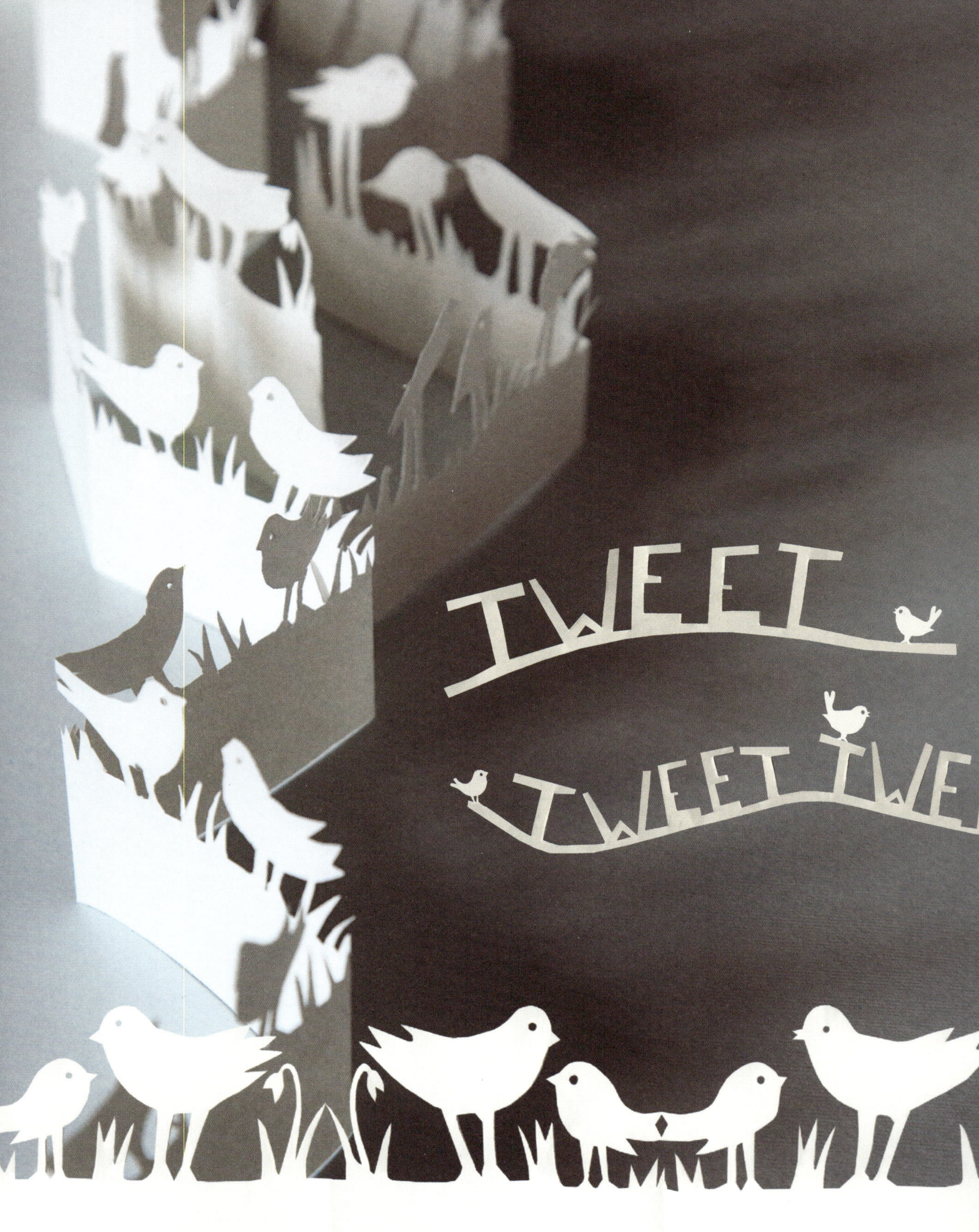
TWEET
TWEET

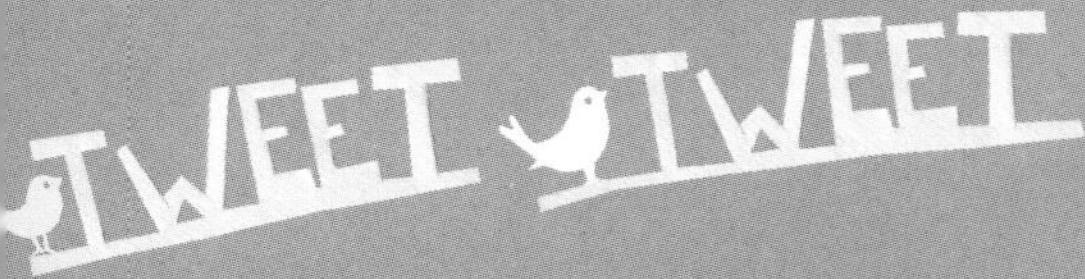

VÖGEL IN ZIEHHARMONIKA-FALTUNG

Indem Sie das Papier in Ziehharmonikafalten legen, erhalten Sie eine lange Reihe süßer kleiner Piepmätze.

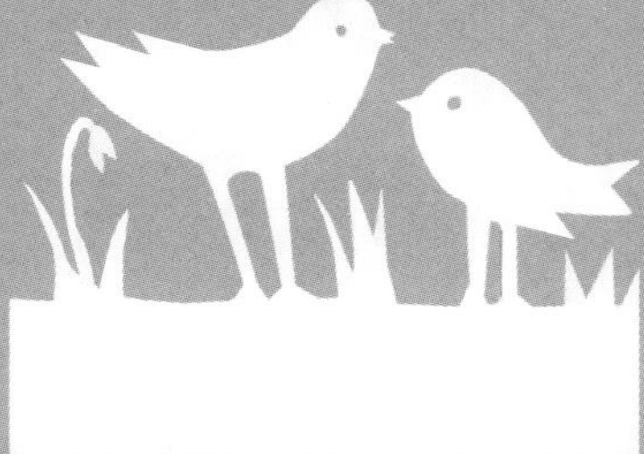

Sie benötigen:

- **Einen 50 cm langen Streifen Blankopapier, nicht stärker als 80g/m²**
- **Schere**

Das Papier sollte sich problemlos falten lassen, damit Sie mehrere Lagen auf einmal schneiden können. Falten Sie das Papier in 8 cm breite Ziehharmonikafalten.

Pausen Sie die Schablone Ihrer Wahl ab, schneiden Sie sie aus und legen Sie sie auf das gefaltete Papier. Schneiden Sie dann durch alle Papierlagen hindurch den Schablonenumriss nach. Vergessen Sie nicht, dabei das Papier zu drehen, sodass die Schere immer in derselben Position bleibt und Sie in einer bequemen Haltung arbeiten können. Die Schere ist Ihr Werkzeug, und Sie führen es – schneiden Sie also erst dann, wenn Sie dazu bereit sind. Haben Sie das Motiv fertig ausgeschnitten, falten Sie die Ziehharmonika auseinander, um das Ergebnis zu bewundern.

Mit wachsendem Selbstvertrauen können Sie Ihre eigenen Schablonen entwerfen oder sogar ein paar einfache Formen freihändig ausschneiden.

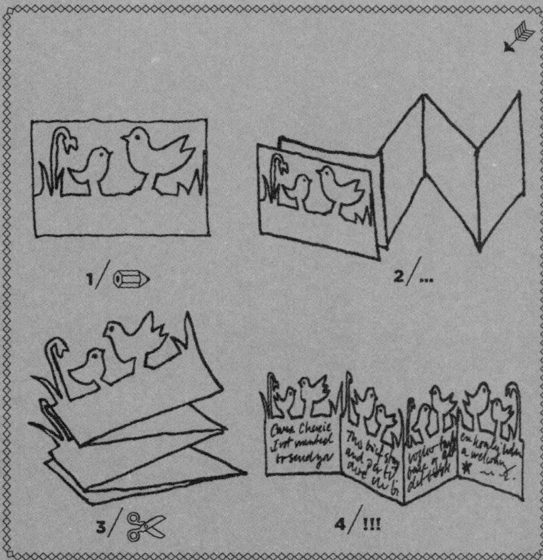

[Ein Video zu diesem Projekt finden Sie auf dem YouTube-Kanal „Paper Poetry" unter dem Namen „Helene and Simone's Easter Paper Parade"]

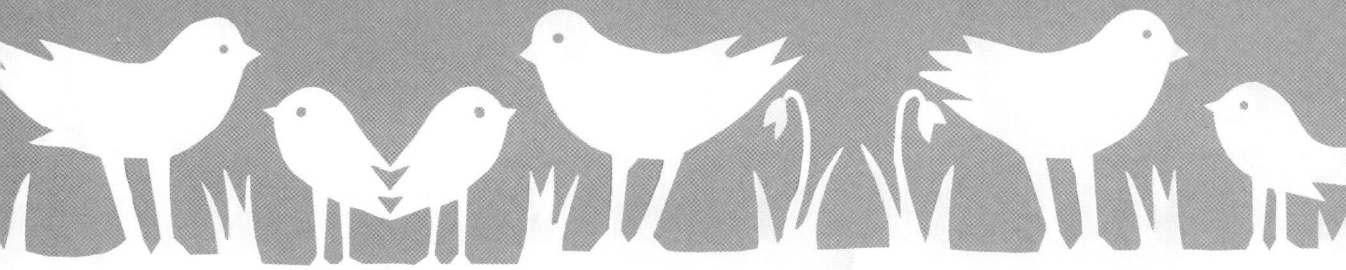

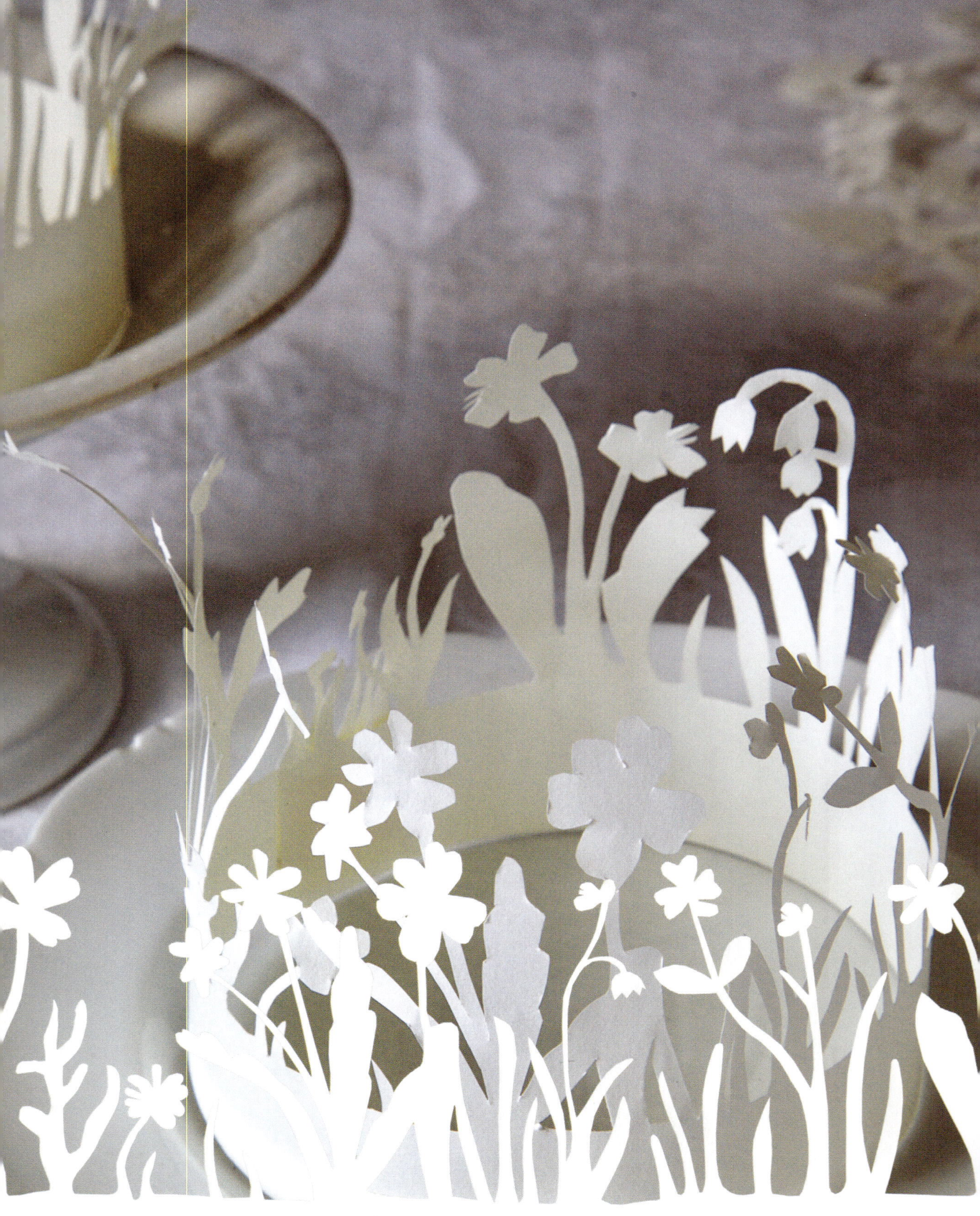

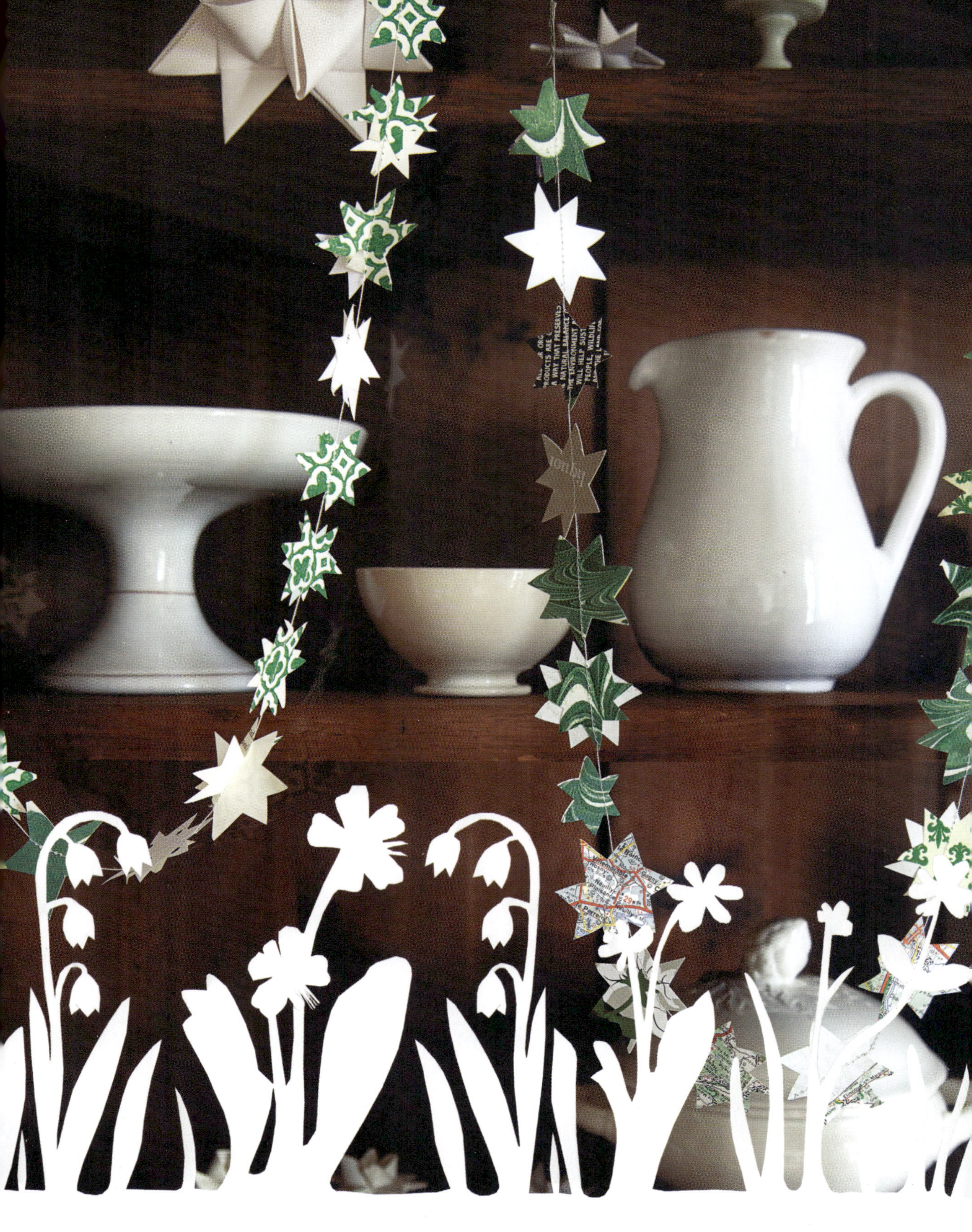

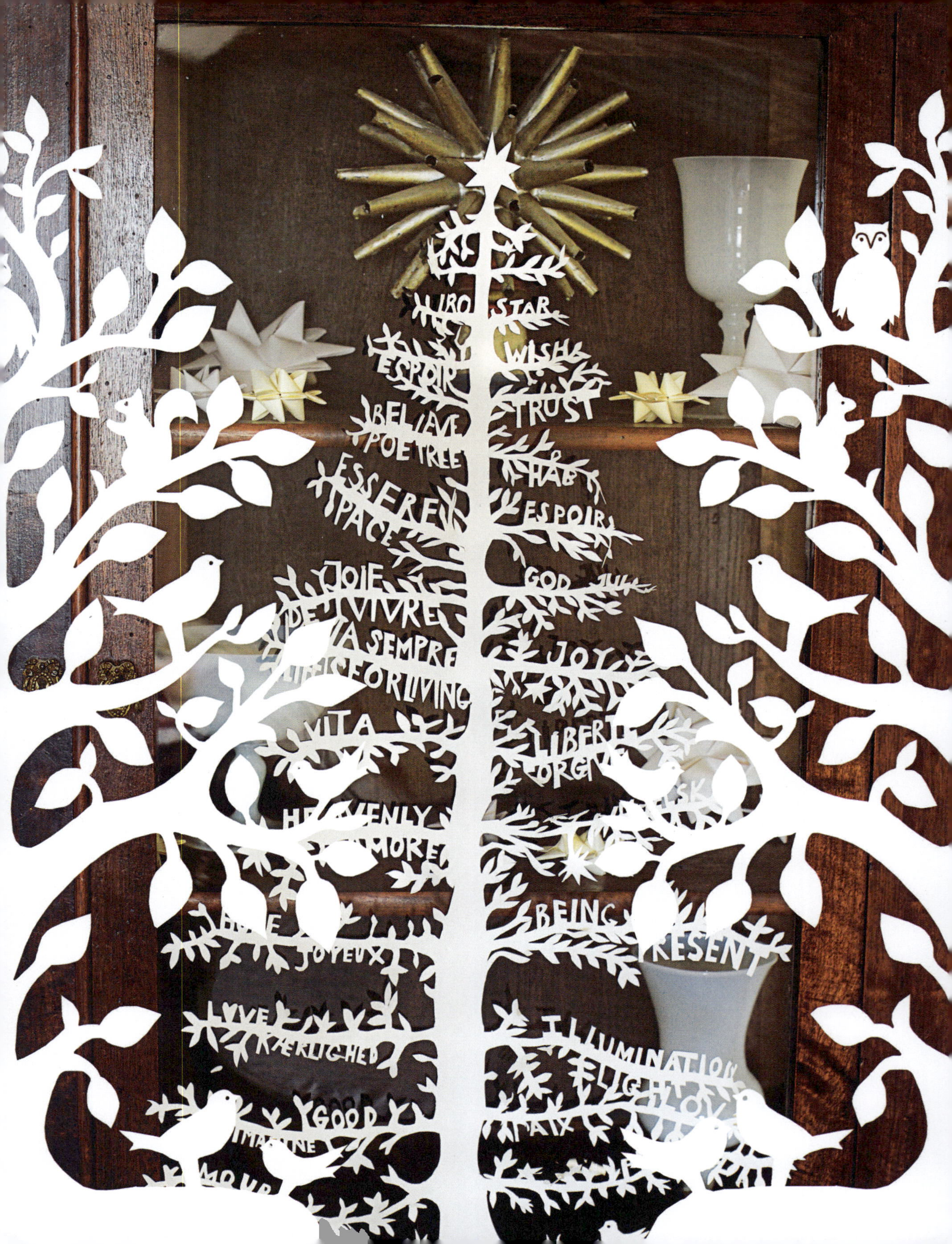

STAR
WISH
ESPOIR
TRUST
POETREE
ESSERE
ESPOIR
PACE
JOIE
DE VIVRE
GOD
JOY
VITA
HEAVENLY
BEING
PRESENT
JOYEUX
ILLUMINATION
GOOD

ZWEI STUNDEN

Gönnen Sie sich für den Poesiebaum ein wenig mehr Zeit, denn er ist ein Gedicht!

POESIEBÄUME

Beginnen Sie der Übung halber mit einem einfacheren Baum.

Pausen Sie für die Schablone eine der beiden Baumhälften ab, die den links abgebildeten Poesiebaum flankieren. Falten Sie ein Blatt Papier zur Hälfte und legen Sie das Transparentpapier mit Ihrer abgepausten Baumhälfte darauf. Schneiden Sie dann das Motiv durch alle drei Papierlagen hindurch aus. Falten Sie die beiden unteren Lagen auseinander, und Sie haben einen ganzen Baum

Und nun wagen Sie sich an den wortreichen Poesiebaum. Er erfordert zwar etwas mehr Übung als der einfache Baum, doch sobald Sie sich sicher genug fühlen, dürfen Sie sich voll entfalten und sich jede dichterische Freiheit nehmen.

Fügen Sie zur Schablone einige Wörter hinzu, die aussehen, als wüchsen sie aus den Ästen heraus. Dazu müssen alle Buchstaben mit dem Ast „verwurzelt" sein, auf dem sie stehen oder von dem sie herabhängen.

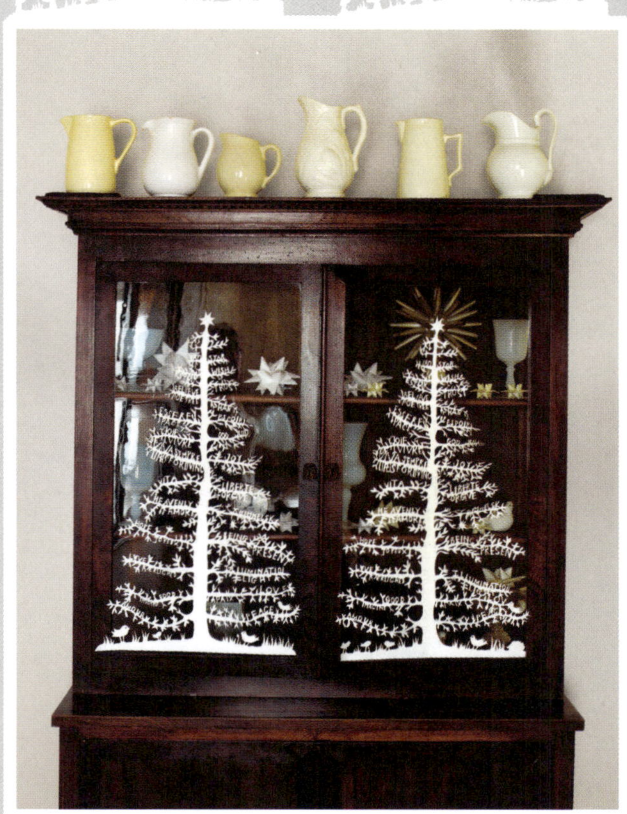

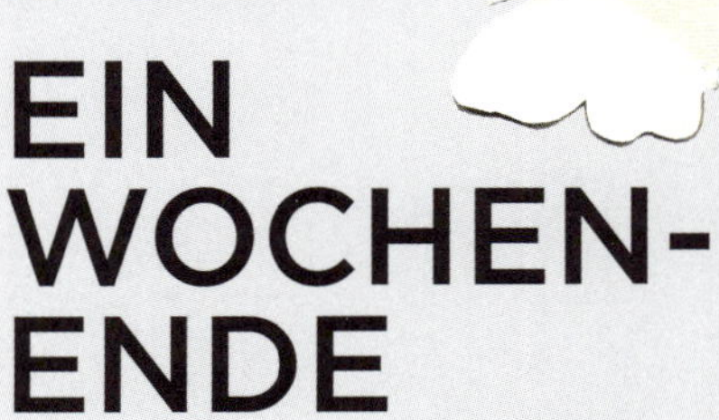

EIN WOCHEN-ENDE

Hier finden Sie zeitaufwändigere Projekte für die Gelegenheiten, wo Sie sich so richtig mit der Schere austoben wollen.

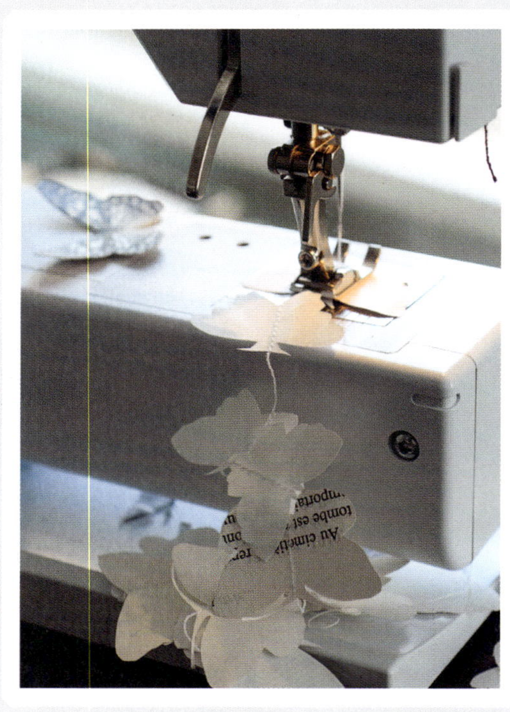

SCHMETTERLINGSVORHANG

Dieser Schmetterlingsvorhang bezaubert durch sein fantastisches Licht- und Schattenspiel und sein zärtliches Rascheln beim leisesten Lüftchen. Natürlich ist ein solcher Vorhang nicht waschbar, trotzdem lohnt es sich unbedingt, ein Wochenende darauf zu verwenden. Die ersten Exemplare, die wir angefertigt haben, sind inzwischen beinahe fünf Jahre alt und sehen noch immer umwerfend aus.

Sie benötigen:

- **Schere**
- **Hunderte von ausgeschnittenen Schmetterlingen aus Papieren Ihrer Wahl**
- **Ein Stück weichen, transparenten Stoff, wegen der Säume etwa 10 cm länger und breiter als das Fenster**
- **Nähmaschine, Nähgarn & evtl. Küchenkrepp**

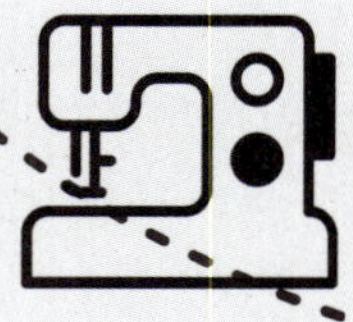

Schneiden Sie Hunderte von Schmetterlingen aus (siehe Seite 23). Schieben Sie die Schmetterlinge zum Aufnähen auf den Stoff einzeln nacheinander quer unter den Fuß der laufenden Nähmaschine (nicht feststecken, sondern auf den Stoff legen) und nähen Sie sie in Längsreihen untereinander fest. Das ist zwar zeitraubend, aber überhaupt nicht schwierig! Zerbrechen Sie sich nicht den Kopf wegen irgendwelcher „Fehler" – der hinreißende Gesamteindruck Ihres Vorhangs wird Ihnen den Atem rauben! Wenn der Transporteur Ihrer Nähmaschiche unschöne Schlieren auf dem Schmetterling hinterlässt, legen Sie zwischen Papier und Nähfuß ein Stück Küchenkrepp, das später leicht ausgerissen werden kann.

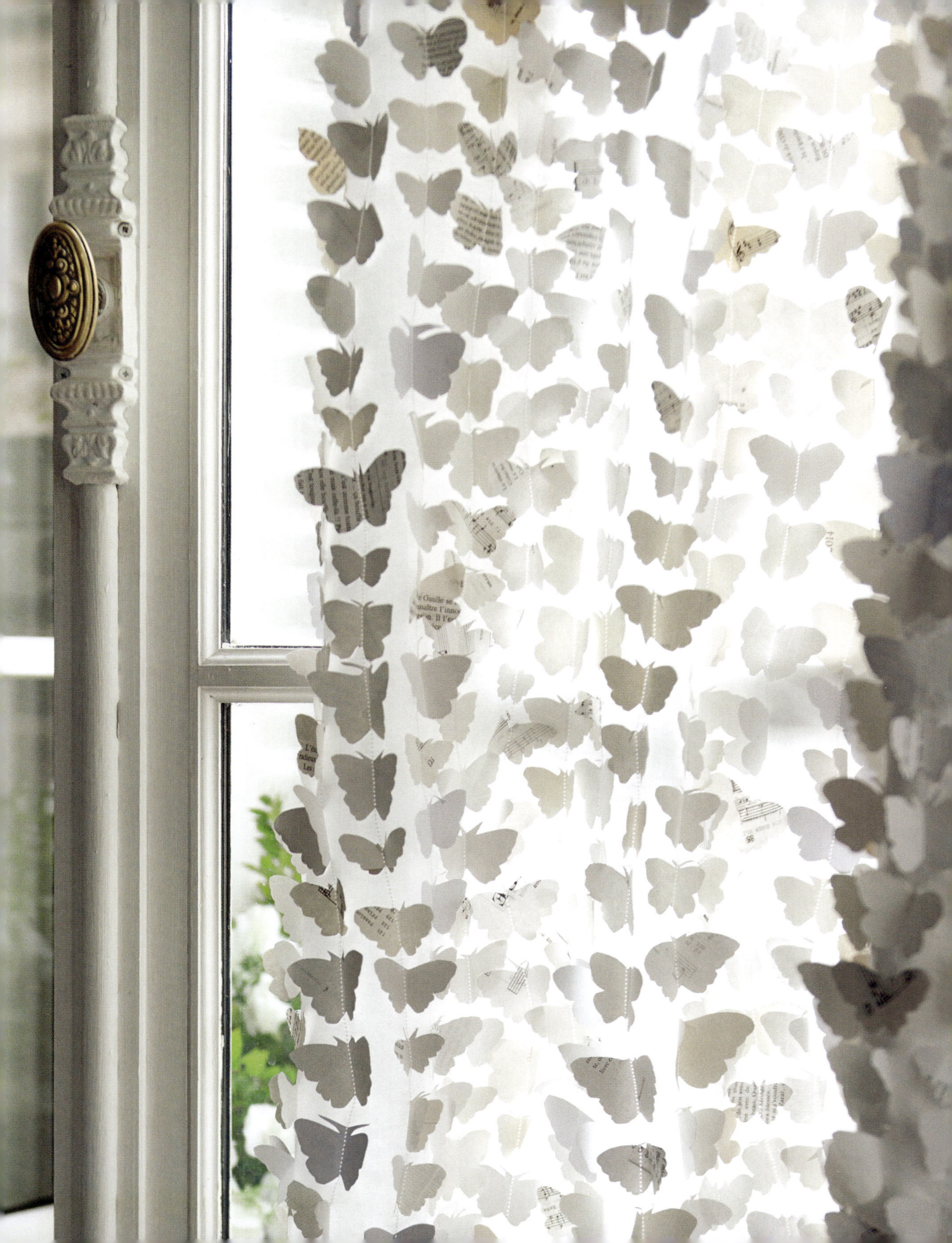

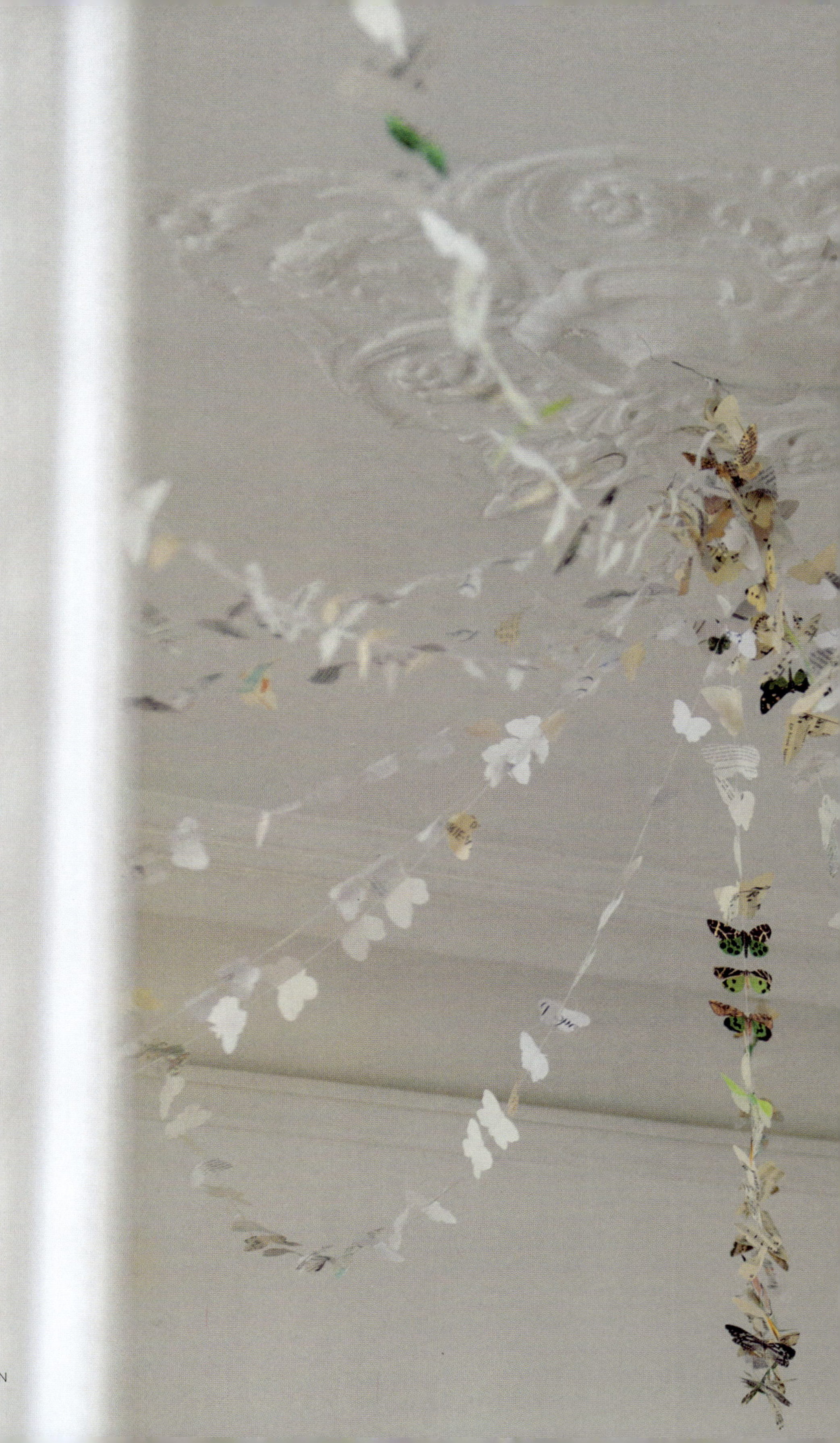

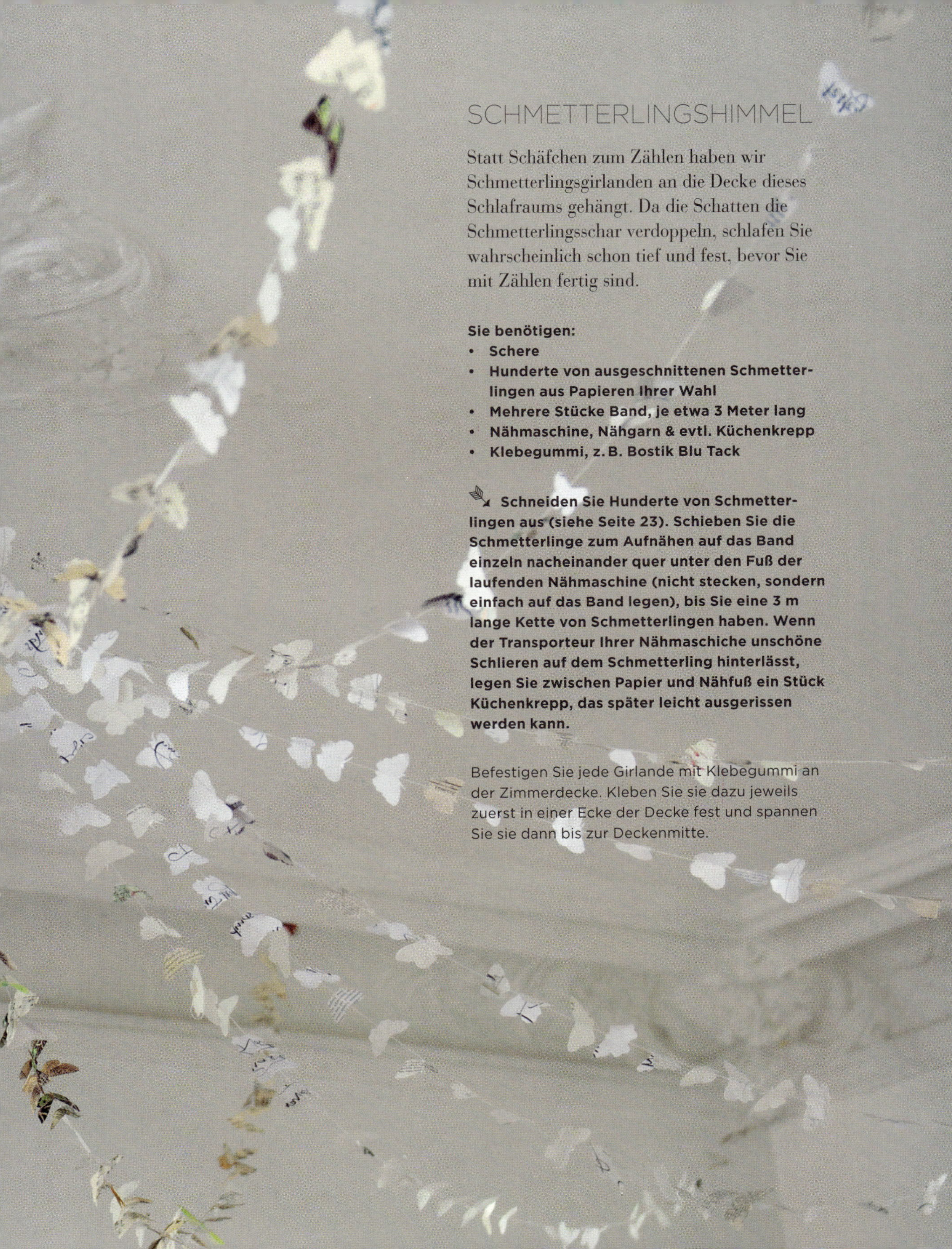

SCHMETTERLINGSHIMMEL

Statt Schäfchen zum Zählen haben wir Schmetterlingsgirlanden an die Decke dieses Schlafraums gehängt. Da die Schatten die Schmetterlingsschar verdoppeln, schlafen Sie wahrscheinlich schon tief und fest, bevor Sie mit Zählen fertig sind.

Sie benötigen:

- **Schere**
- **Hunderte von ausgeschnittenen Schmetterlingen aus Papieren Ihrer Wahl**
- **Mehrere Stücke Band, je etwa 3 Meter lang**
- **Nähmaschine, Nähgarn & evtl. Küchenkrepp**
- **Klebegummi, z. B. Bostik Blu Tack**

Schneiden Sie Hunderte von Schmetterlingen aus (siehe Seite 23). Schieben Sie die Schmetterlinge zum Aufnähen auf das Band einzeln nacheinander quer unter den Fuß der laufenden Nähmaschine (nicht stecken, sondern einfach auf das Band legen), bis Sie eine 3 m lange Kette von Schmetterlingen haben. Wenn der Transporteur Ihrer Nähmaschiche unschöne Schlieren auf dem Schmetterling hinterlässt, legen Sie zwischen Papier und Nähfuß ein Stück Küchenkrepp, das später leicht ausgerissen werden kann.

Befestigen Sie jede Girlande mit Klebegummi an der Zimmerdecke. Kleben Sie sie dazu jeweils zuerst in einer Ecke der Decke fest und spannen Sie sie dann bis zur Deckenmitte.

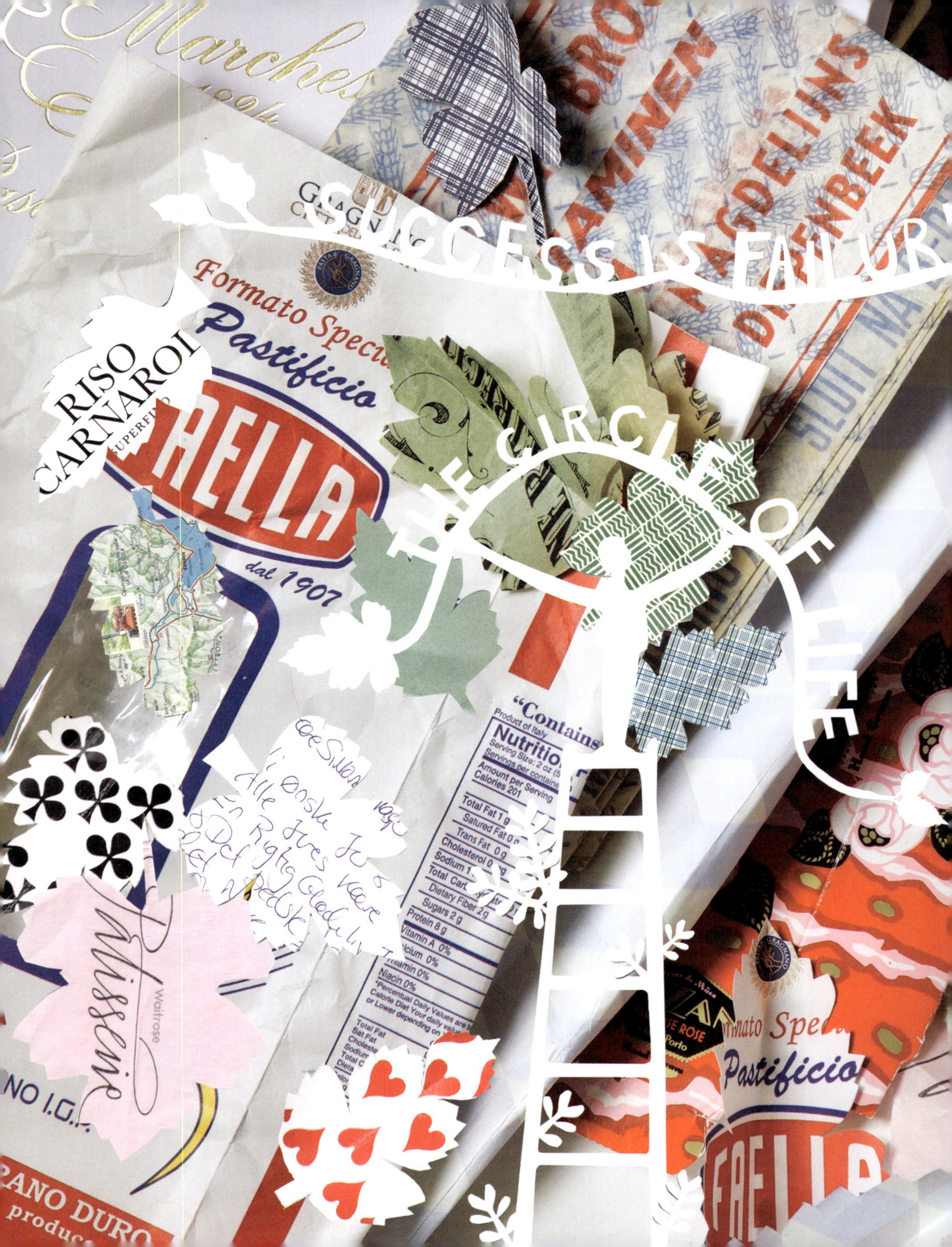
SUCCESS IS FAILUR
THE CIRCLE OF LIFE
RISO CARNAROLI
SUPERFINO
Formato Speci
Pastificio
dal 1907
"Contains
Nutritio
Product of Italy
Pâtisserie
Waitrose
AMINEN
DIJENBEEK
Pastificio

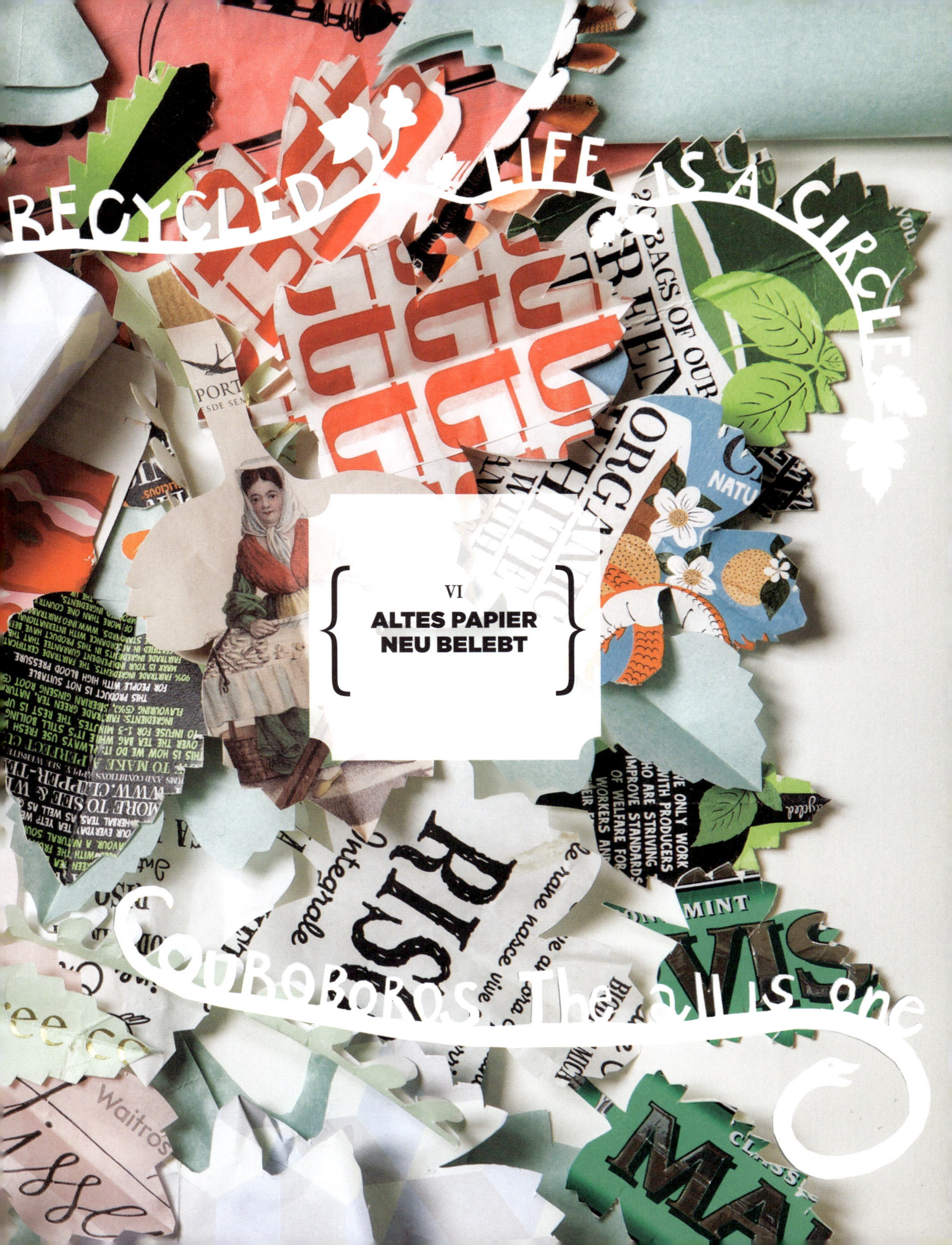

VI

ALTES PAPIER NEU BELEBT

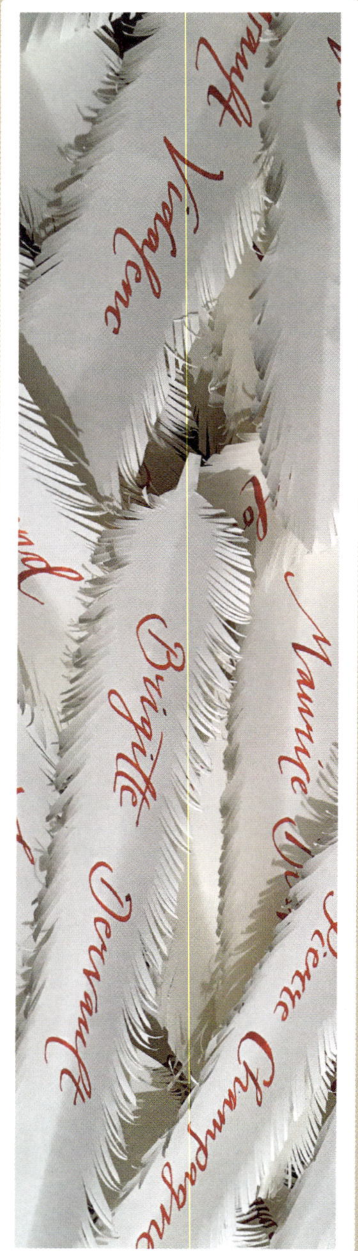

EIN NEUES LEBEN FÜR ALTES PAPIER

In unserem technologischen Zeitalter ist alles zunehmend „papierlos" geworden. Trotzdem findet sich Papier noch immer überall. Einer der Orte, wo man es häufiger denn je anzutreffen scheint, sind die aufwändigen Umverpackungen, derer sich Hersteller und Händler bedienen, um uns zum Kaufen zu verleiten. Was spricht eigentlich dagegen, diese Verpackungen wiederzuverwenden und durch die Kunst des Scherenschnitts neu zu beleben? Verwandeln Sie doch einmal einen Warenkatalog in einen Blätterkranz, gebrauchtes Geschenkpapier in eine Federgirlande oder eine alte Papiertüte in eine Laterne.

[Besuchen Sie für weitere Anregungen unseren YouTube-Kanal „Paper Poetry" und sehen Sie sich das Video „Helene and Simone's Feather Making" an.]

**„Hoffnung ist das ‚gefiedert Ding
das in der Seel' sich regt,
und Lieder ohne Worte singt
aufs Neue unentwegt."
Emily Dickinson**

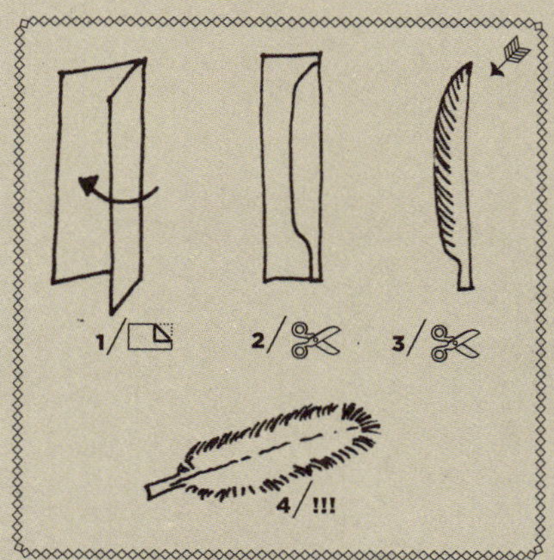

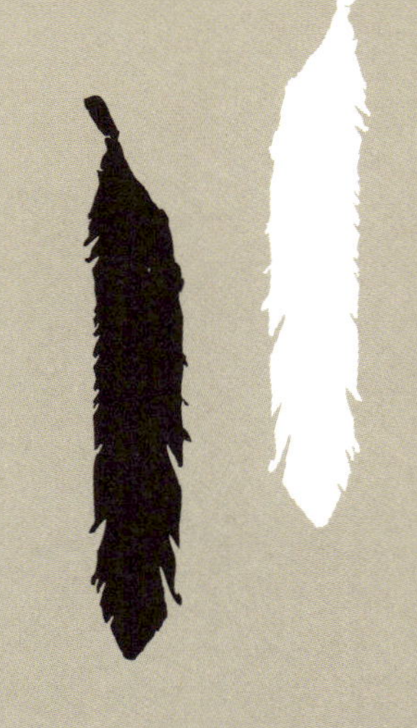

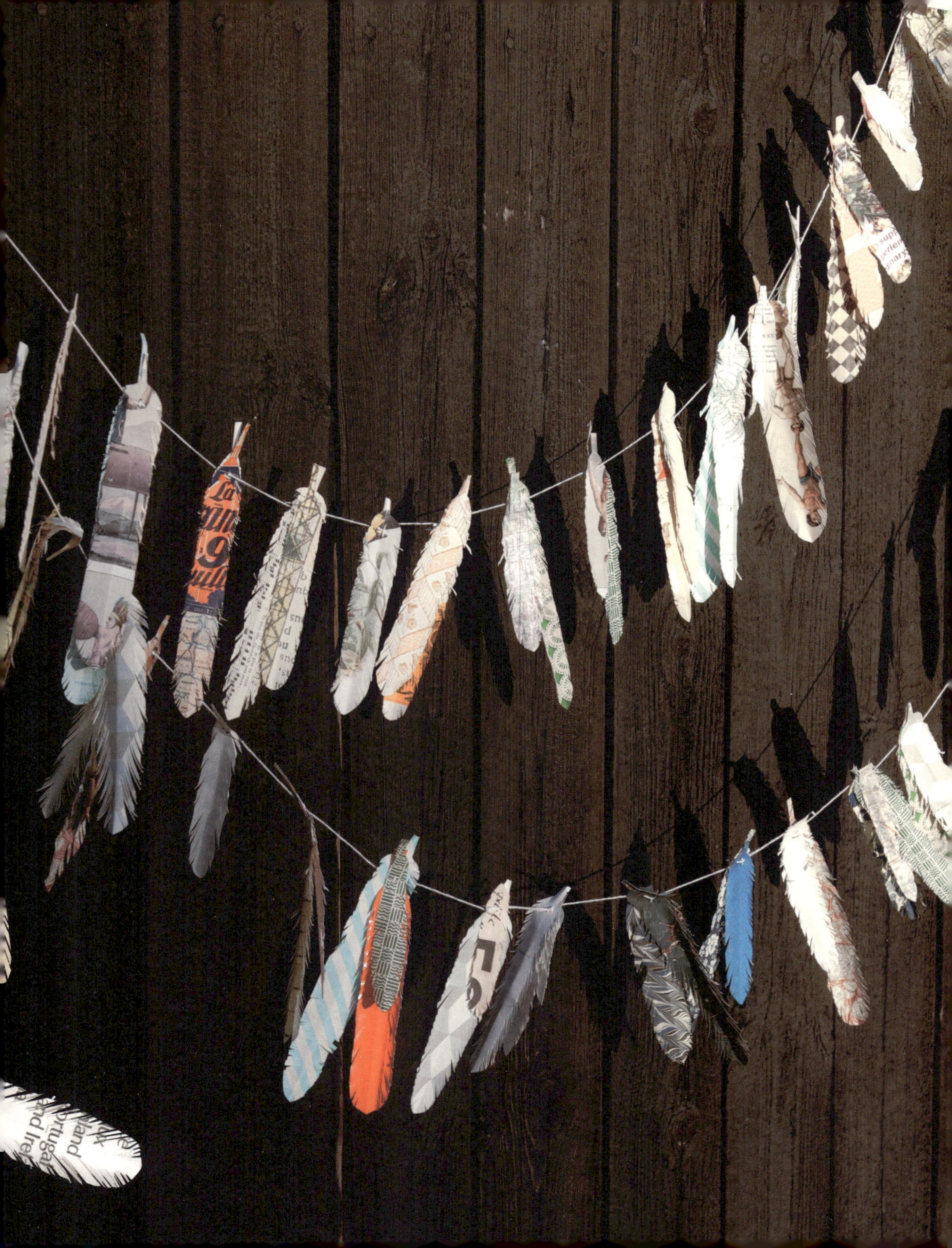

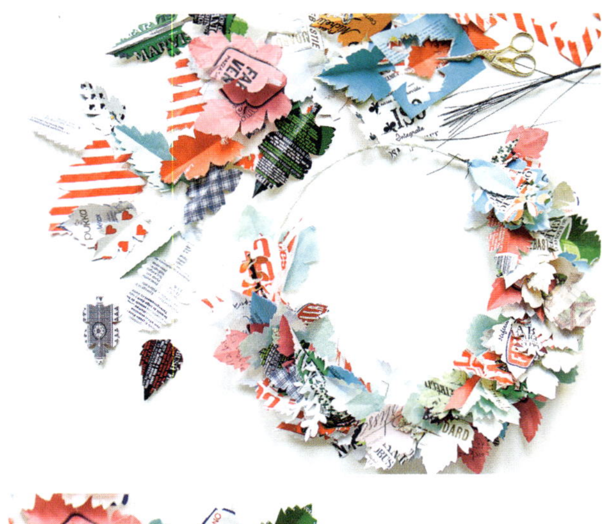

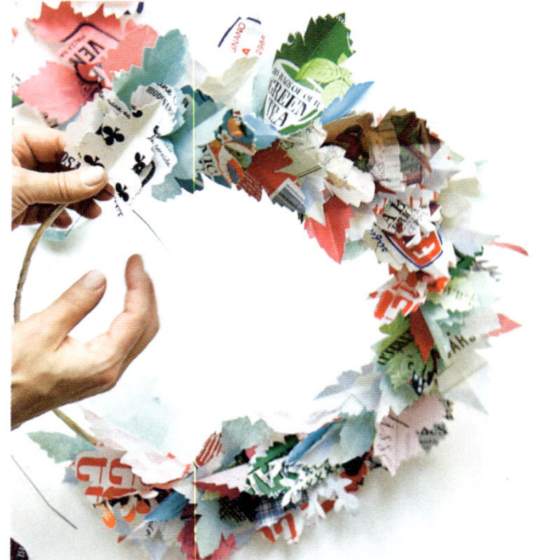

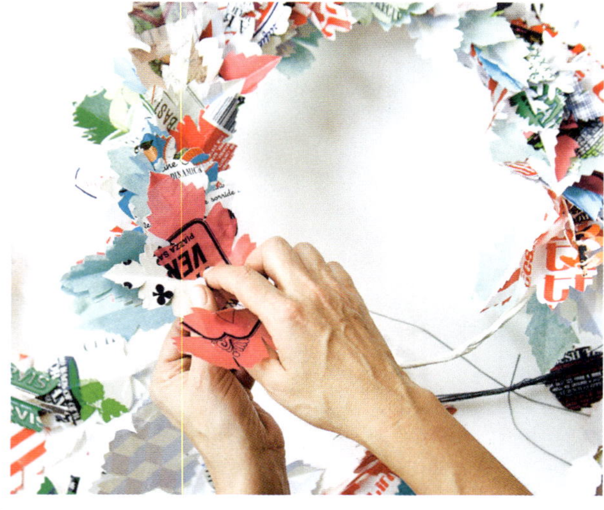

RECYCLING-BLÄTTERKRANZ

Dieser Kranz symbolisiert den Verwertungskreislauf von Papier und erweckt es zugleich zu neuem Leben. Variieren Sie die Farben passend zu Ihrem Zimmerschmuck, ob für einen festlichen weihnachtlichen Kranz oder einen bunten frühlingshaften.

Sie benötigen:

- **Schere**
- **Draht (dicken und dünnen)**
- **Weißes Malerkrepp**
- **Stücke von gebrauchten Verpackungspapieren**
- **Etwas gebrauchte Schnur (nach Wunsch)**

Biegen Sie den dicken Draht zu einem Ring von 25 cm Durchmesser, den Sie lückenlos mit weißem Malerkrepp umwickeln.

Schneiden Sie aus verschiedenen gebrauchten Verpackungspapieren Dutzende von Blättern aus. Die Blätter einzeln, paarweise oder in kleinen Büscheln mit dem dünnen Draht auf den Ring binden. Ist der ganze Ring mit Blättern bestückt, können Sie den Kranz noch mit einer Schleife aus gebrauchter Schnur schmücken.

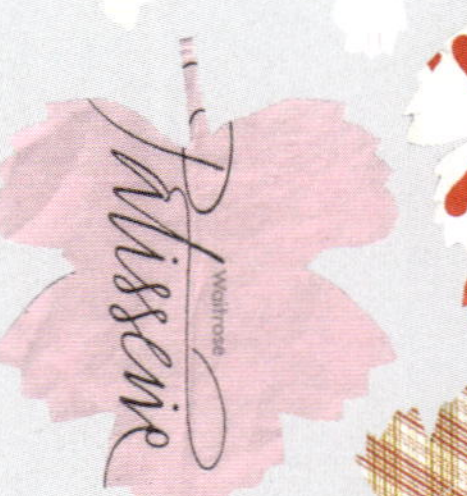

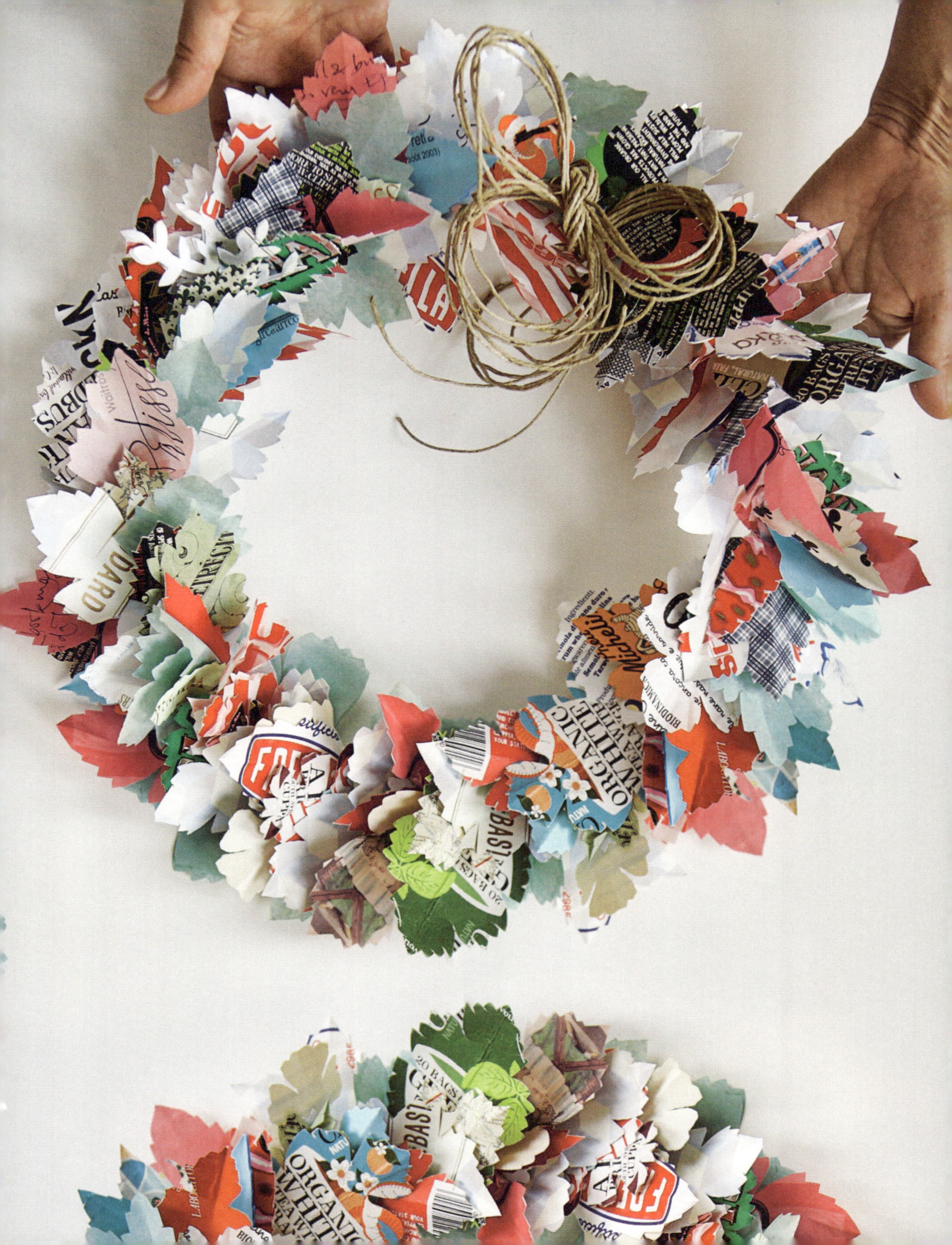
ORGANIC
WHITE
20 BAGS

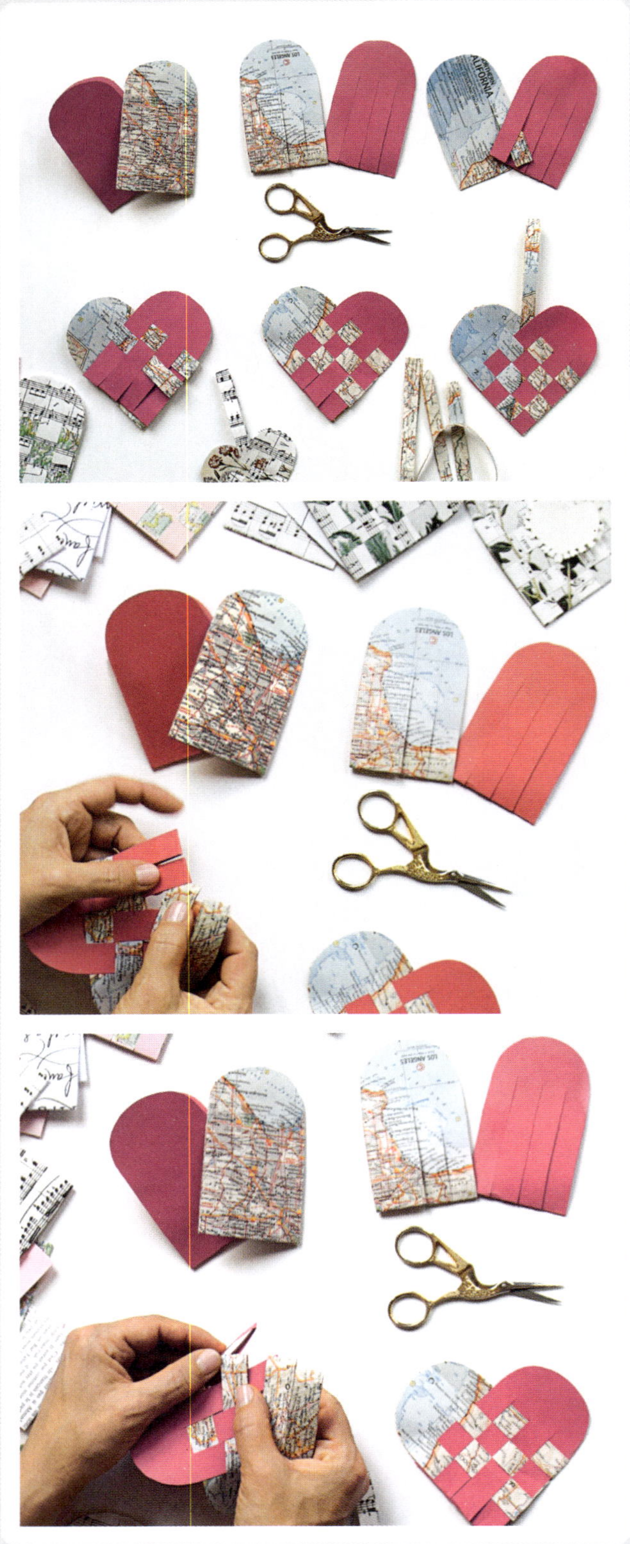

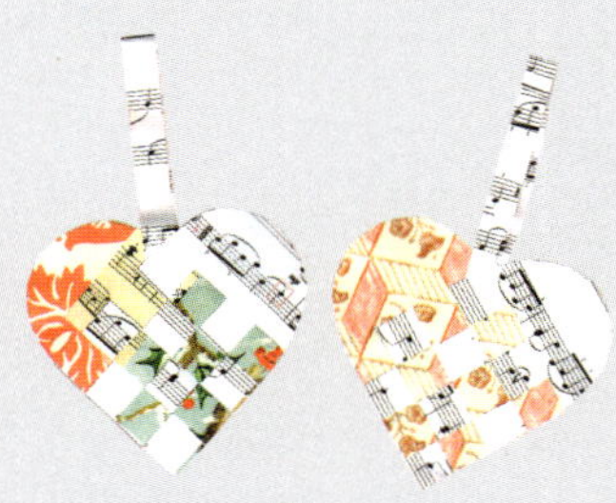

WEIHNACHTSHERZEN

In Dänemark bezeichnet man Weihnachten oft als das Fest der Herzen, und geflochtene Deko-Weihnachtsherzen sind ein vertrauter Anblick. Diese Herzen gehen auf die Zeit von Hans Christian Andersen zurück (manche behaupten sogar, er habe sie erfunden) und sind heute ein traditionelles Muss an jedem Weihnachtsbaum im ganzen Land.

Sie benötigen:

- **Schere**
- **Gebrauchtes Papier in zwei verschiedenen Farben**

Falten Sie zwei verschiedenfarbige Papierstücke zur Hälfte. Schneiden Sie daraus jeweils die auf den Fotos links abgebildete halbovale Form aus. Dabei darauf achten, zwei identische Teile auszuschneiden, deren Unterkante aus dem Falz besteht. Dann die Teile von der Unterkante aus bis ein paar Zentimeter unterhalb des Beginns der gerundeten Kante streifenförmig einschneiden. Als Nächstes verflechten Sie die Streifen der beiden Papierteile wie folgt miteinander: Für alle ungeraden Flechtreihen den 1. Streifen der einen Farbe (A) durch den 1. Streifen der anderen Farbe (B) führen, dann den 2. Streifen B durch den 1. Streifen A, danach den 1. Streifen A durch den 3. Streifen B usw. Für alle geraden Flechtreihen führen Sie zuerst Farbe B durch Farbe A.

Das Ganze mag Ihnen auf den ersten Blick recht kompliziert erscheinen, doch wenn Sie es erst einmal ausprobiert haben, ist es kinderleicht. Deshalb haben wir zu Ihrer Unterstützung zusätzlich ein Video darüber gedreht.

[Dieses Video mit dem Titel „Helene and Simone's Heart Making" finden Sie auf unserem YouTube-Kanal „Paper Poetry" .]

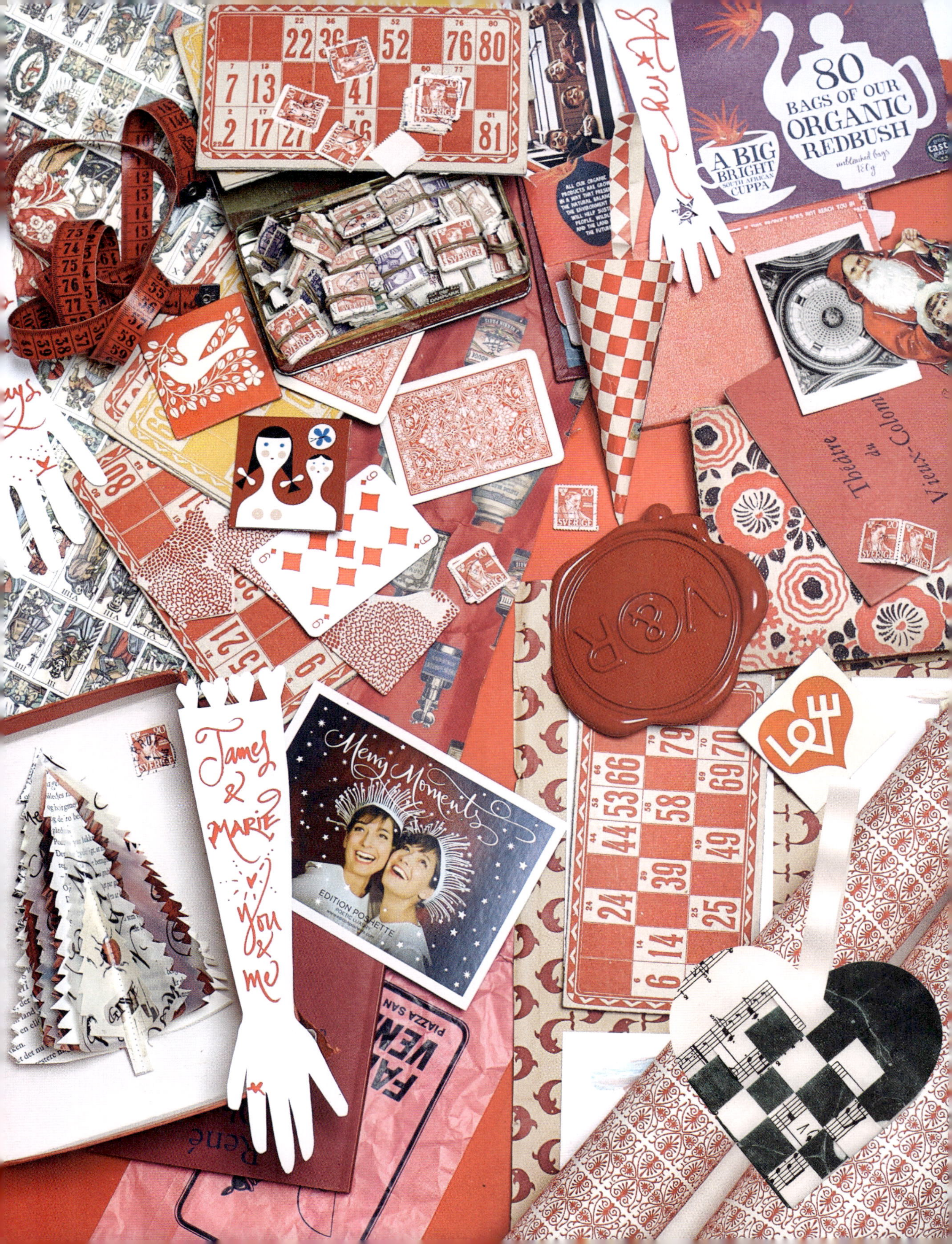
80
BAGS OF OUR
ORGANIC
REDBUSH
A BIG
BRIGHT
SOUTH AFRICAN
CUPPA
SVERIGE
James
&
MARIE
You
&
me
Merry Moments
EDITION POSHETTE
LOVE

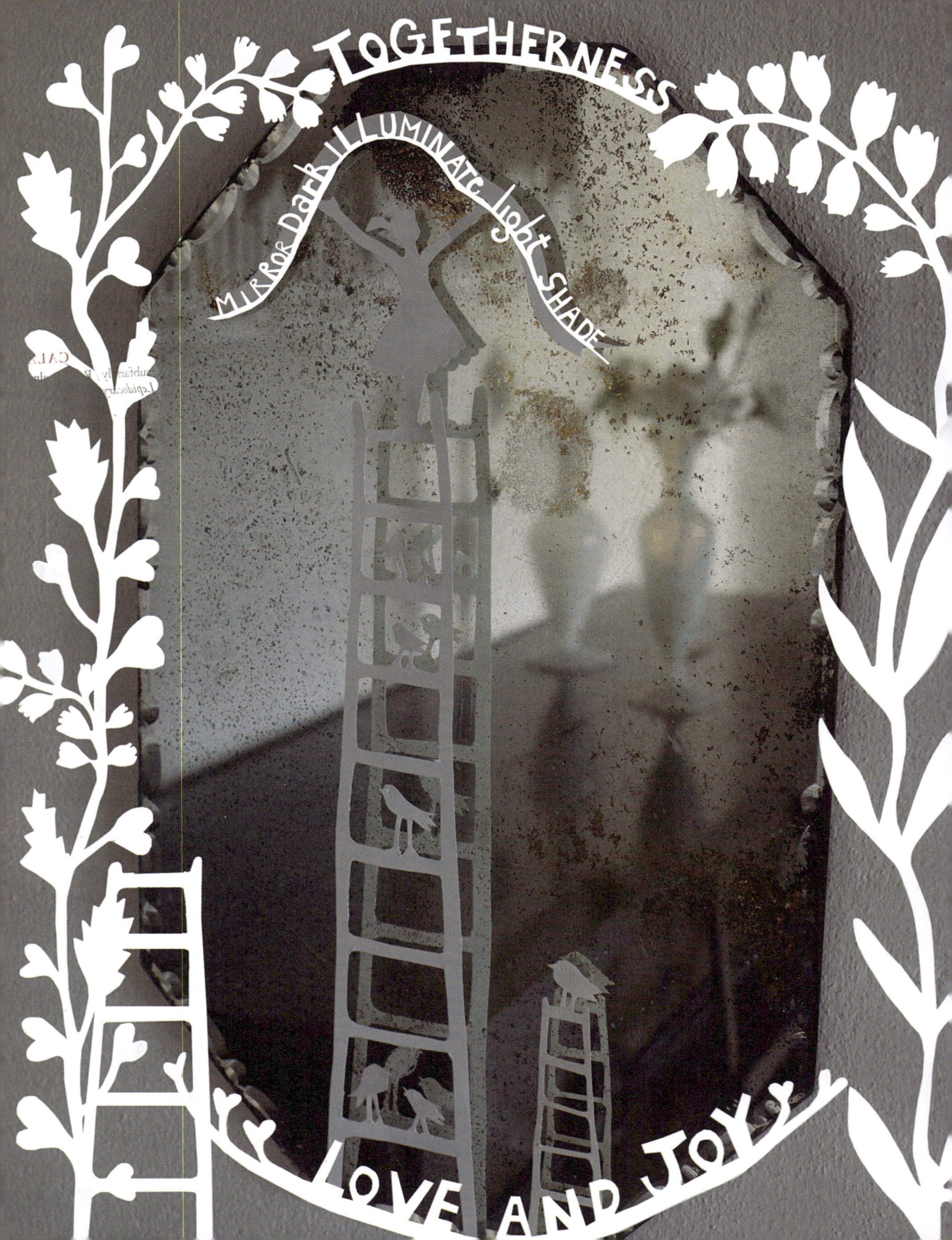
TOGETHERNESS
MIRROR DARK ILLUMINATE light SHADE
LOVE AND JOY

All the Variety
all the Charm
all the Beauty of Life

VII
LICHT UND SCHATTEN

is made up of
Light and Shadow

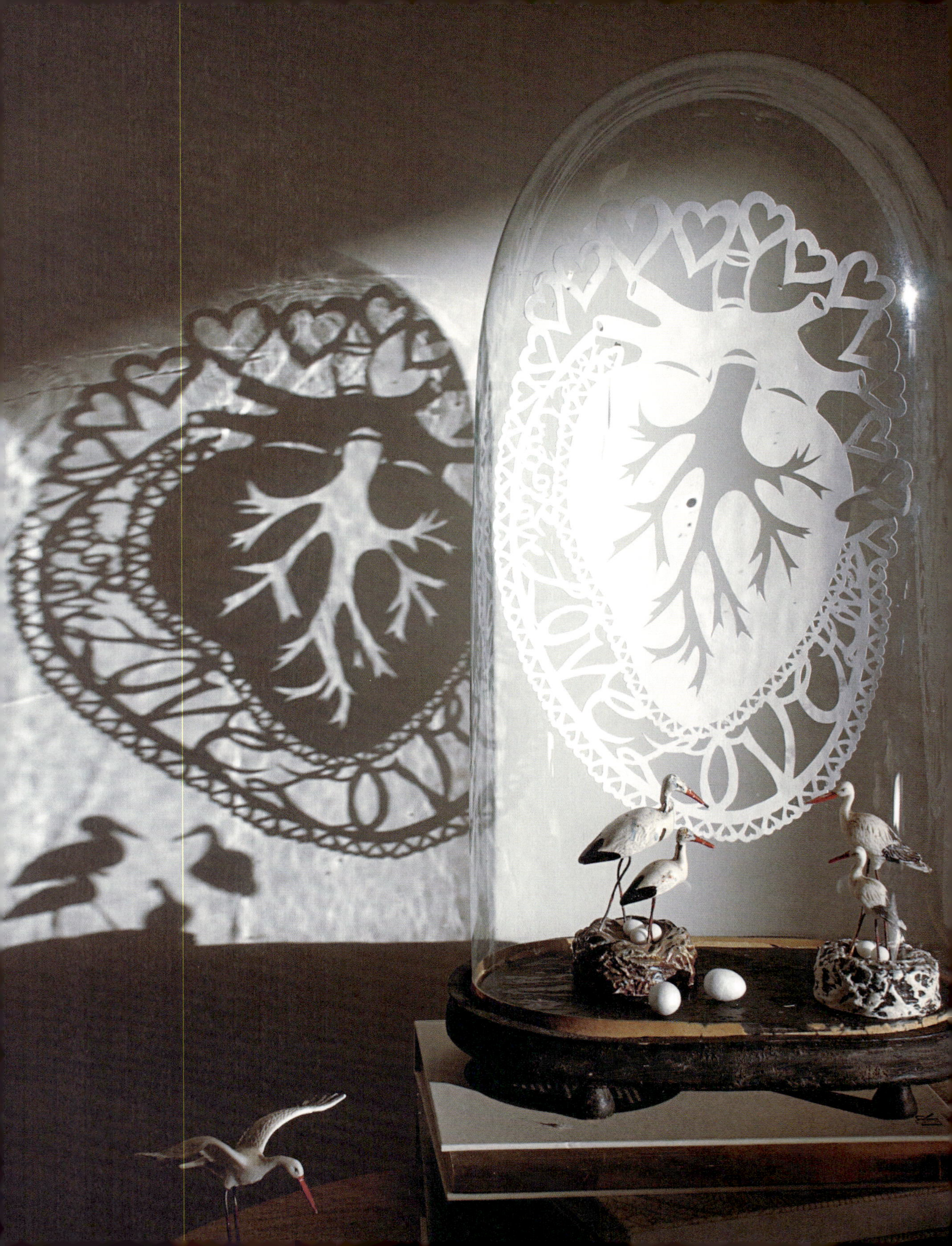

LICHT- UND SCHATTENSPIELE

Manche Scherenschnitte entfalten erst im Zusammenspiel mit ihrem Schatten ihr volles Potential. Das liegt nicht nur daran, dass der Schatten das Motiv verdoppelt, sondern auch daran, dass er häufig eine gänzlich andere Geschichte erzählt. Da er alle Unvollkommenheiten schluckt, kann er eine andere Stimmung schaffen. Wenn Sie also nach einem besonderen Platz wie etwa einer Glasglocke suchen, um einen Scherenschnitt ins rechte Licht zu setzen, sollten Sie dabei auch seinen Schattenwurf im Blick haben.

Das Zusammenspiel von Hell und Dunkel fällt beim Scherenschnitt sofort ins Auge. Es handelt sich dabei im wahrsten Sinn des Wortes um ein Spiel, bei dem beide Partner aufeinander angewiesen sind.

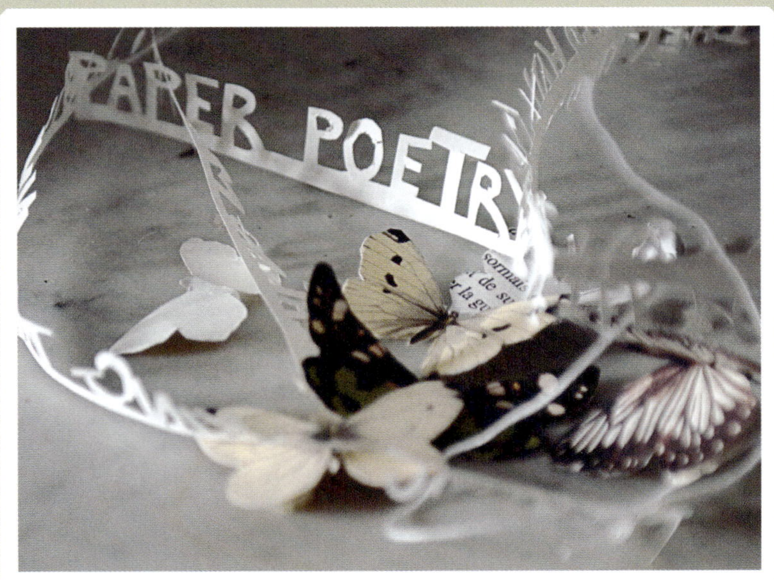

← *Von David S. ausgeschnittenes Papierherz unter einer Glasglocke. Der Schatten rückt die vielen „Love"-Schriftzüge in den Fokus.*

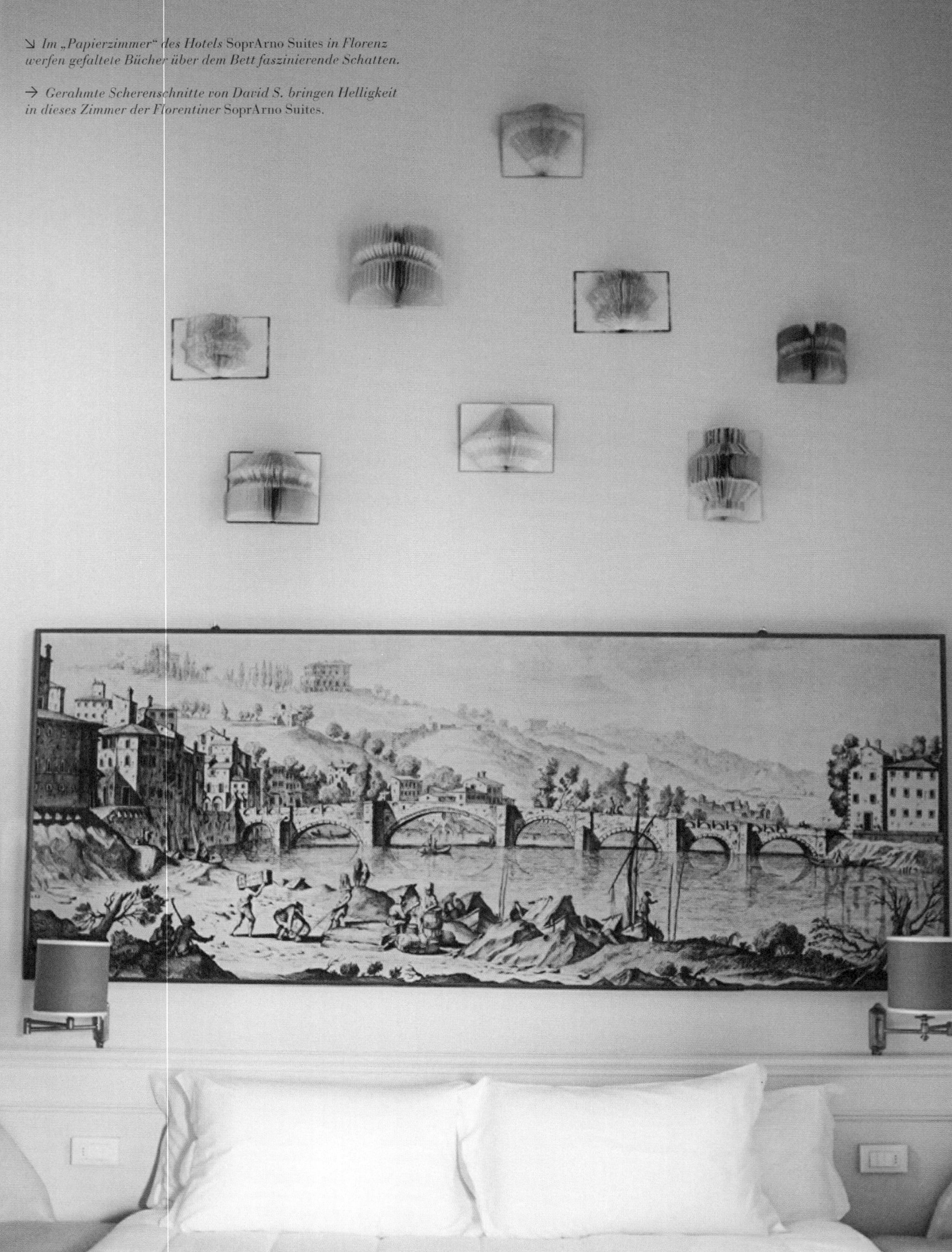

↘ *Im „Papierzimmer" des Hotels* SoprArno Suites *in Florenz werfen gefaltete Bücher über dem Bett faszinierende Schatten.*

→ *Gerahmte Scherenschnitte von David S. bringen Helligkeit in dieses Zimmer der Florentiner* SoprArno Suites.

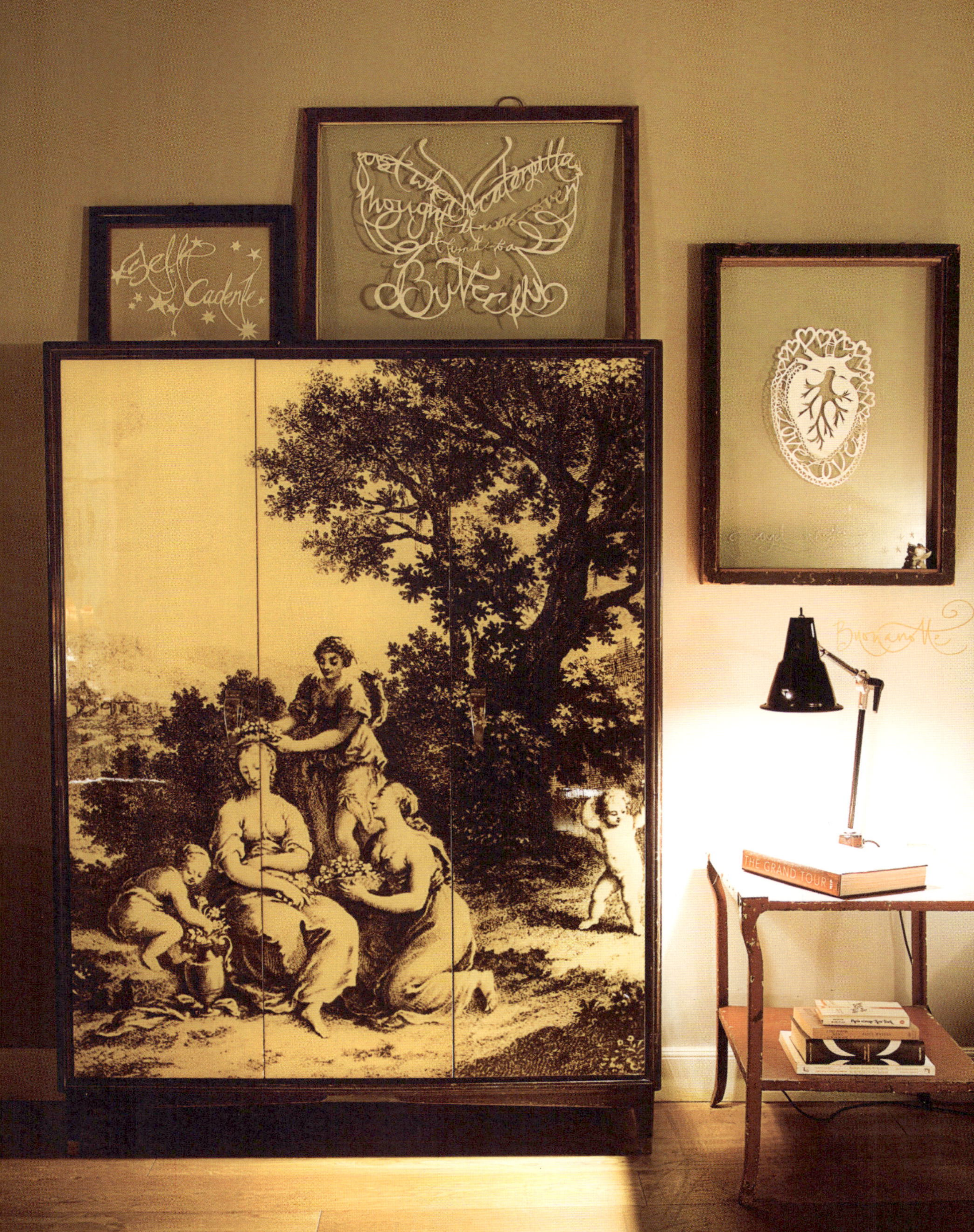
Buonanotte
THE GRAND TOUR

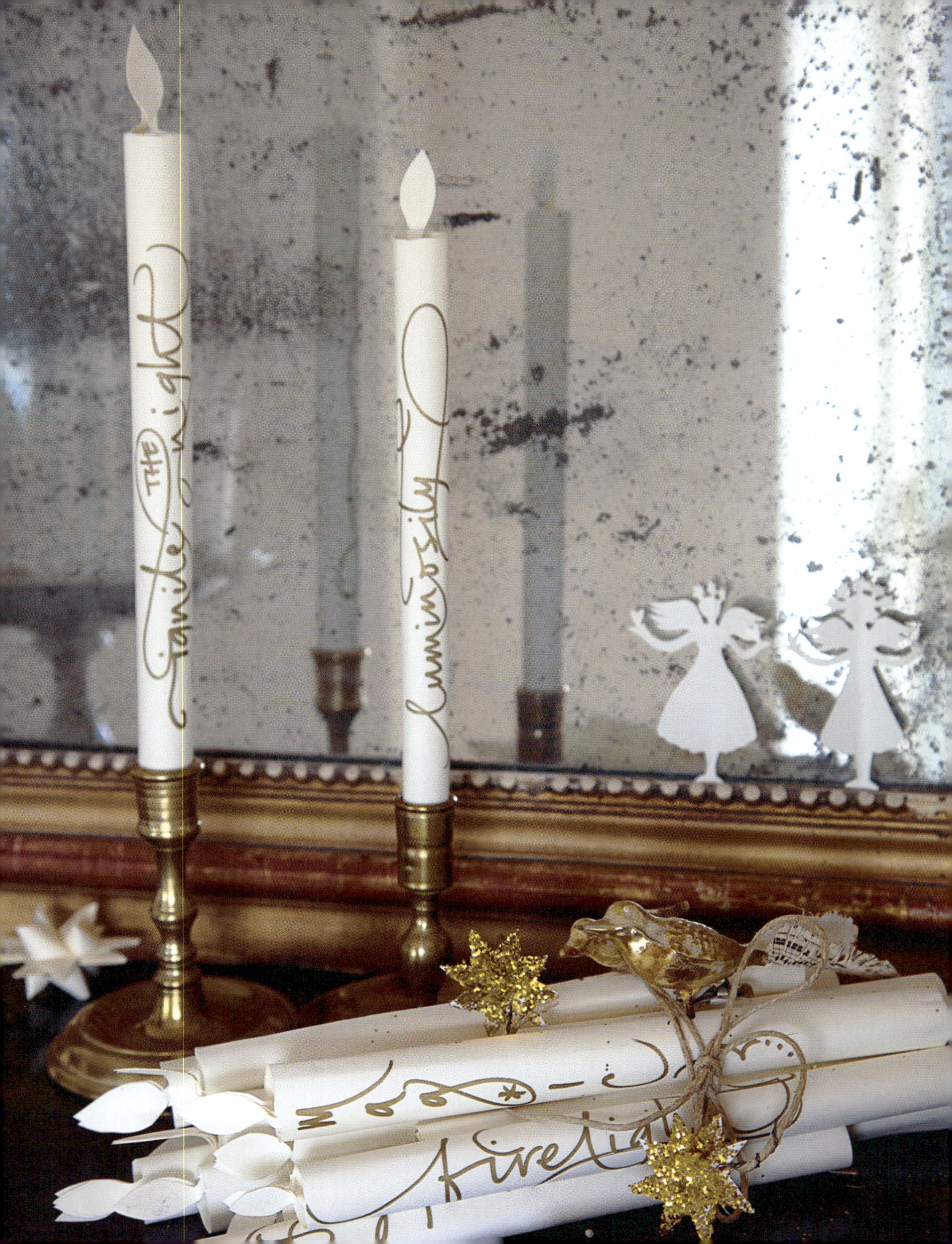
Ignite THE night
luminosity

PAPIERKERZEN

Man könnte sagen, wir hätten unsere Fantasie hinters Licht geführt, indem wir eine Kerze aus Papier gestaltet haben. Natürlich sind diese Kerzen nicht zum Abbrennen gedacht, trotzdem können Sie damit auf Ihrer Tafel Glanzlichter setzen.

Rollen Sie Blankopapier zu einer Röhre und kleben Sie diese zusammen, damit sie die Form behält. Schneiden Sie die Röhre oben in Flammenform zurecht und stecken Sie sie in einen Kerzenhalter.

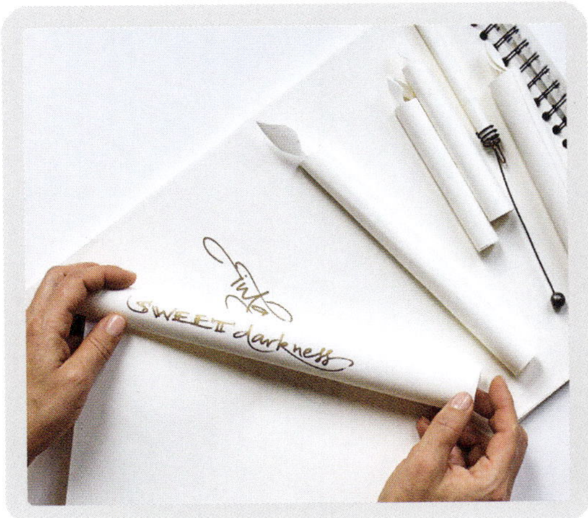

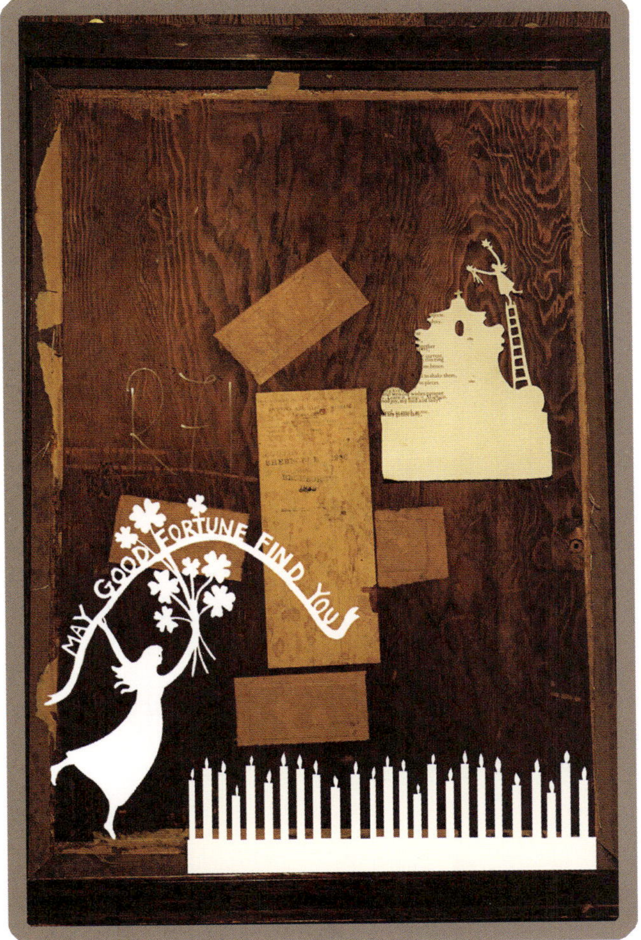

↑ *Papier zur Kerze rollen.*

↗ *Bilderrahmen mit auf der Rückseite aufgebrachtem Scherenschnitt im Hotel* SoprArno Suites, *Florenz.*

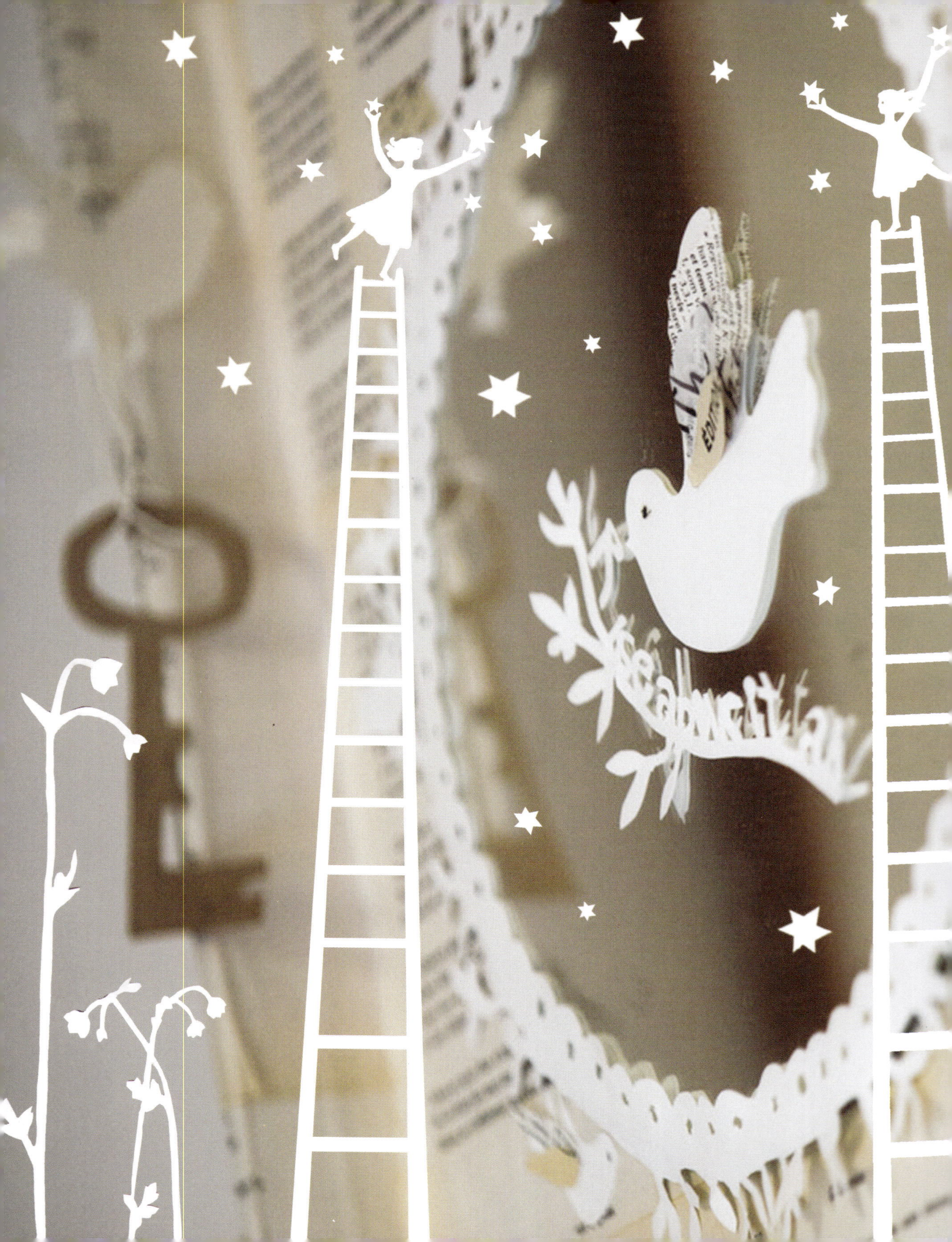

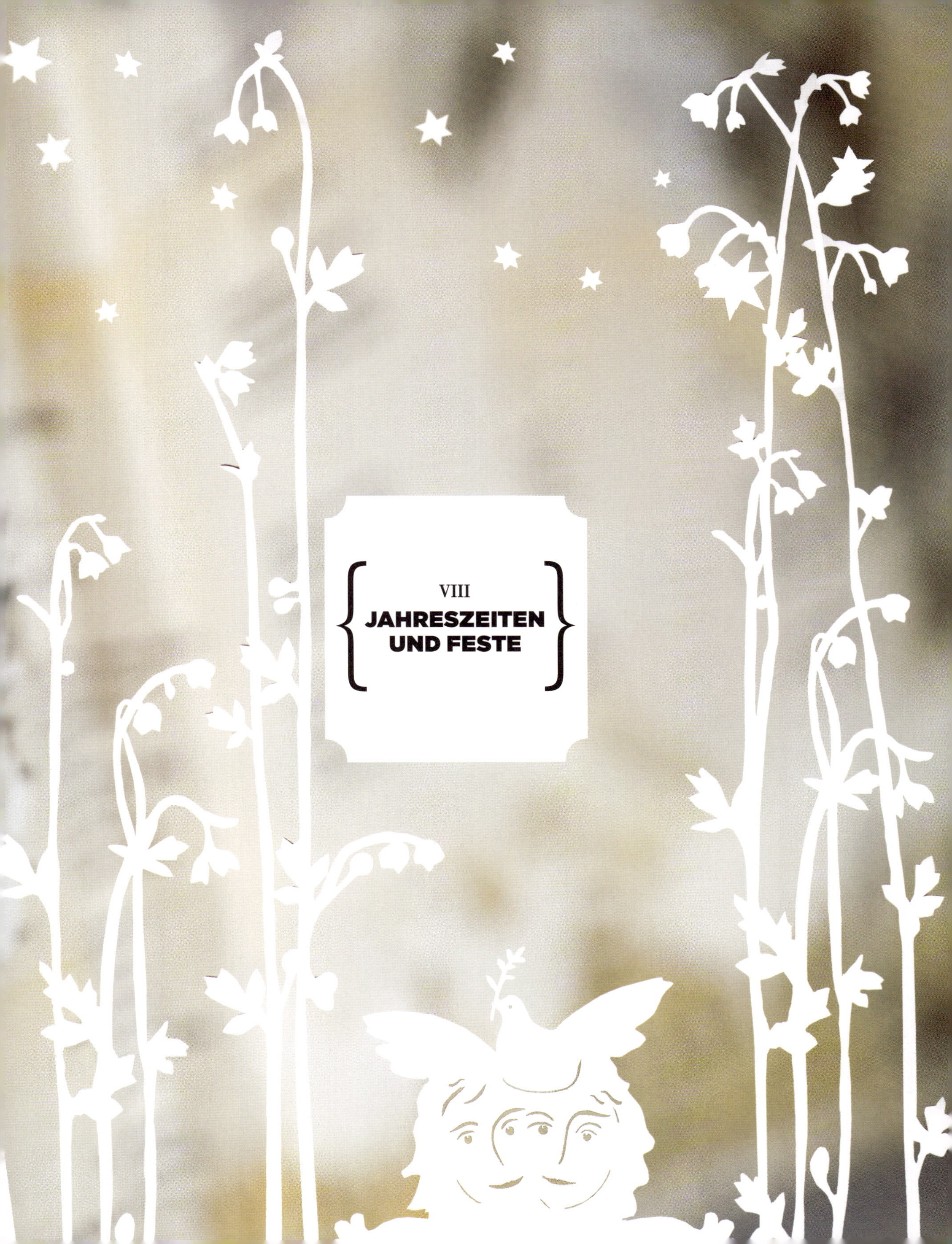

VIII

JAHRESZEITEN UND FESTE

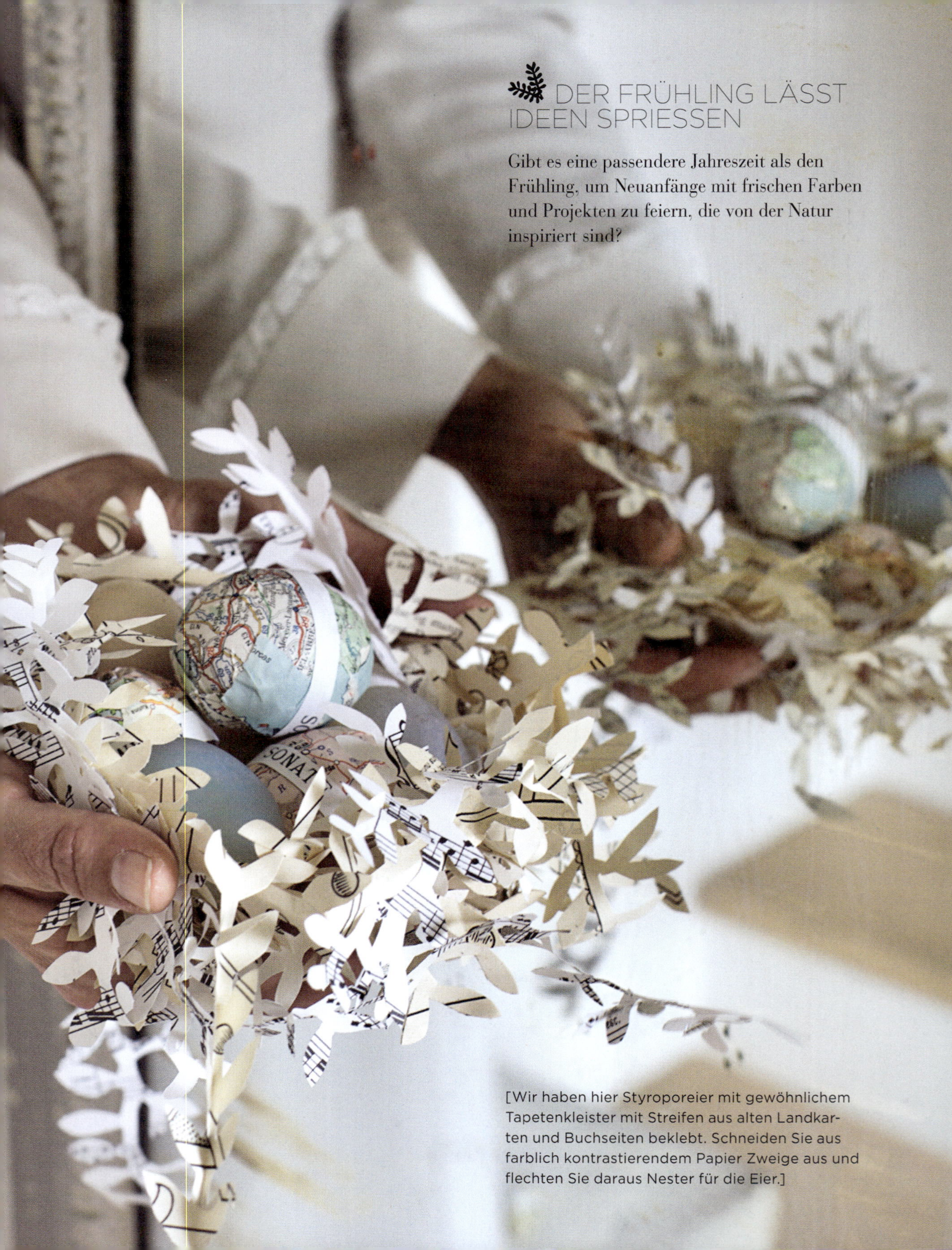

DER FRÜHLING LÄSST IDEEN SPRIESSEN

Gibt es eine passendere Jahreszeit als den Frühling, um Neuanfänge mit frischen Farben und Projekten zu feiern, die von der Natur inspiriert sind?

[Wir haben hier Styroporeier mit gewöhnlichem Tapetenkleister mit Streifen aus alten Landkarten und Buchseiten beklebt. Schneiden Sie aus farblich kontrastierendem Papier Zweige aus und flechten Sie daraus Nester für die Eier.]

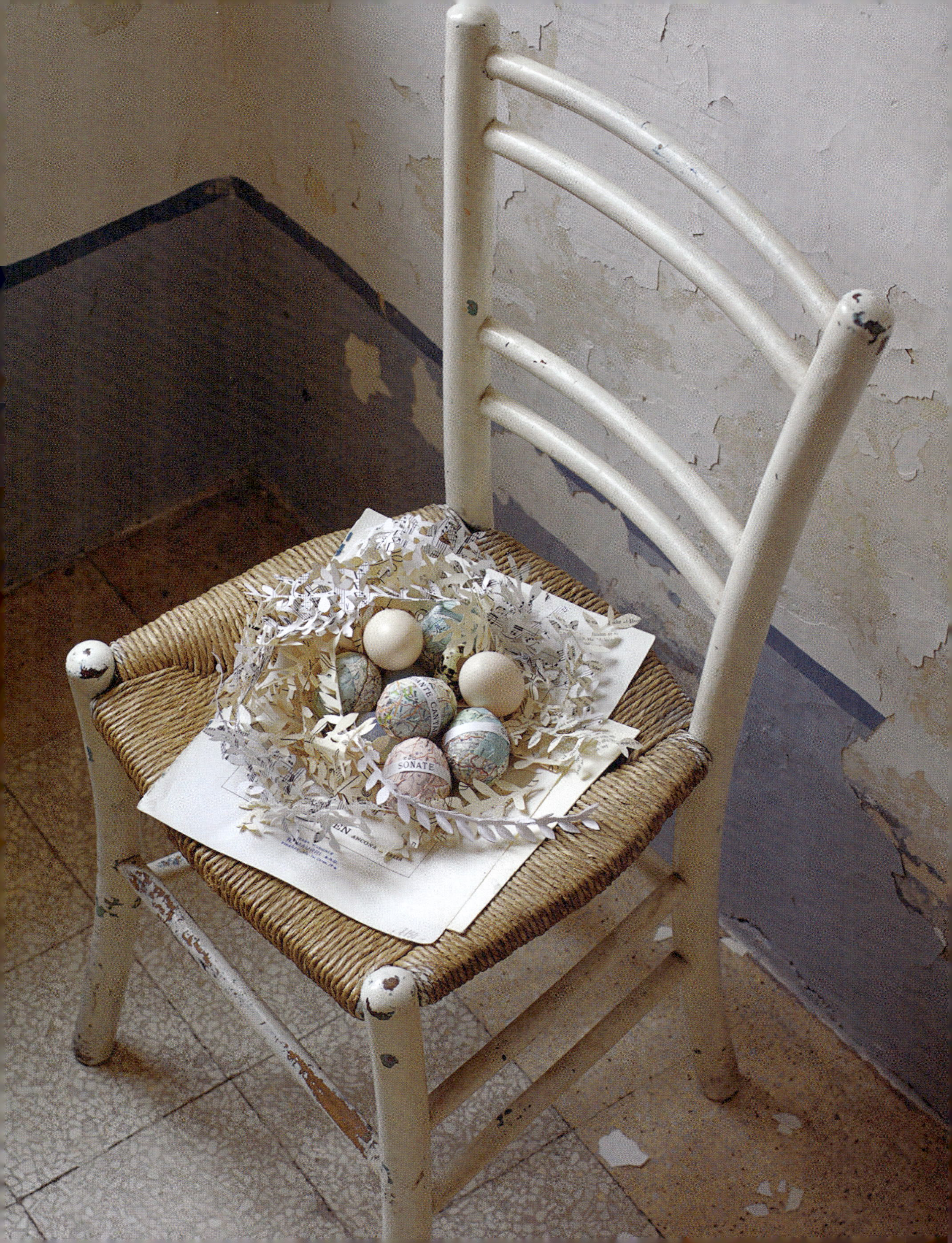
SONATE

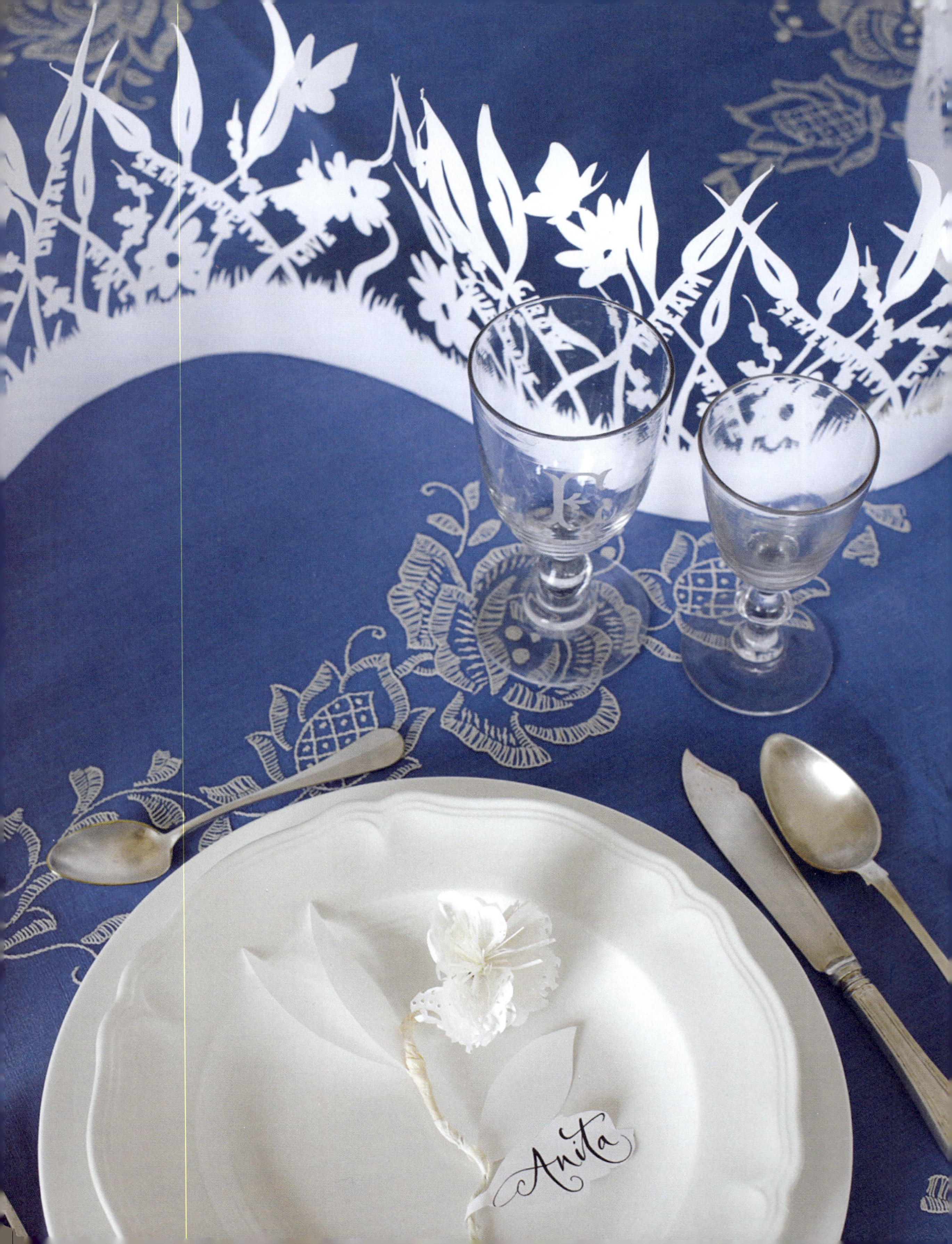
DREAM
LOVE
Anita

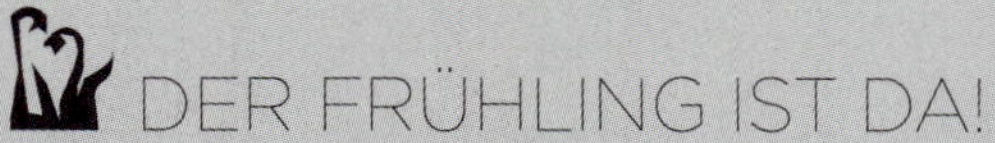

DER FRÜHLING IST DA!

Diese entzückenden Hoppelhäschen dürfen auf Ihrem frühlingshaft geschmückten Tisch nicht fehlen!

[Anleitungen für Papierblumen finden Sie auf den Seiten 32 und 79. Verfahren Sie für die Häschen wie auf Seite 83 für die Vögel in Ziehharmonikafaltung beschrieben, aber entwerfen Sie die Schablone selbst.]

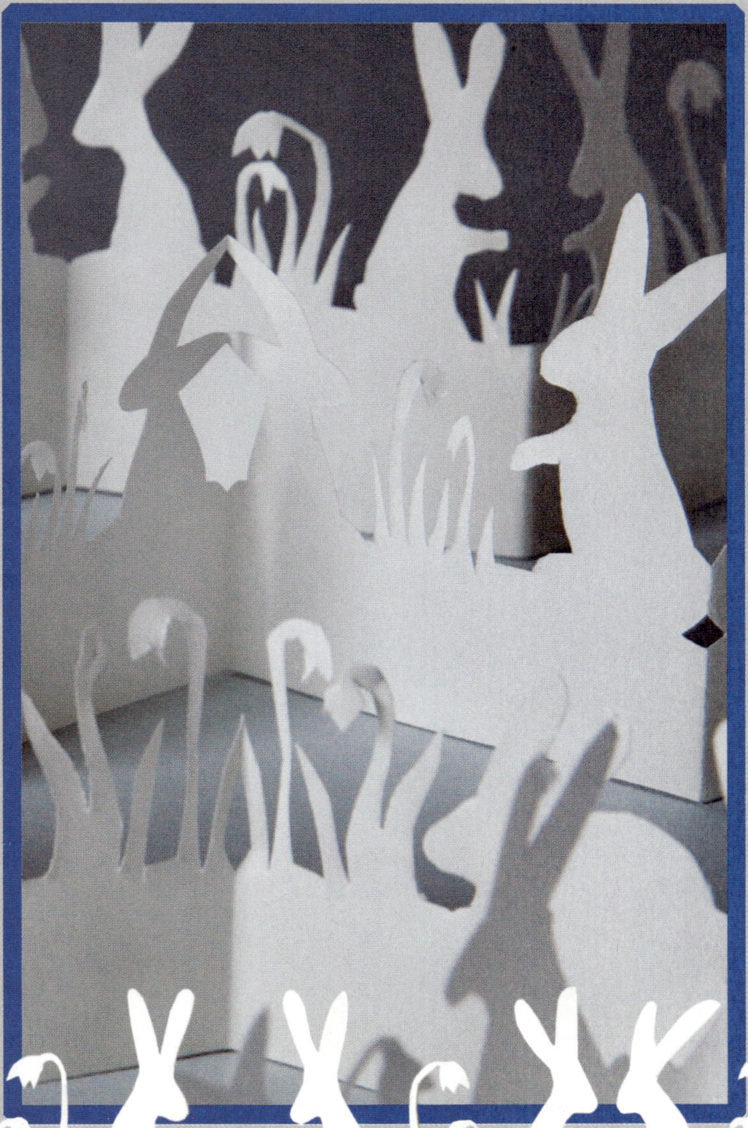

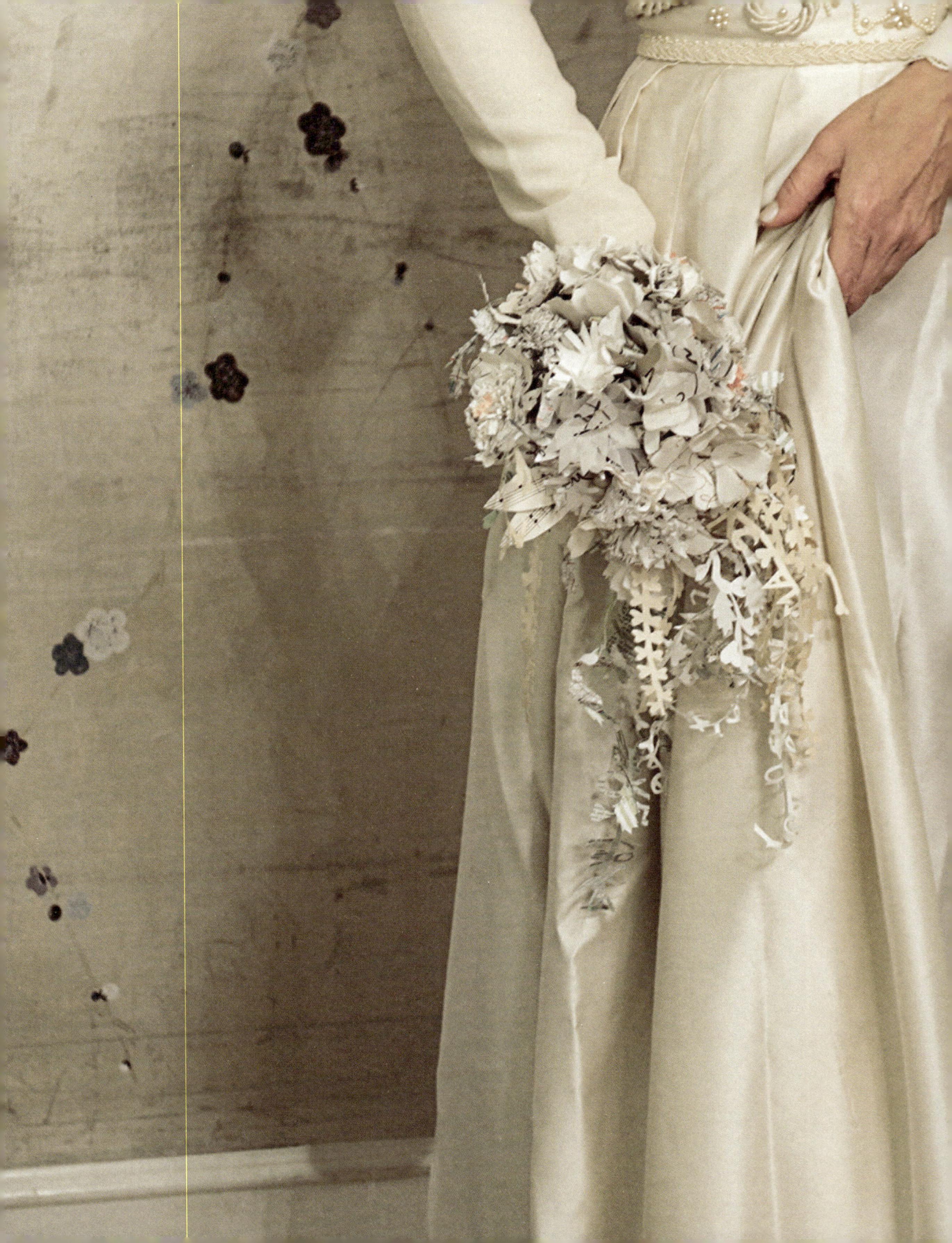

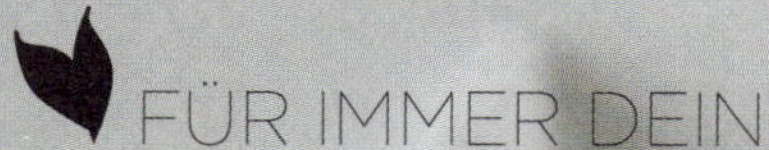

FÜR IMMER DEIN

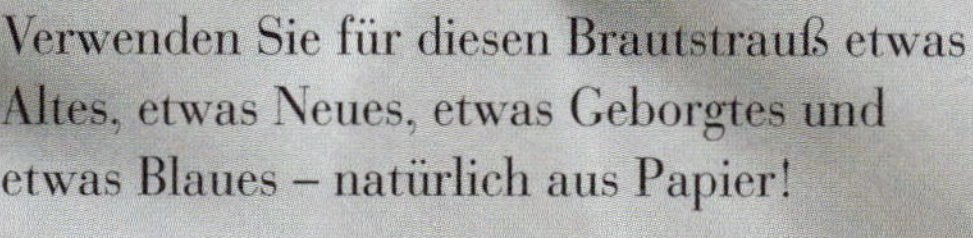

Verwenden Sie für diesen Brautstrauß etwas Altes, etwas Neues, etwas Geborgtes und etwas Blaues – natürlich aus Papier!

[Alles Wichtige zur Herstellung von Blumen und Sträußen aus Papier erfahren Sie auf den Seiten 32 und 79.]

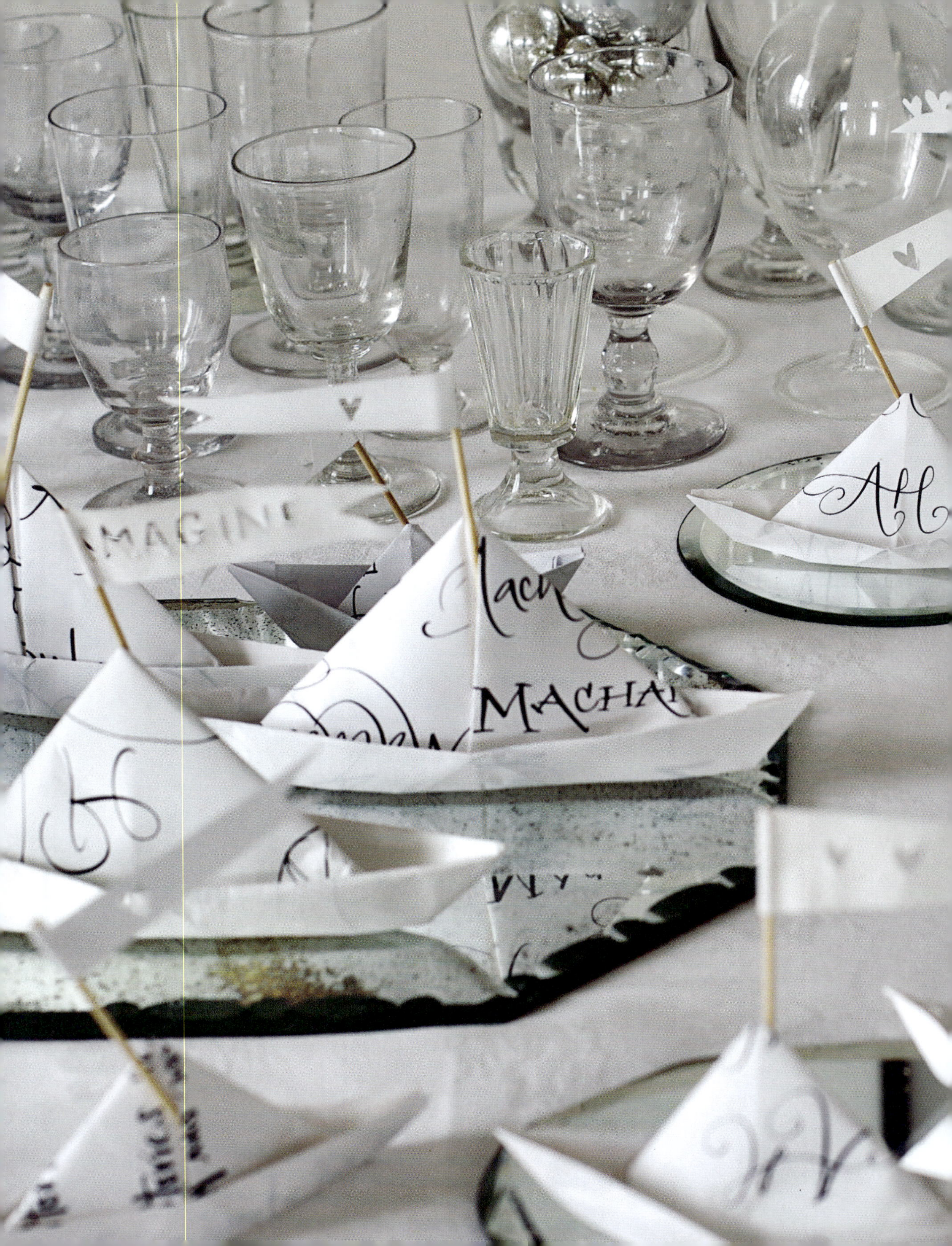

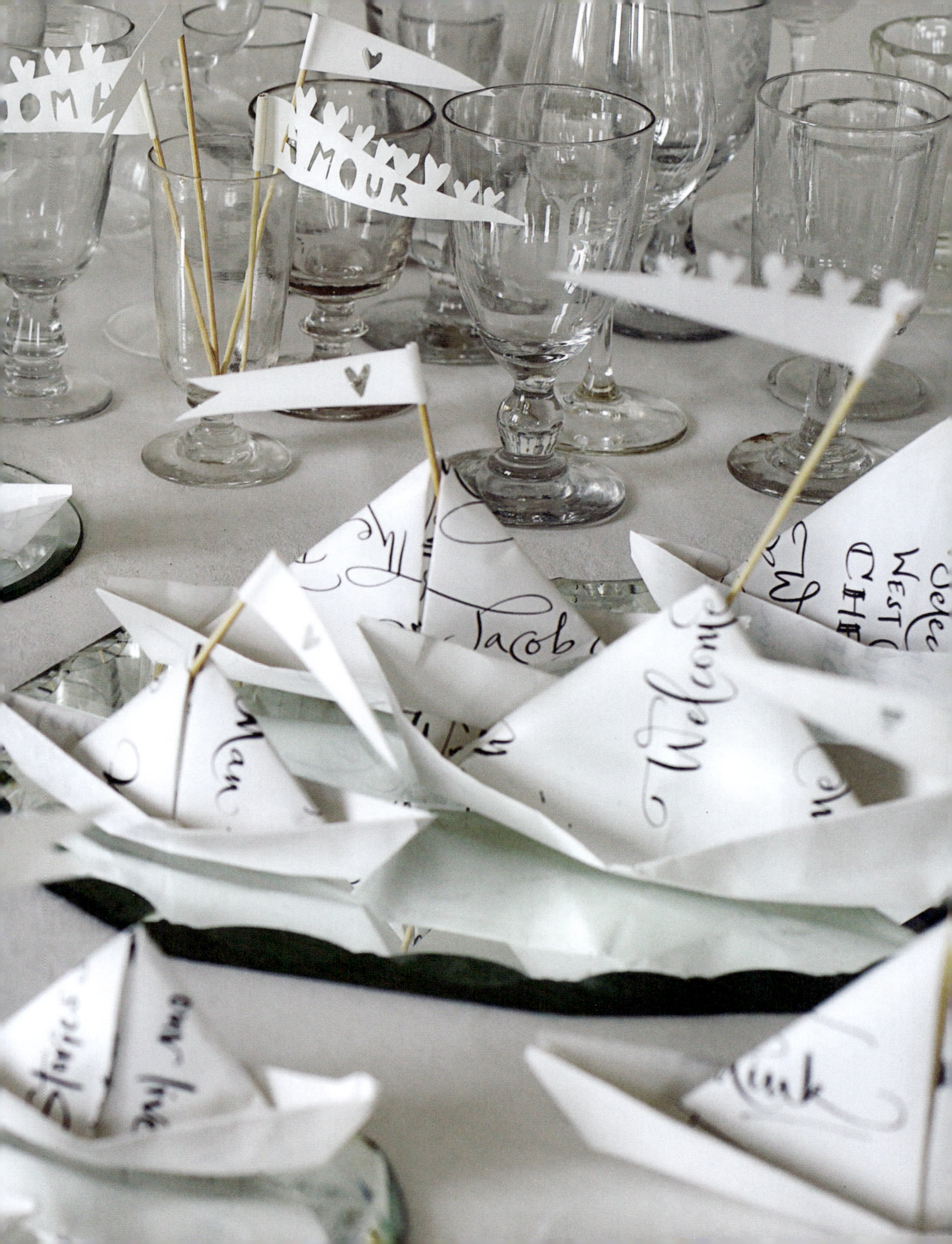
AMOUR
Jacob
WEST
Welcome
Man

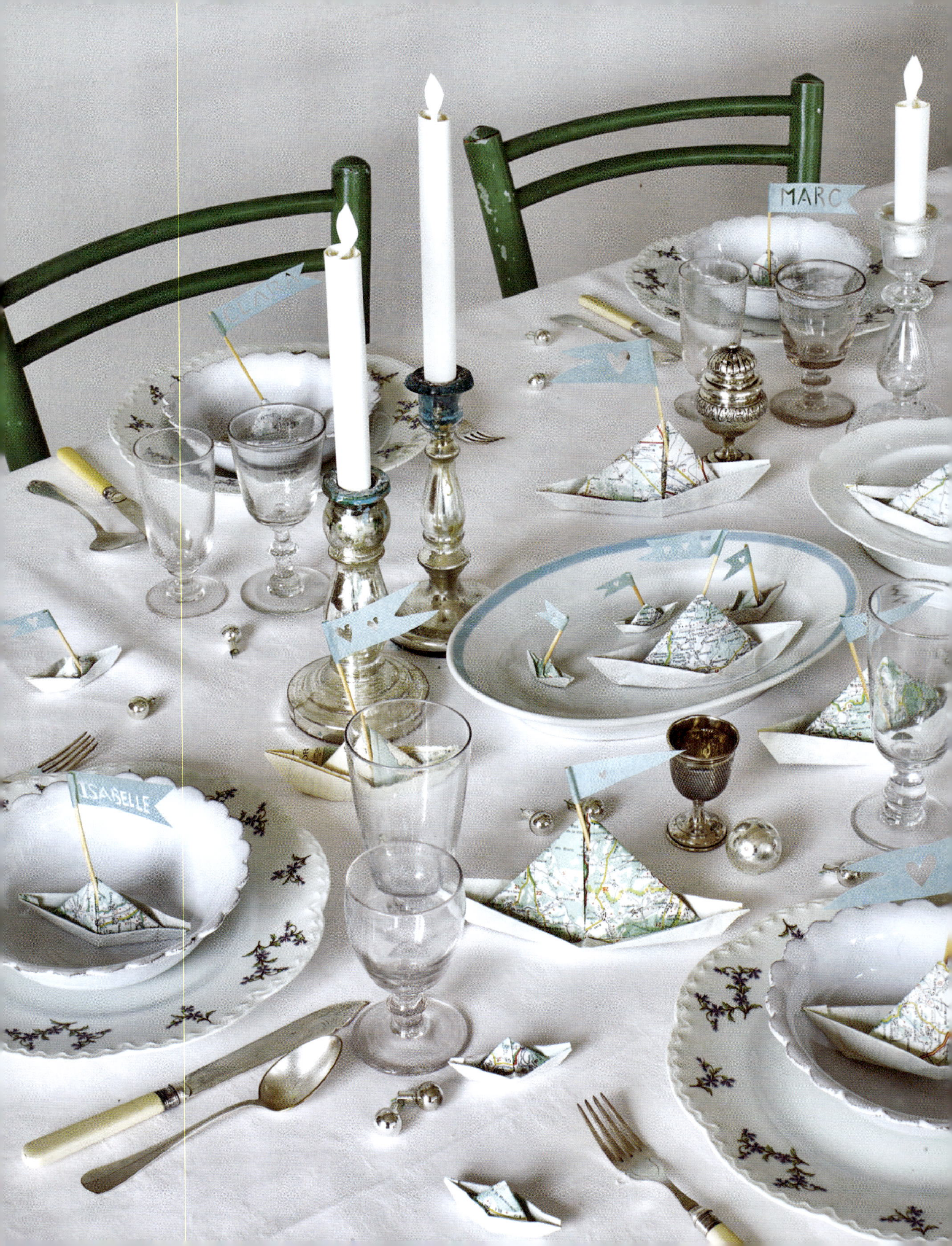
CLARA
MARC
ISABELLE

IM HAFEN DER EHE

Einfache Boote aus alten Landkarten sind die perfekte Tischdekoration für ein festliches Hochzeitsmahl.

Falten Sie für jedes Boot ein Blatt Papier so zur Hälfte, dass der Falz oben liegt. Falten Sie dann die oberen Ecken so zur Mitte, dass sie 2,5 cm oberhalb der Unterkante aneinanderstoßen. Dann falten Sie auf der Vorder- und Rückseite des Bootes je eine Unterkante nach oben und ziehen zum Schluss die Unterkanten auseinander.

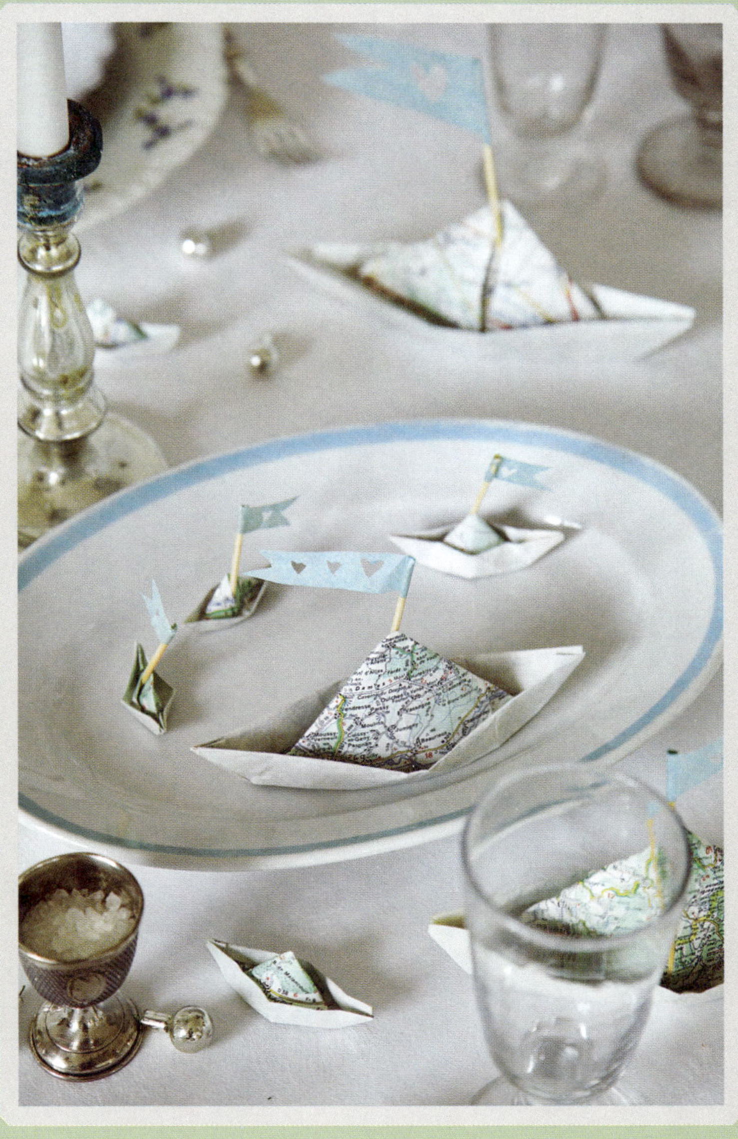

HERZLICHEN GLÜCKWUNSCH!

Ein neues Blatt für jedes Lebensjahr.

[Und immer noch mehr Blätter! Blättern Sie um und falten Sie, und kreieren Sie auf diese Weise eine raffinierte, gehaltvolle, mehrstöckige Büchertorte. Wie Sie dazu im Einzelnen vorgehen müssen, wird auf Seite 122 erklärt.]

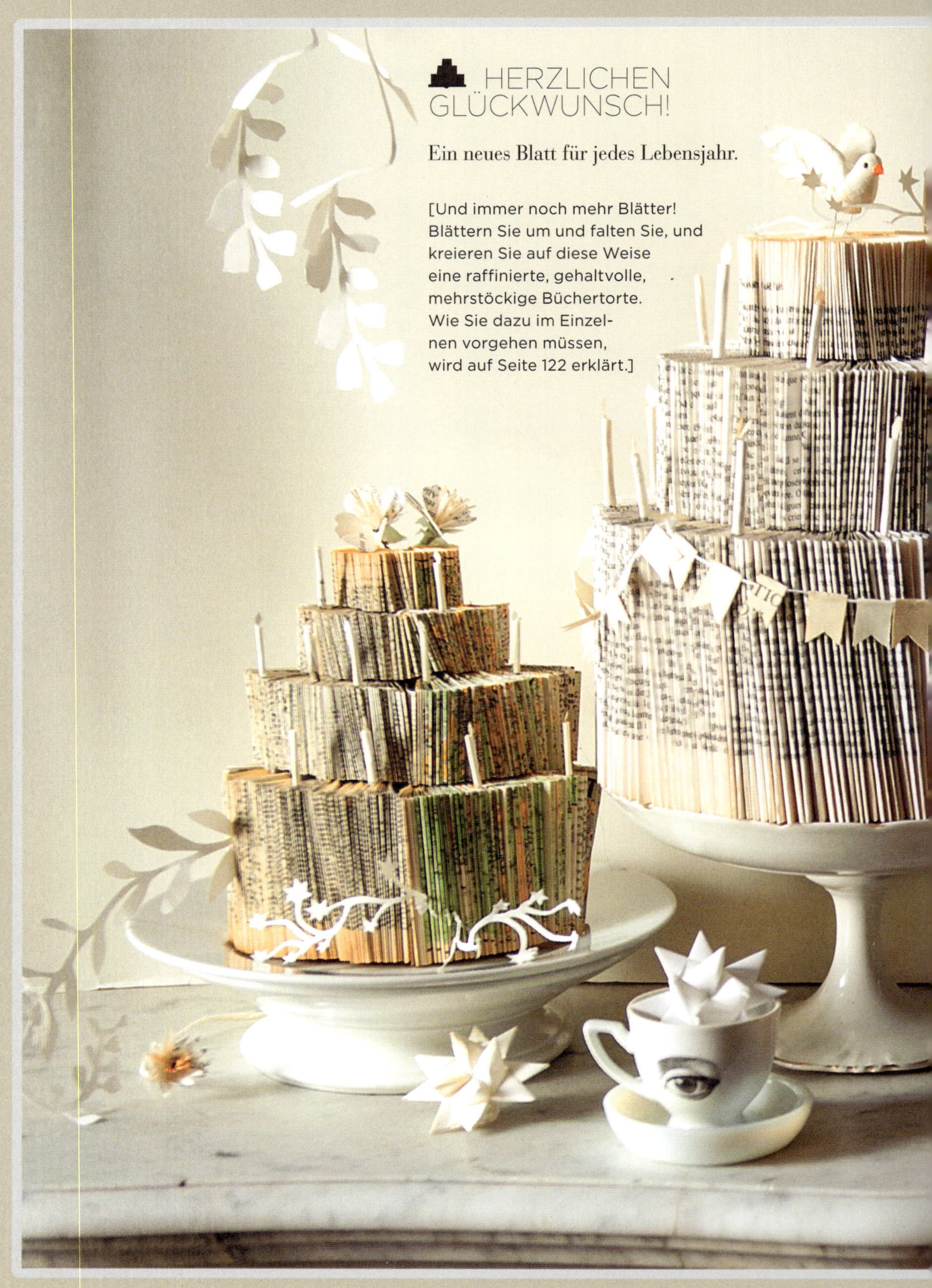

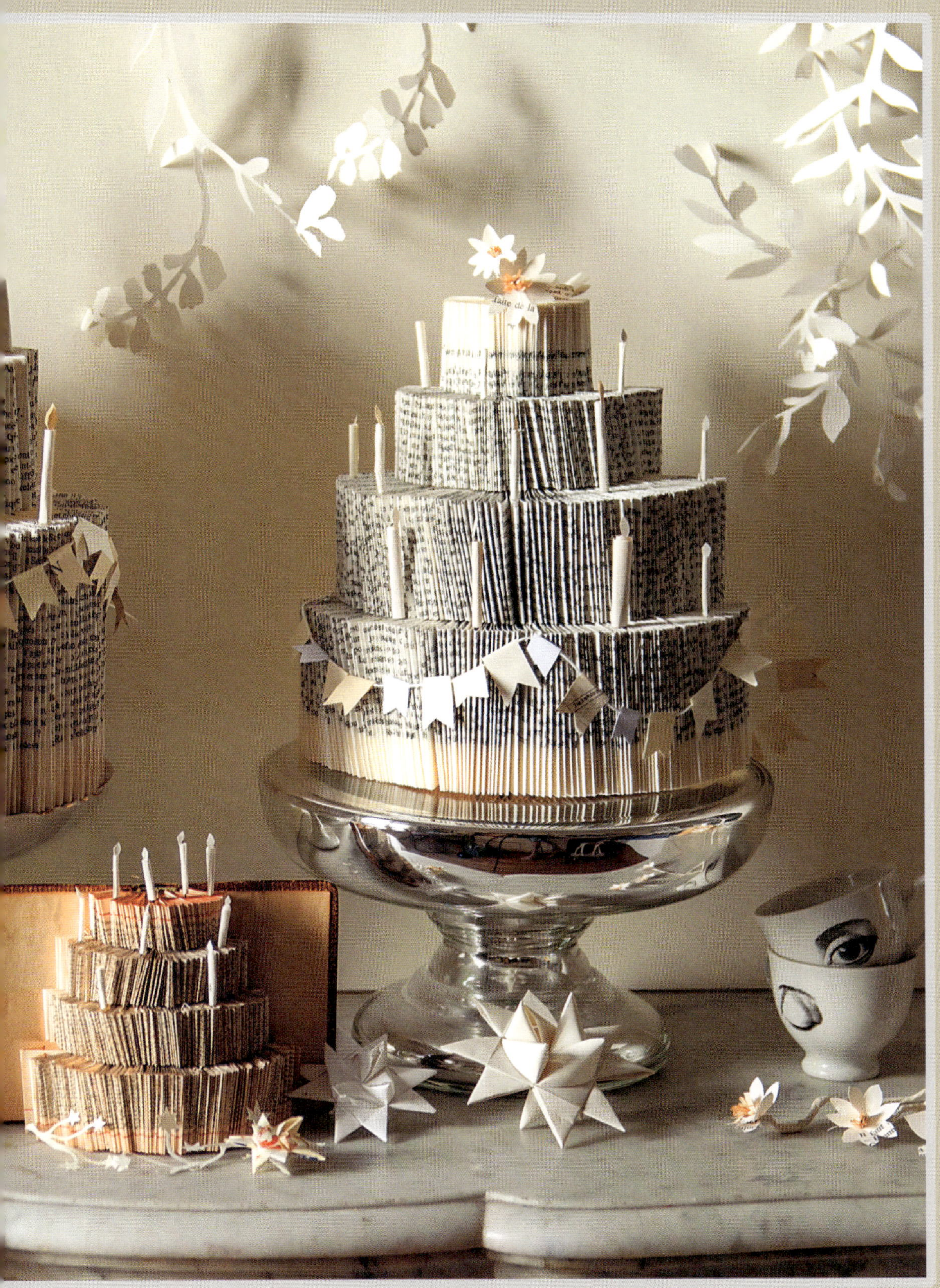

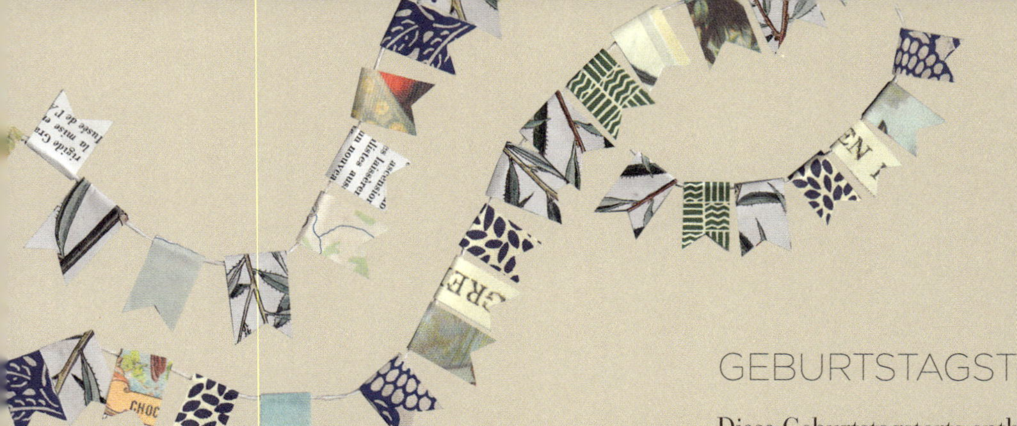

GEBURTSTAGSTORTE

Diese Geburtstagstorte enthält nicht die geringste Spur Gluten, denn sie besteht aus einem alten Buch. Und so entfällt in diesem Fall die schwierige Entscheidung, ob man die Torte lieber aufbewahren oder sich (per Lektüre) einverleiben soll. Für die Herstellung müssen Sie mindestens ein paar Stunden einplanen, sie ist jedoch einfacher, als man denkt.

Sie benötigen:

- **Skalpell und Schere**
- **Ein altes Buch**

Legen Sie je nach Größe Ihres Buches fest, ob Ihre Torte drei- oder vierstöckig werden soll. Wenn die Torte ganz rund werden soll, benötigen Sie ein dickeres Buch, bei dem Sie den Buchblock vom Einband befreien.

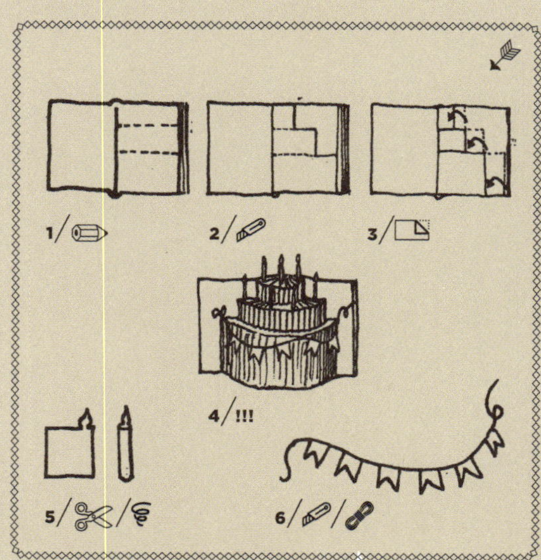

Fertigen Sie sich auf der ersten Seite des Buches selbst eine Schablone an. Für eine dreistöckige Torte schneiden Sie dazu das erste Blatt zwei Mal quer ein, sodass drei Papierstreifen entstehen.

Falten Sie dann das Blatt nach innen, um beurteilen zu können, wie viel Sie von den beiden oberen Streifen abschneiden müssen, damit durch das Falten drei klar erkennbare „Stockwerke" entstehen. Jeder Streifen sollte nur ein Mal gefaltet werden, um eine einheitliche Dicke zu gewährleisten.

Sind Sie mit der Abstufung Ihrer „Stockwerke" zufrieden, schneiden Sie auch die restlichen Blätter des Buches zurecht und falten zum Schluss alle Streifen nach innen zum Buchrücken. Wenn Sie eine ganz runde Torte falten möchten, kleben Sie am Schluss die erste und letzte Seite mit doppelseitigem Klebeband direkt an der Bindung zusammen. Die Anleitung für die Kerzen finden Sie auf Seite 107, die für die Girlanden auf Seite 60.

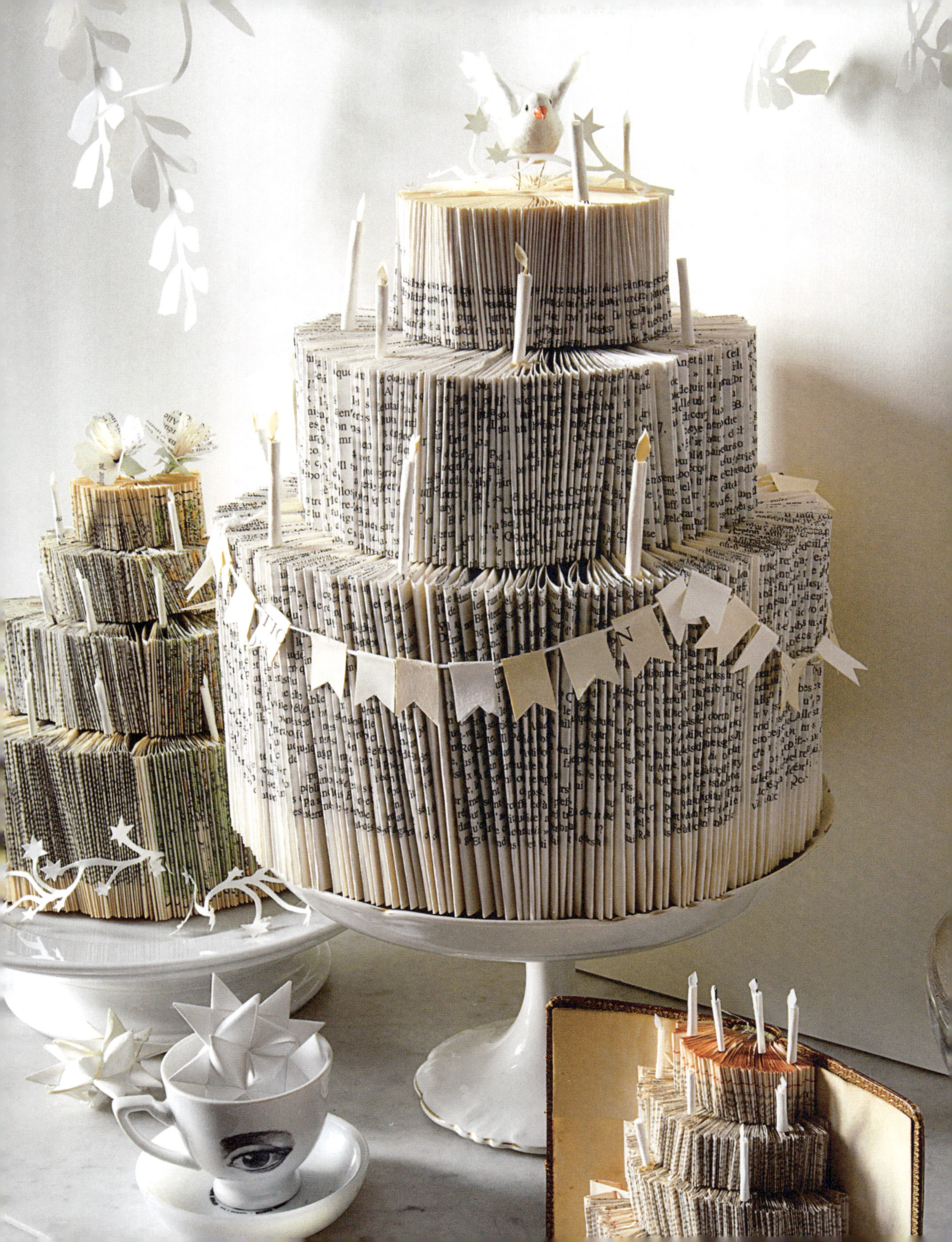

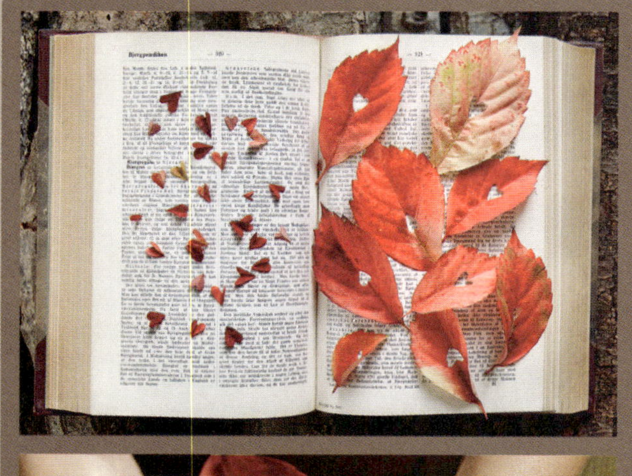

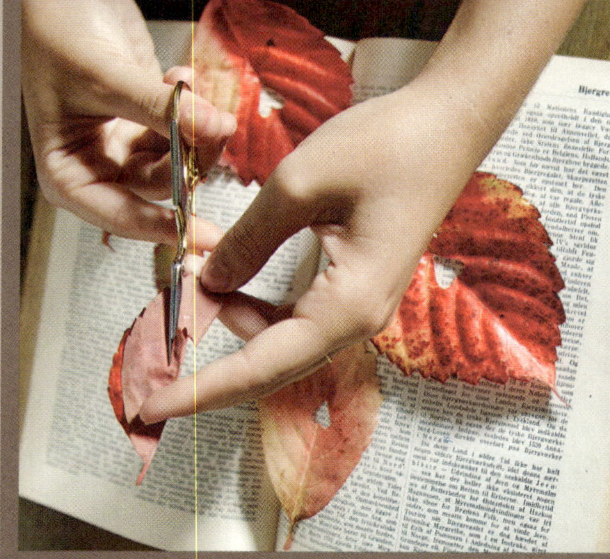

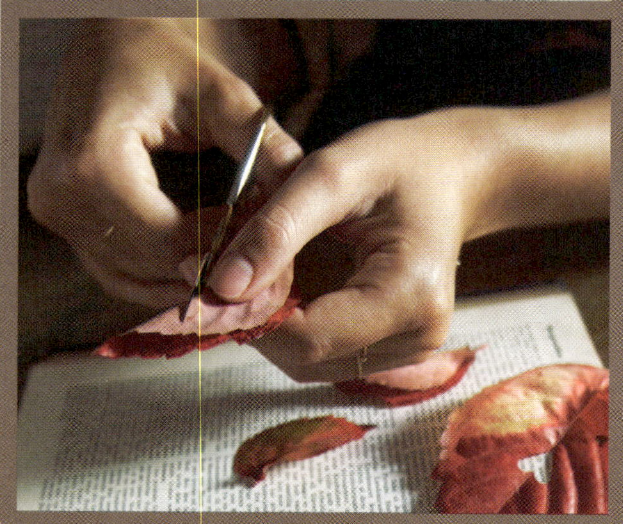

HERZIGE BLÄTTER

Fünfundneunzig Prozent des Rohmaterials für die Papierproduktion stammen von Bäumen. Man könnte fast sagen, die Wurzel des Papiers sei der Baum, wenngleich man sich beim Anblick eines Baumes nur schwer vorstellen kann, dass etwas so Zartes und Feines wie ein Blatt Papier in etwas so Robustem, Großem und Kräftigem seinen Ursprung haben soll.

Die Blätter eines Baumes sind genauso zart wie Papier. Warum also nicht frisch herabgefallene herbstliche Blätter sammeln und zu Schmuckelementen zurechtschneiden? In frischem Zustand sind sie wunderschön (und eine Zierde für jede Käseplatte), und auch danach halten sie sich noch eine ganze Weile.

Es ist zwar ein ziemlich ungewohntes Gefühl, in ein Blatt zu schneiden, doch das Ergebnis überzeugt, vor allem bei kleinen, einfachen Motiven.

Sammeln Sie frisch herabgefallene herbstliche Blätter, falten Sie sie zur Hälfte und schneiden Sie ein Herz in die Mitte.

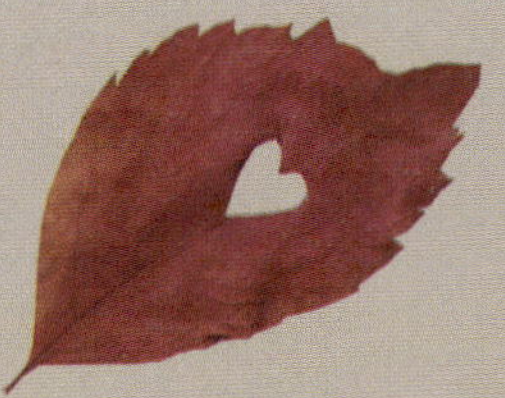

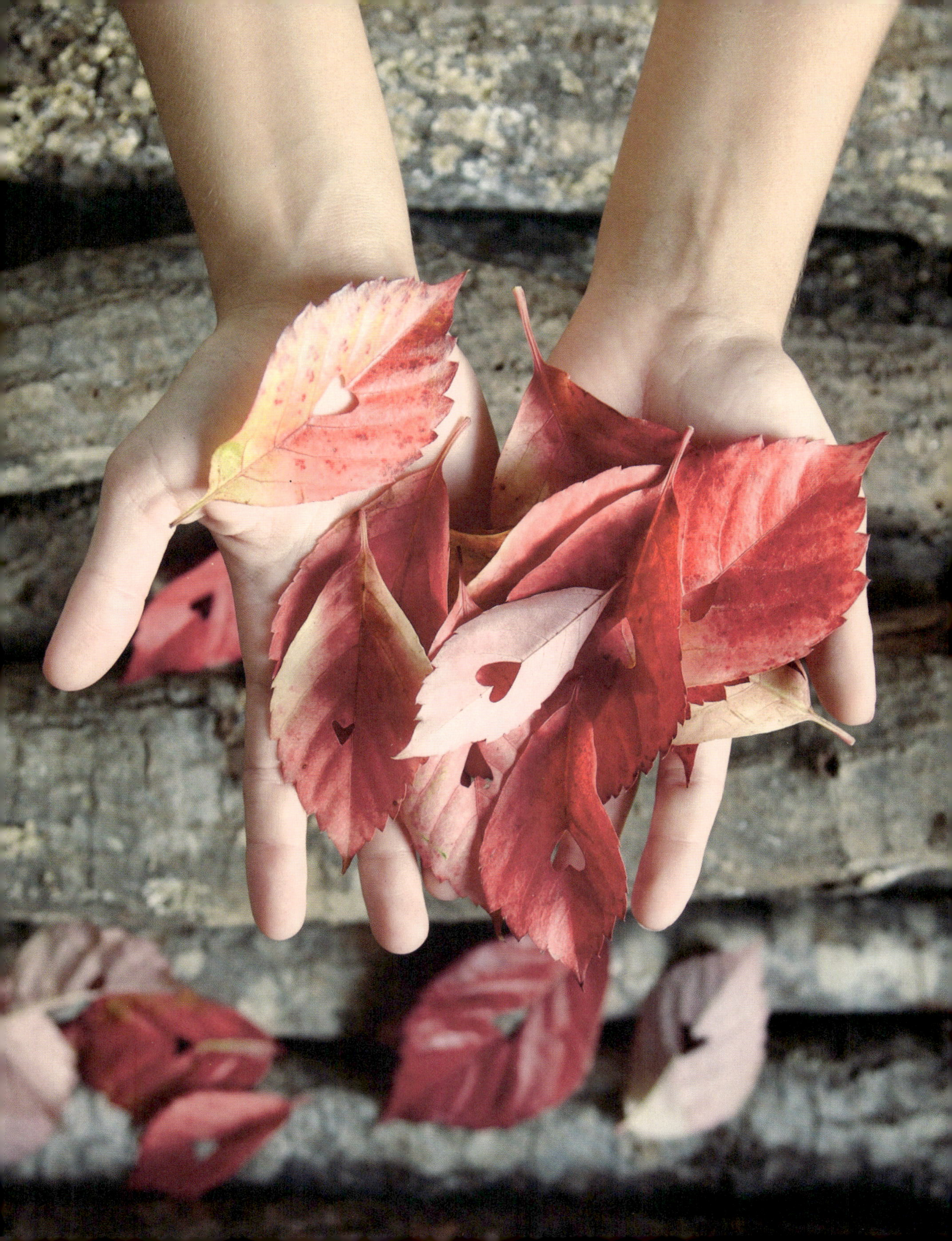

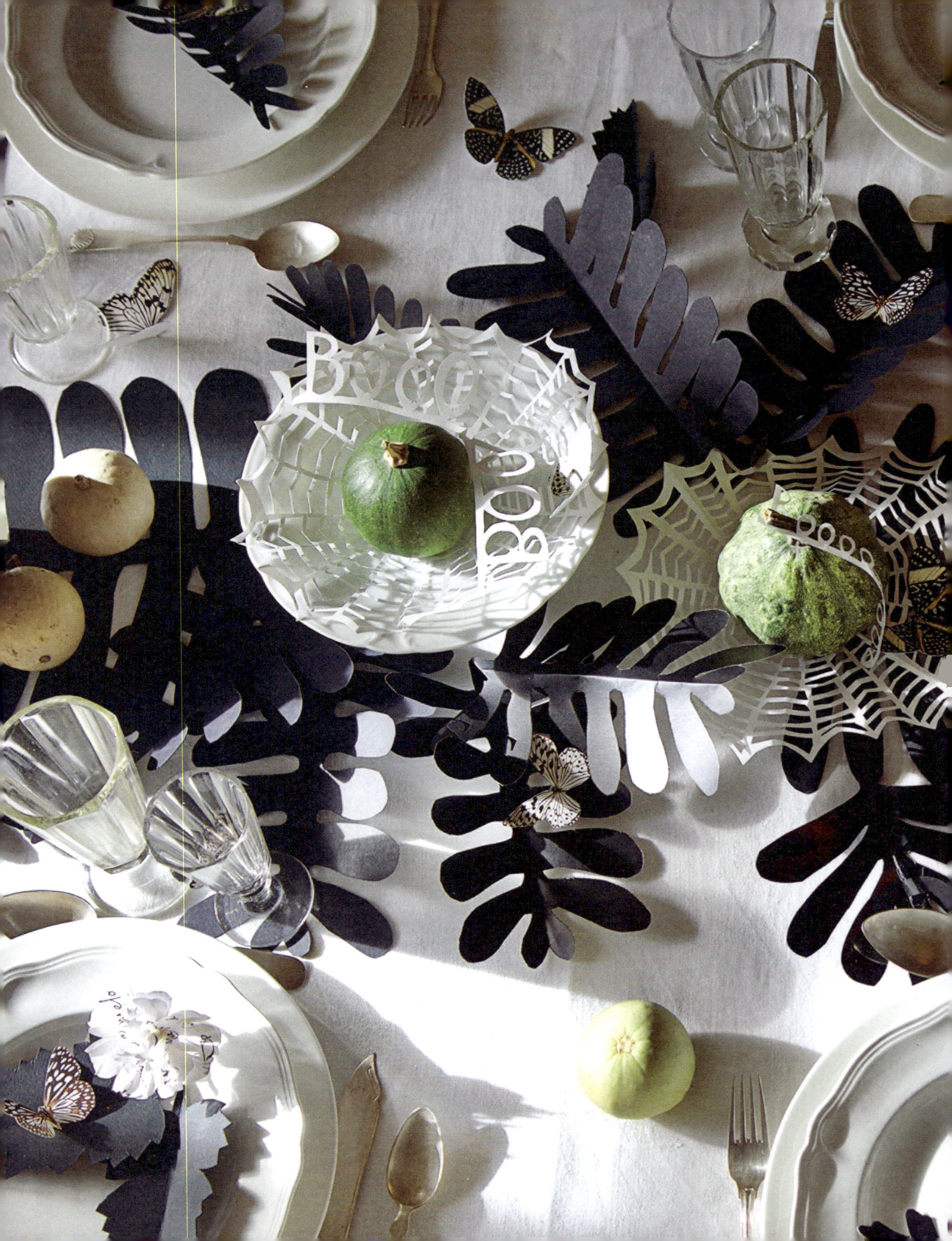

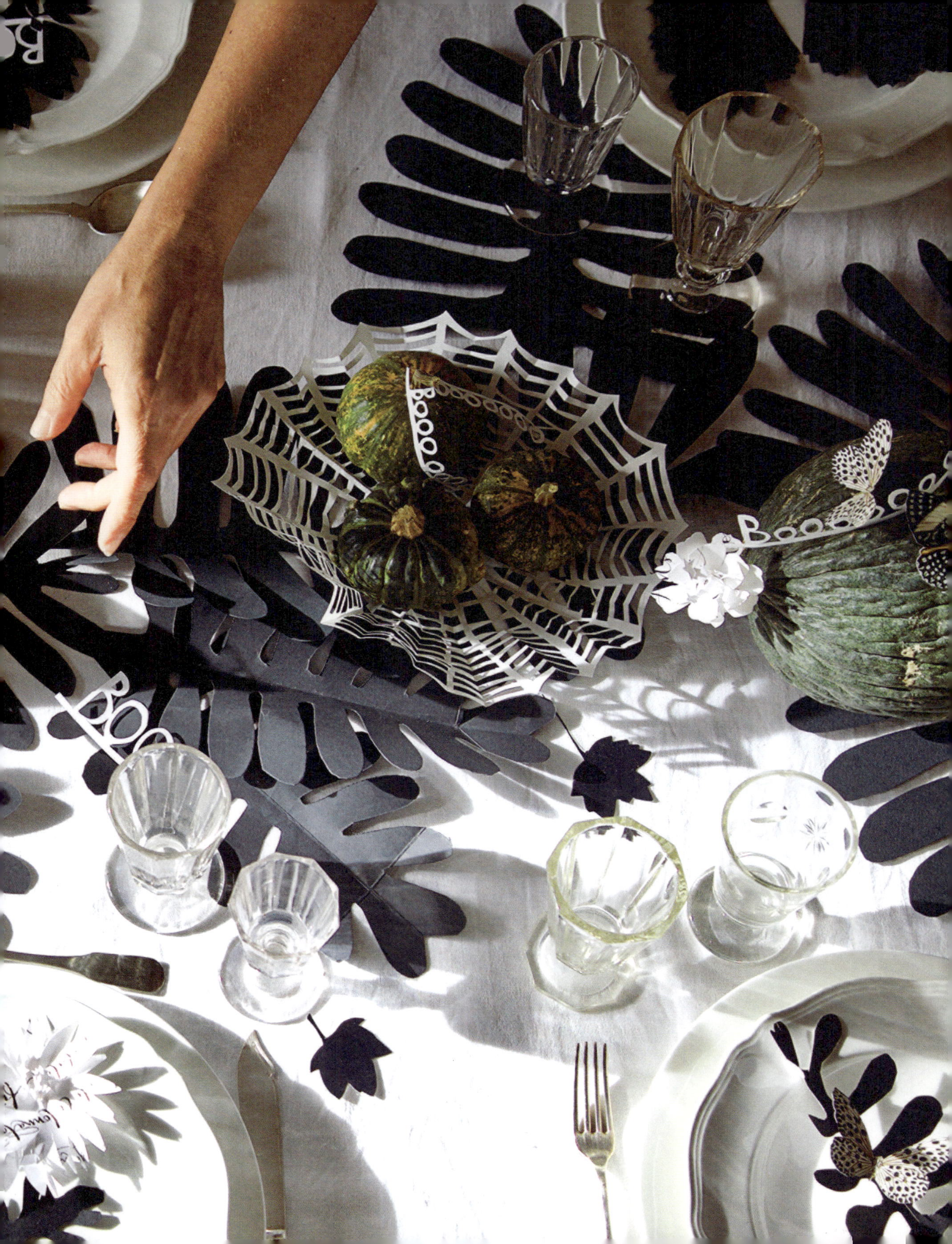
BOO

UNHEIM
HALLOWEE

Schlichte schwarze
verleihen dieser Tis
natürliches Flair.

Schneiden Sie aus sc
Blätter aus und befe
weißem Papier (sieh
ren Sie aus, wie Sie P
müssen, um es in fili
wandeln.

[Auf unserem Youtube-Ka
Sie ein Video mit dem Na
Spooky Spiderwebs" zu d

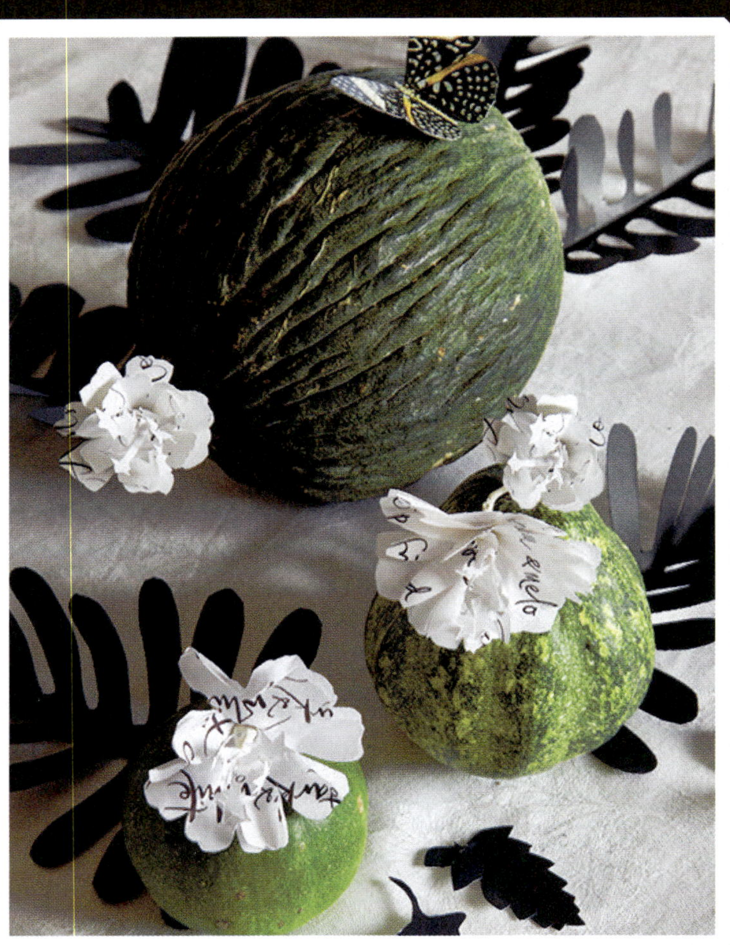

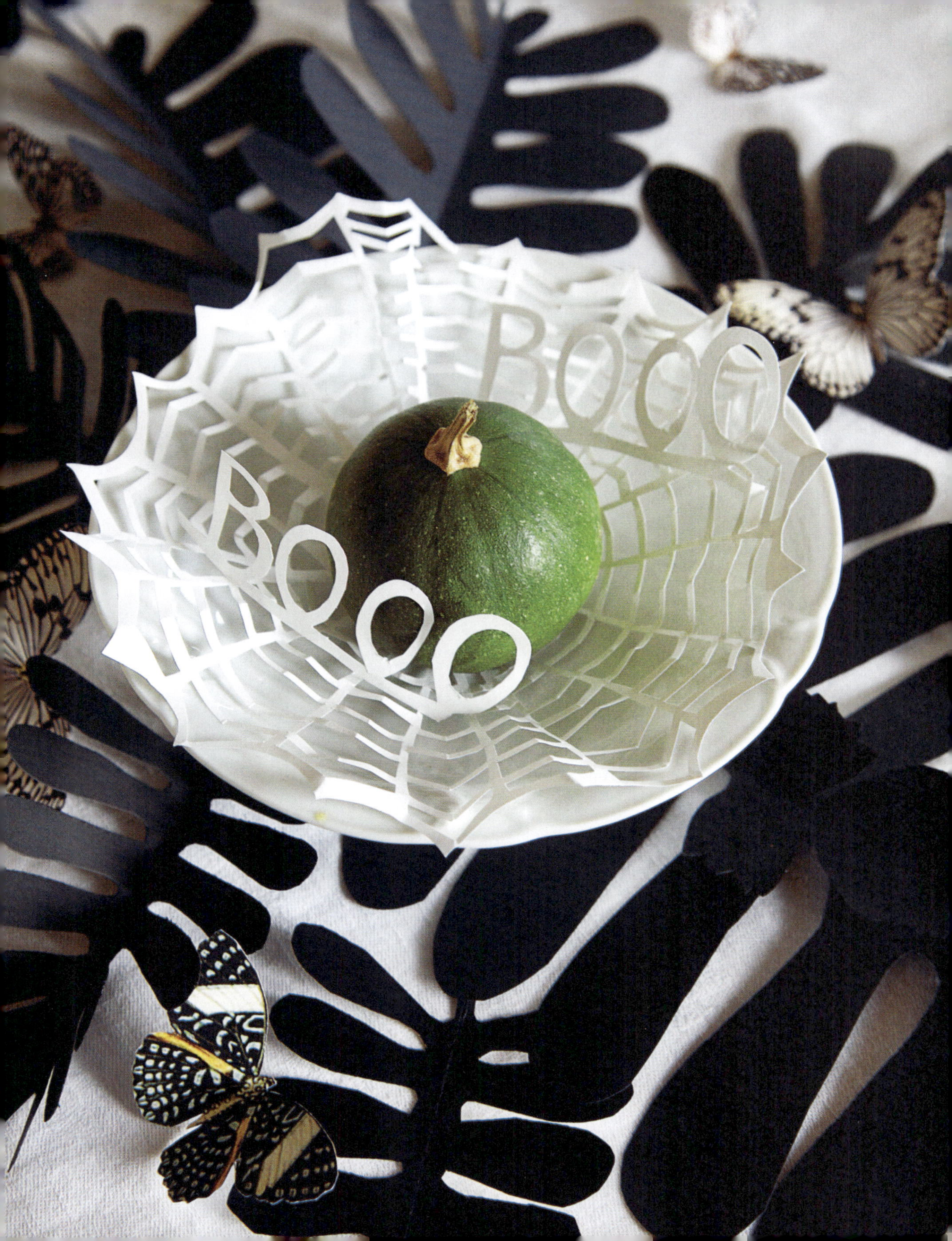
BOOO
BOOO

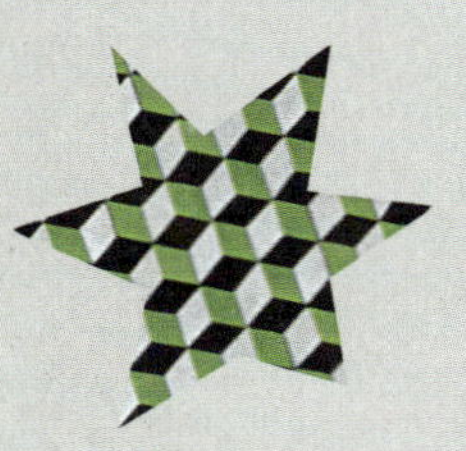

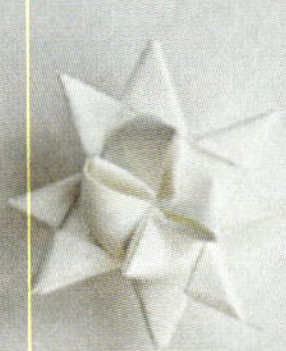

WEIHNACHTLICHER „BLÄTTER"-WALD

Aus Weihnachtsschmuck zum Aufhängen oder Aufstellen, ob aus weißem oder farbigem Papier, entsteht ein ganzer Wald voll flacher, gefalteter, geschichteter, ja sogar dreidimensionaler Weihnachtsbäume.

[Fertigen Sie den hier abgebildeten Weihnachtsbaum gemäß der Anleitung auf Seite 63 an, aber ersetzten Sie die Schablone für den Heißluftballon durch eine Weihnachtsbaumschablone.]

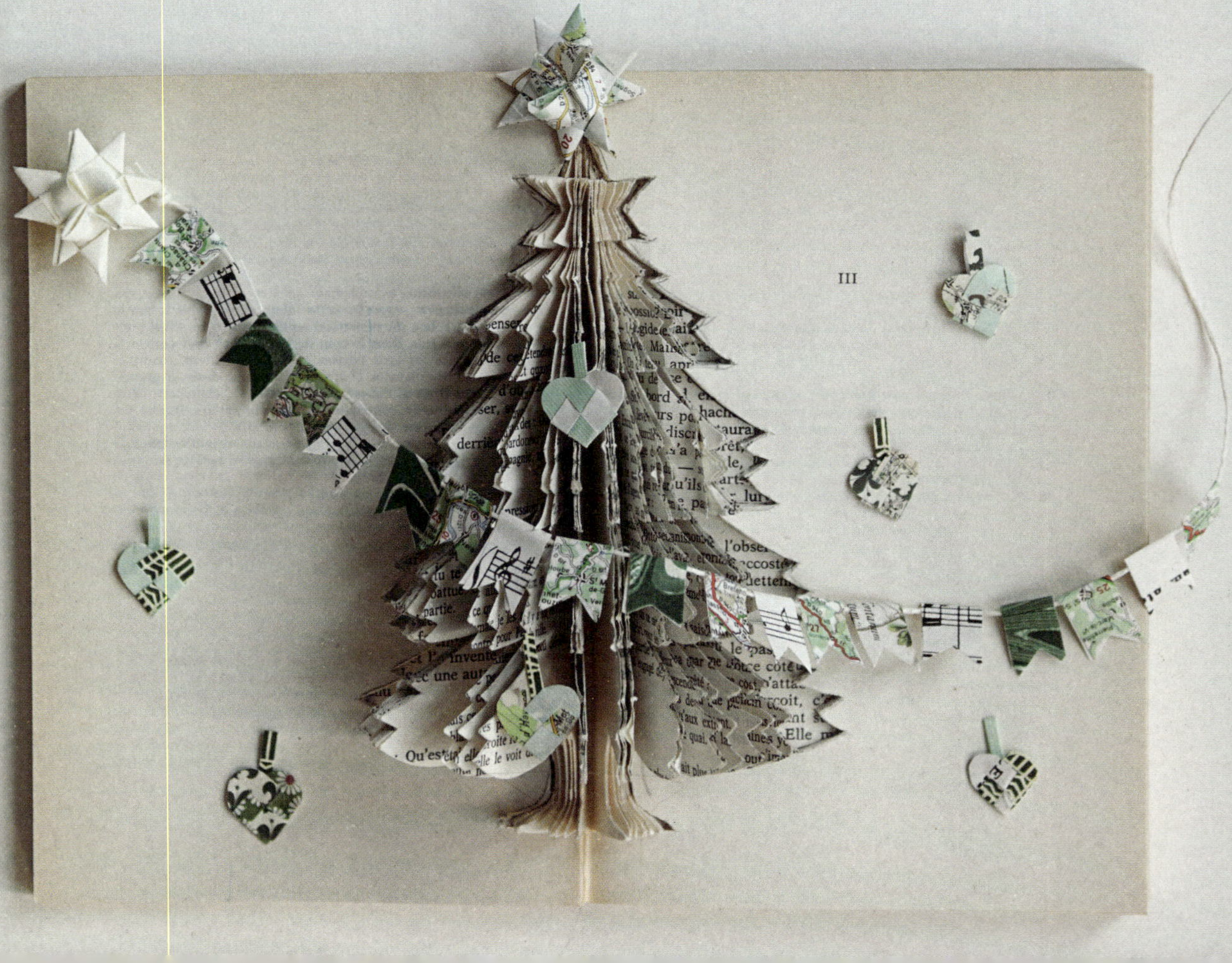

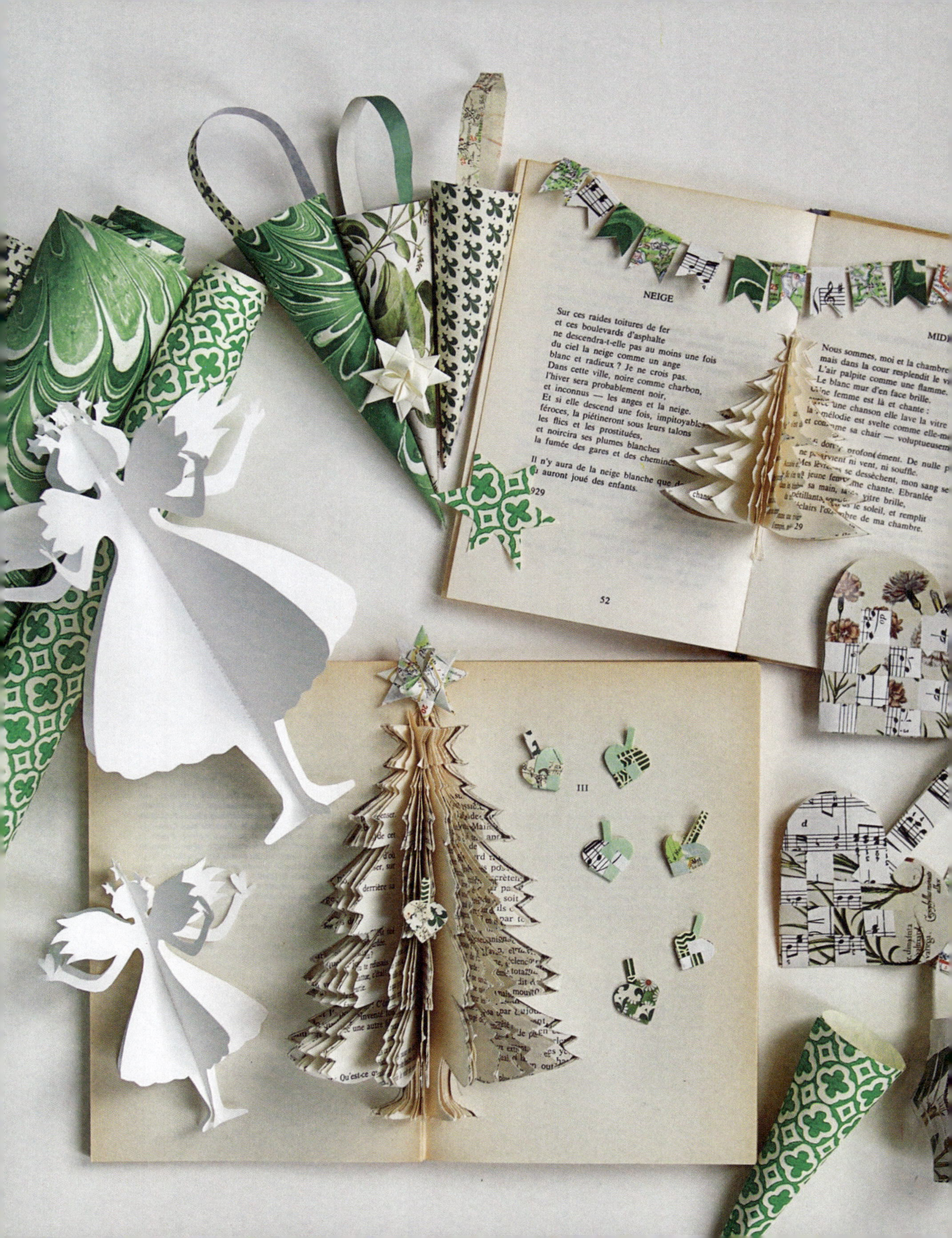
NEIGE
Sur ces raides toitures de fer
et ces boulevards d'asphalte
ne descendra-t-elle pas au moins une fois
du ciel la neige comme un ange
blanc et radieux ? Je ne crois pas.
Dans cette ville, noire comme charbon,
l'hiver sera probablement noir,
et inconnus — les anges et la neige.
Et si elle descend une fois, impitoyables
féroces, la piétineront sous leurs talons
les flics et les prostituées,
et noircira ses plumes blanches
la fumée des gares et des chemin
Il n'y aura de la neige blanche que
auront joué des enfants.
929
Nous sommes, moi et la chambre
mais dans la cour resplendit le
L'air palpite comme une flamme.
Le blanc mur d'en face brille.
Une femme est là et chante :
52
III

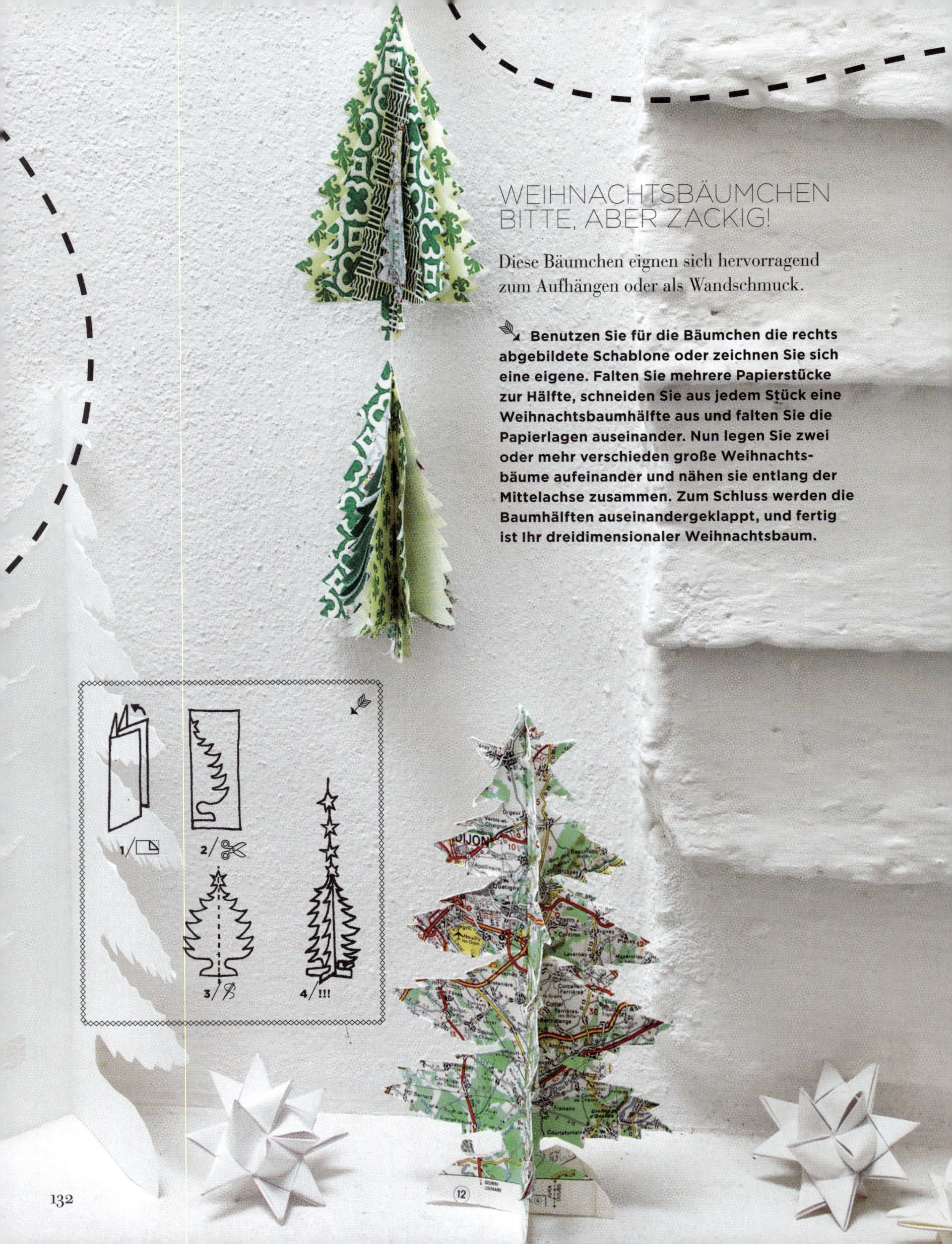

WEIHNACHTSBÄUMCHEN BITTE, ABER ZACKIG!

Diese Bäumchen eignen sich hervorragend zum Aufhängen oder als Wandschmuck.

Benutzen Sie für die Bäumchen die rechts abgebildete Schablone oder zeichnen Sie sich eine eigene. Falten Sie mehrere Papierstücke zur Hälfte, schneiden Sie aus jedem Stück eine Weihnachtsbaumhälfte aus und falten Sie die Papierlagen auseinander. Nun legen Sie zwei oder mehr verschieden große Weihnachtsbäume aufeinander und nähen sie entlang der Mittelachse zusammen. Zum Schluss werden die Baumhälften auseinandergeklappt, und fertig ist Ihr dreidimensionaler Weihnachtsbaum.

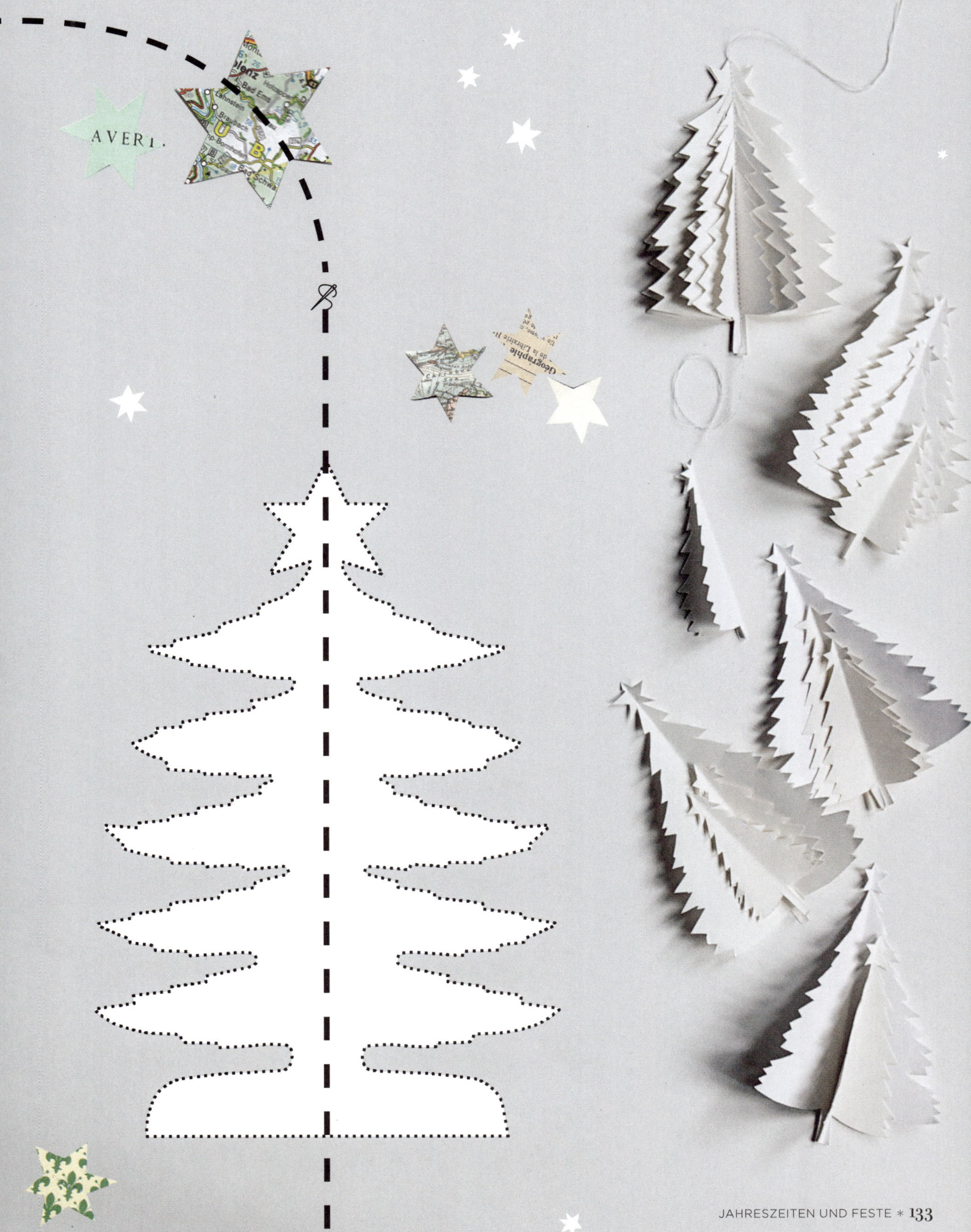

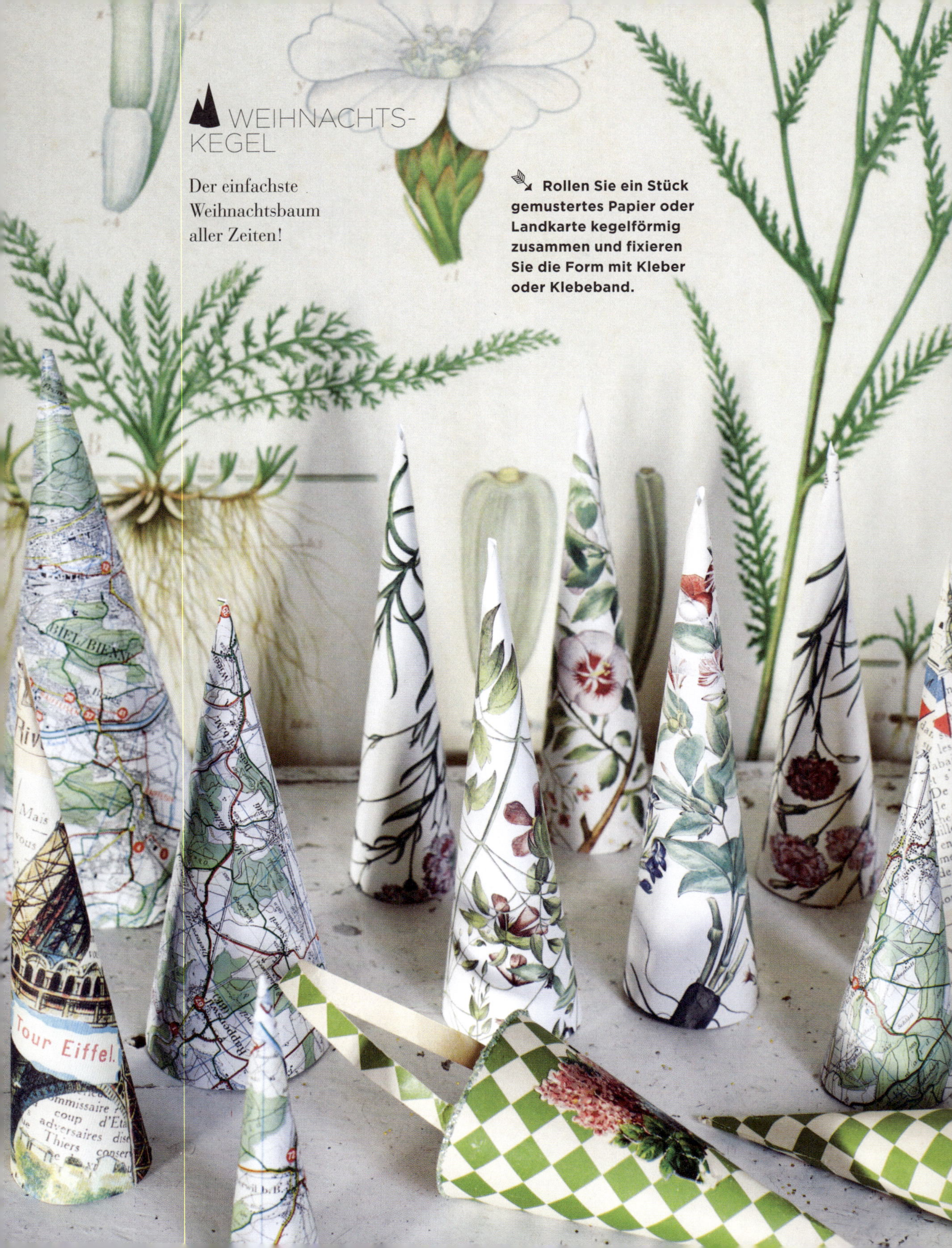

WEIHNACHTS-KEGEL

Der einfachste Weihnachtsbaum aller Zeiten!

Rollen Sie ein Stück gemustertes Papier oder Landkarte kegelförmig zusammen und fixieren Sie die Form mit Kleber oder Klebeband.

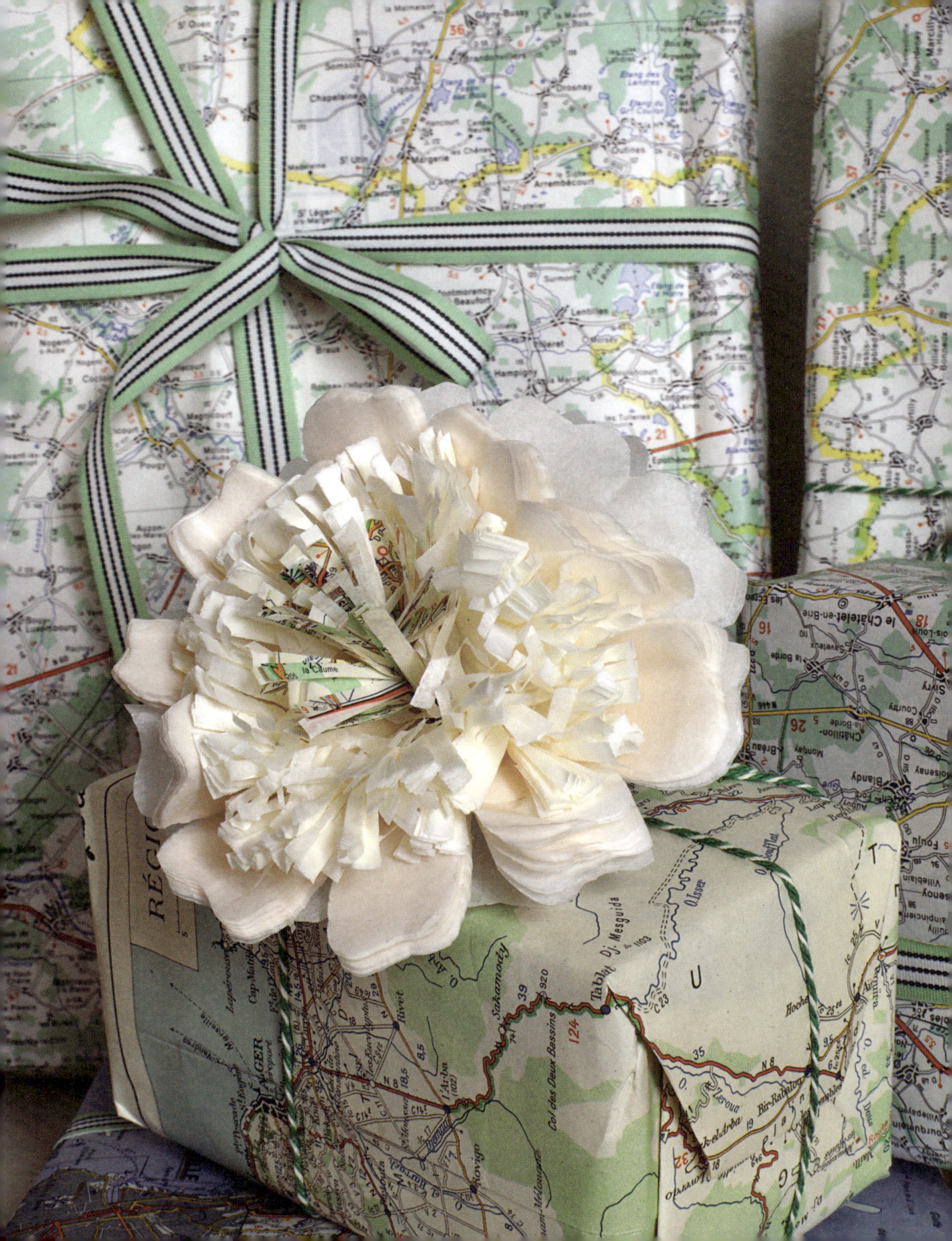

le Châtelet-en-Brie
Châtillon-la-Borde
Blandy
Col des Deux Bessins
Tablat
Dj. Mesguida
Rivet
Rovigo

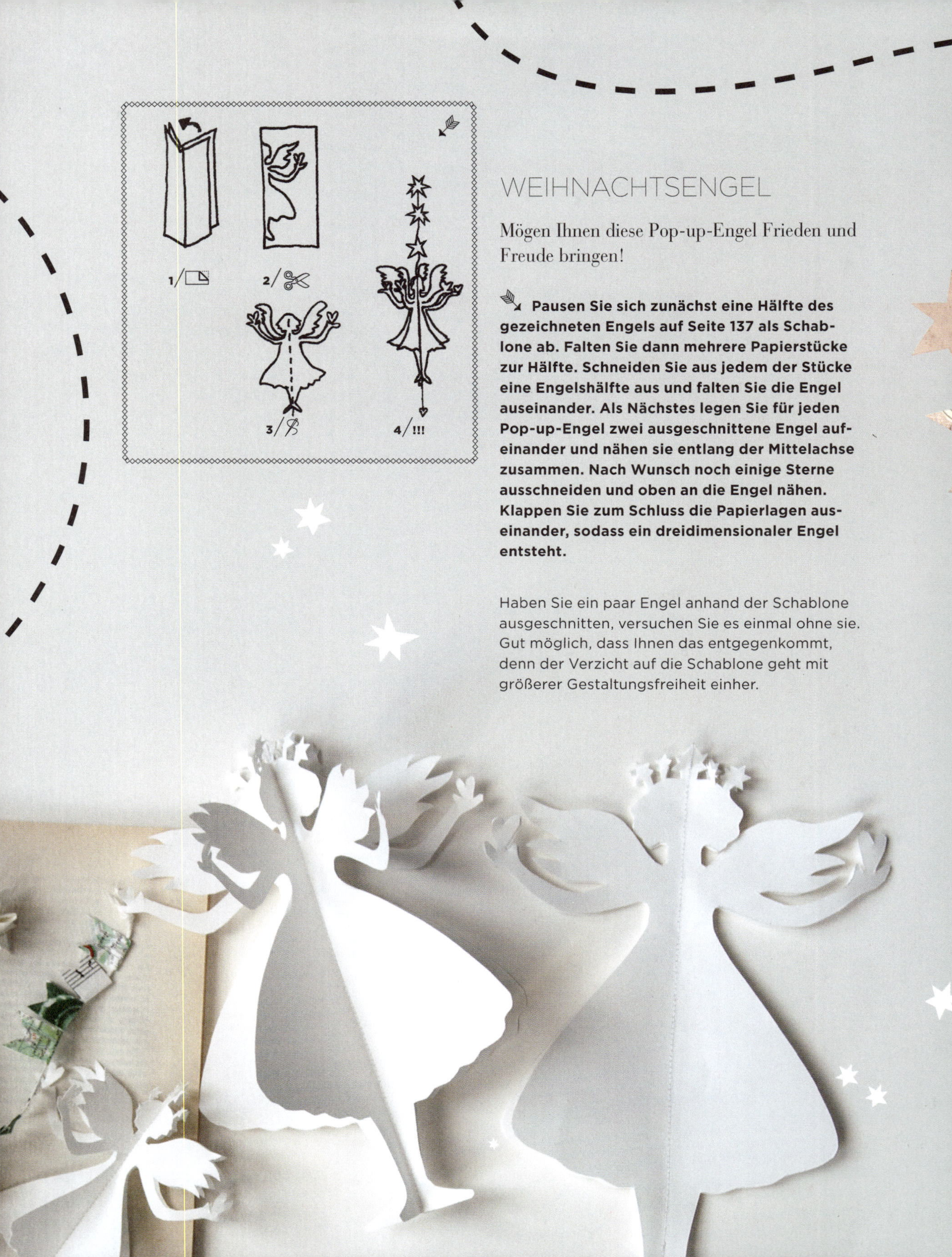

WEIHNACHTSENGEL

Mögen Ihnen diese Pop-up-Engel Frieden und Freude bringen!

Pausen Sie sich zunächst eine Hälfte des gezeichneten Engels auf Seite 137 als Schablone ab. Falten Sie dann mehrere Papierstücke zur Hälfte. Schneiden Sie aus jedem der Stücke eine Engelshälfte aus und falten Sie die Engel auseinander. Als Nächstes legen Sie für jeden Pop-up-Engel zwei ausgeschnittene Engel aufeinander und nähen sie entlang der Mittelachse zusammen. Nach Wunsch noch einige Sterne ausschneiden und oben an die Engel nähen. Klappen Sie zum Schluss die Papierlagen auseinander, sodass ein dreidimensionaler Engel entsteht.

Haben Sie ein paar Engel anhand der Schablone ausgeschnitten, versuchen Sie es einmal ohne sie. Gut möglich, dass Ihnen das entgegenkommt, denn der Verzicht auf die Schablone geht mit größerer Gestaltungsfreiheit einher.

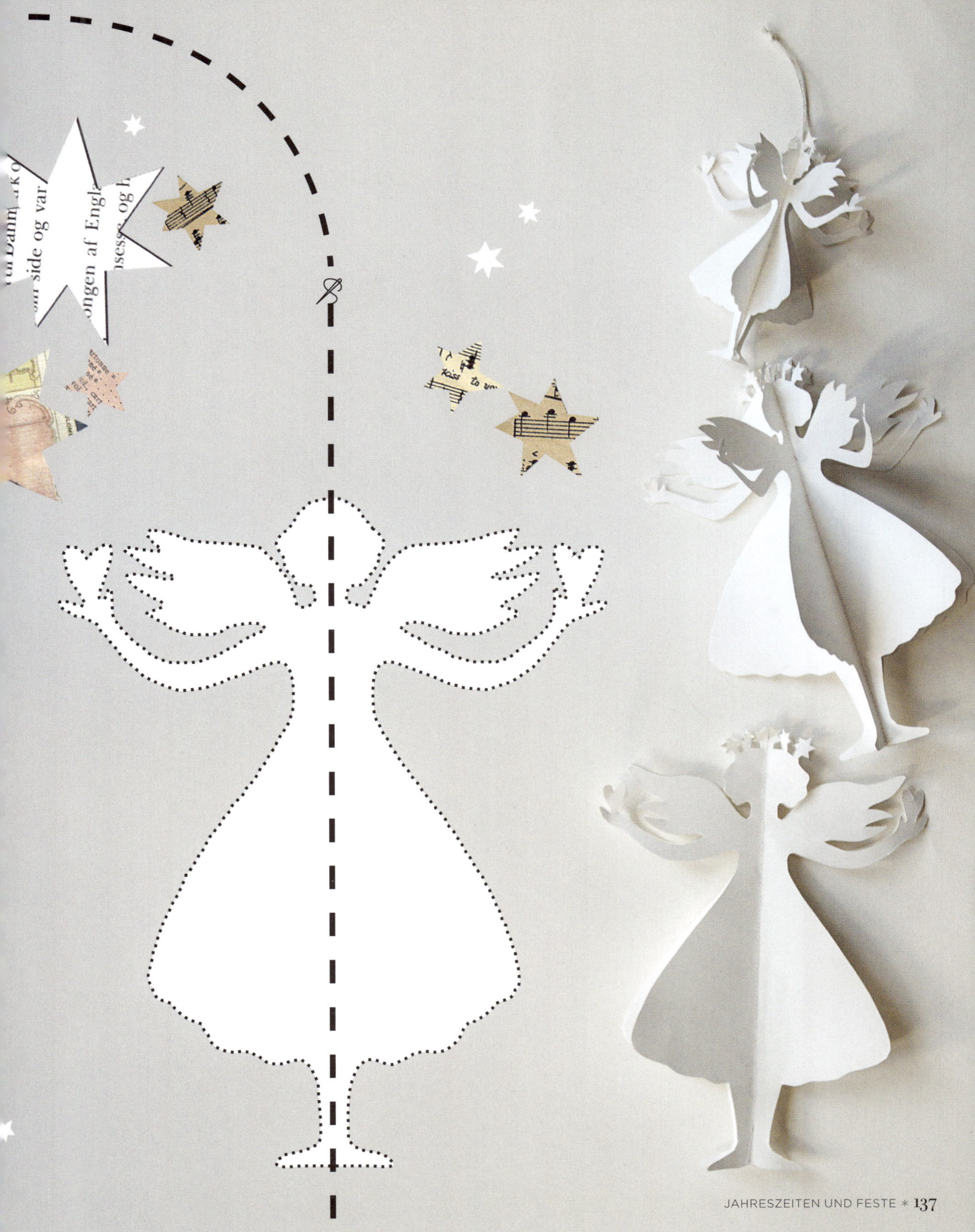

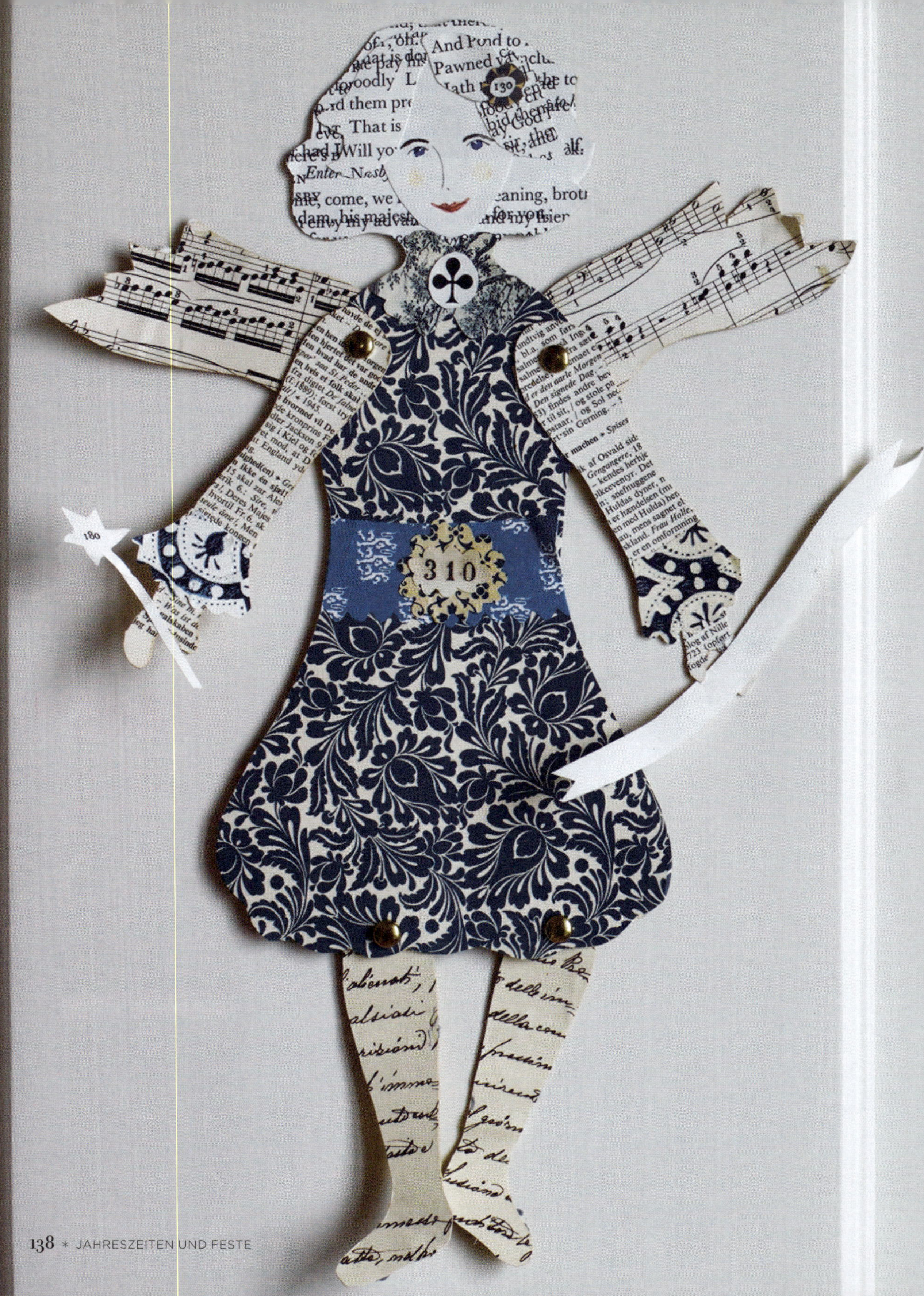

ENGEL FÜR VIELFALTER

Diese gefalteten Engel sind einfacher, als sie aussehen. Finden Sie Ihren eigenen Arbeitsrhythmus und nehmen Sie sich Zeit – schon allein die volle Konzentration auf Ihre Tätigkeit wird Ihnen Befriedigung verschaffen.

Nehmen Sie ein altes Buch und falten Sie wie folgt:

Falten Sie zunächst die rechte obere Ecke jedes Blattes bis zum Buchrücken nach innen (siehe Grafik, Schritt 1).

Falten Sie dann jedes Blatt in Gegenrichtung. Vergewissern Sie sich, dass der bereits umgefaltete Teil des Blattes auf der Rückseite liegt, und falten Sie die untere Ecke der diagonalen Kante bis zum Buchrücken nach innen (siehe Grafik, Schritt 2).

Den „Krawattenzipfel", der nun am unteren Ende des Blattes aus dem Buch ragt, auf die Rückseite des Blattes falten (siehe Grafik, Schritt 3).

Haben Sie den Kegel fertig gefaltet, können Sie wählen, ob Sie den Buchdeckel entfernen oder nicht. Zum Schluss schneiden Sie den Kopf und ein Paar Flügel für den Engel aus und befestigen sie am Kegel.

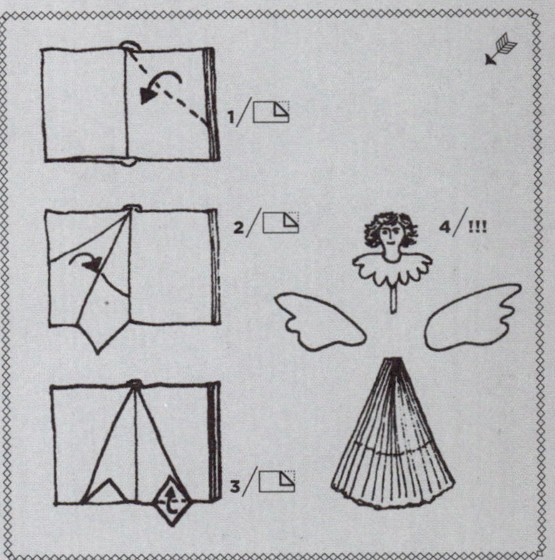

[Wir haben zu diesem Projekt ein Video mit dem Namen „Helene und Simone's Angel Making" gedreht, das Sie sich auf unserem YouTube-Kanal „Paper Poetry" ansehen können.]

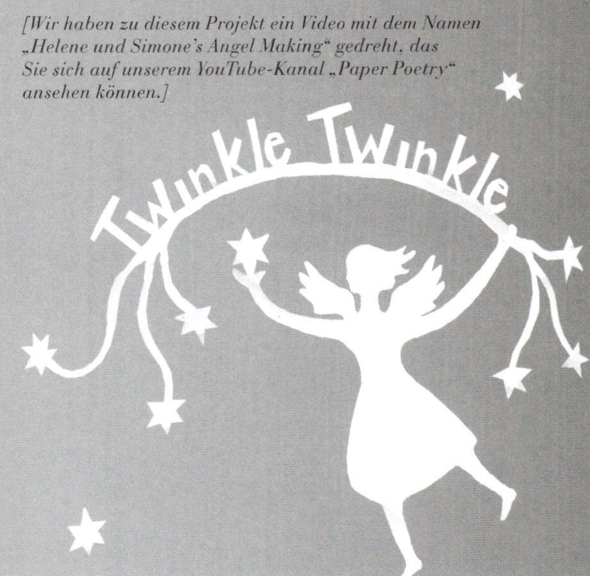

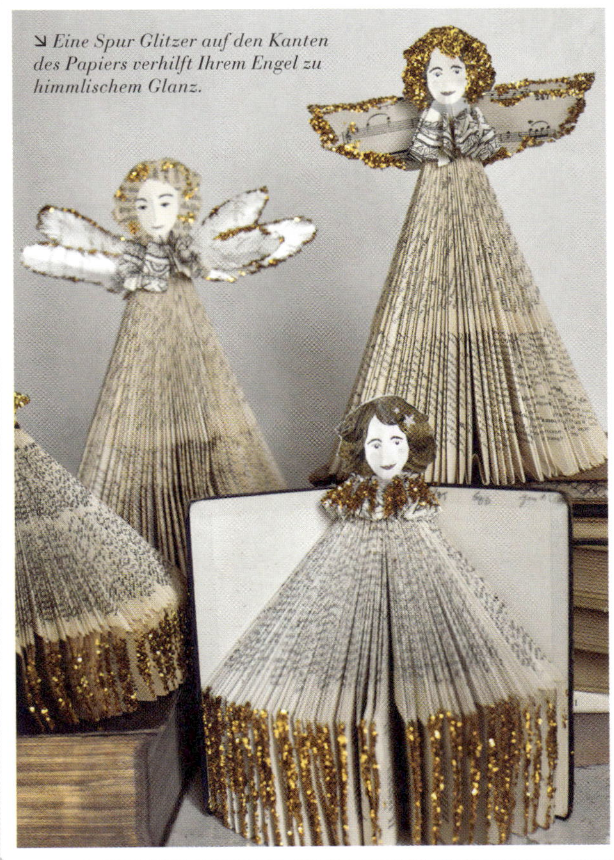

↘ *Eine Spur Glitzer auf den Kanten des Papiers verhilft Ihrem Engel zu himmlischem Glanz.*

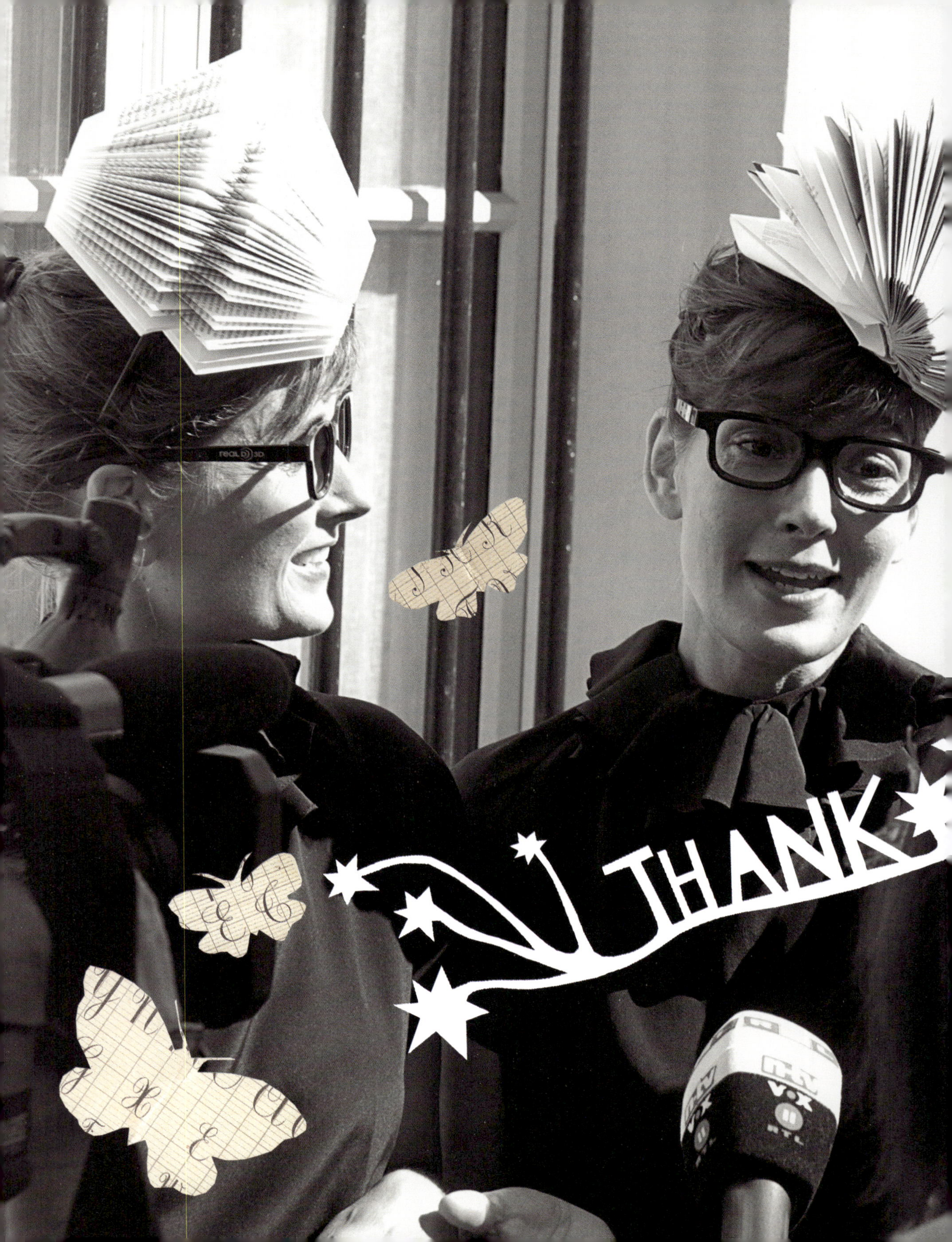
THANK

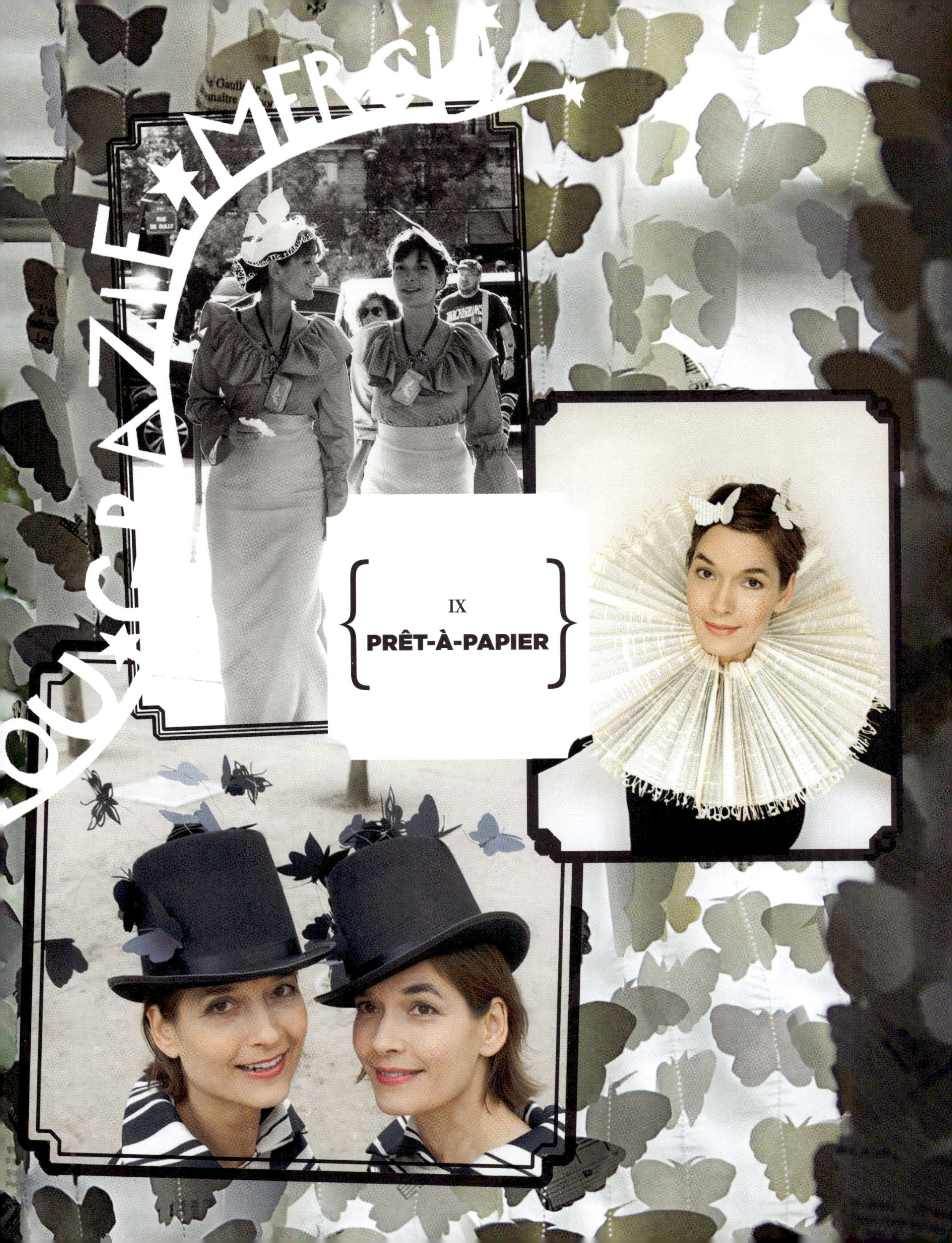
OU ★ GRAZIE ★ MERCI
IX
PRÊT-À-PAPIER

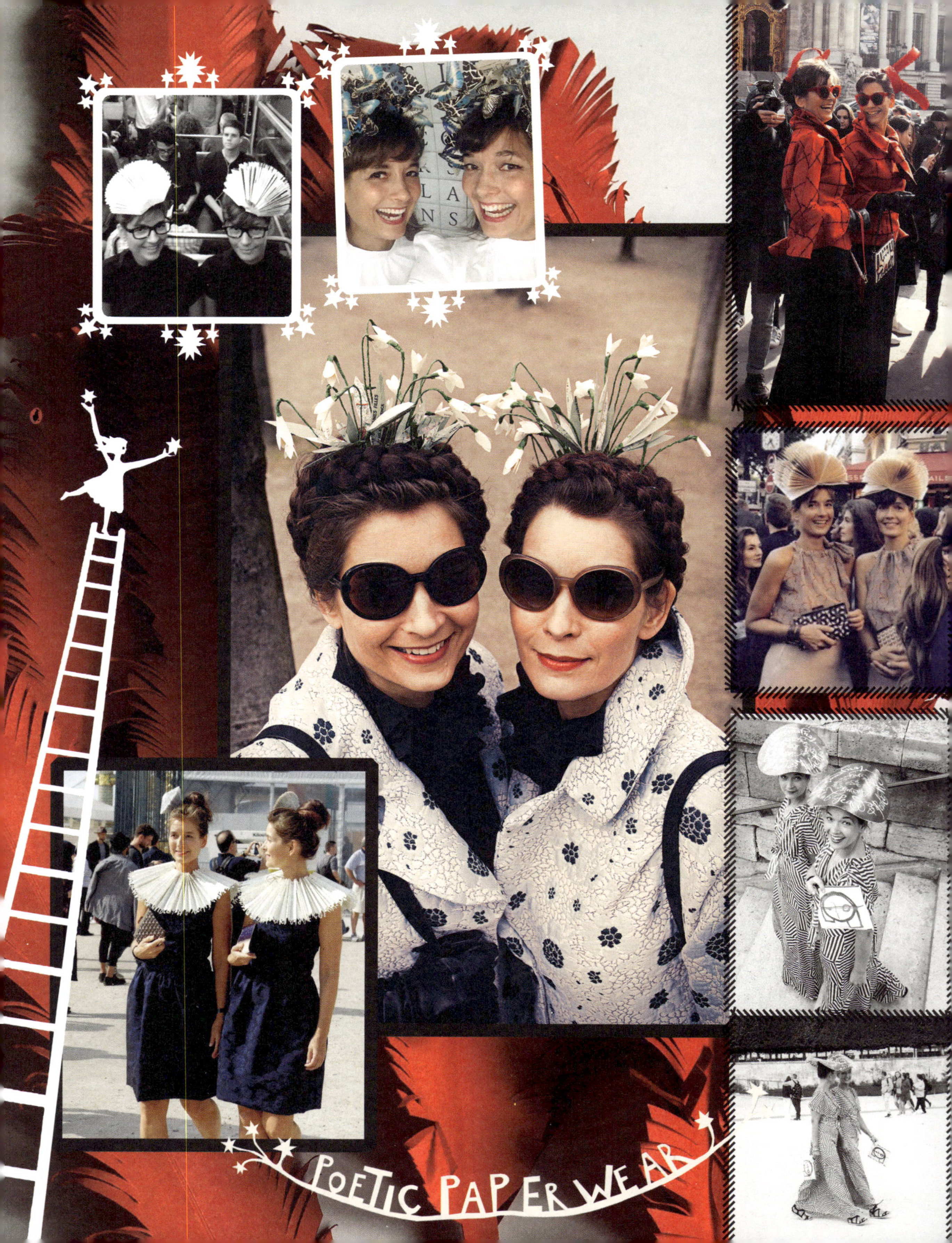
POETIC PAPERWEAR

Souviens toi de vivre

MODE AUS PAPIER

Wir fahren mit Begeisterung auf die Pariser Modewoche, um dort für unser Label *Edition Poshette* zu werben und mit unseren Papierkreationen poetische Akzente zu setzen.

Unsere handgearbeiteten und handbedruckten Lederwaren sind für mutige Frauen gedacht, die eine Prise poetischen Luxus in ihren Alltag integrieren wollen.

Nach unserem Gefühl ist der Mode dieser Touch von Poesie und Spaß in gewisser Weise abhanden gekommen – sie ist oft unerschwinglich, zuweilen nichtssagend, und nimmt sich viel zu ernst.

Deshalb vertreiben wir uns die Zeit damit, Kopfbedeckungen aus Papier zu schaffen, die uns nichts weiter kosten als ebendiese Zeit, mit denen wir jedoch unsere kreative Karriere befördern, indem wir uns in Paris, der Hauptstadt der Mode, darin präsentieren.

Manchmal genügt schon das Gespür dafür, wie man ein Kleidungsstück am wirkungsvollsten tragen muss, um „modisch-elegant" zu sein.

Veredeln Sie Ihre Kleidung einfach mit einer Spur Papierpoesie, und Sie blicken in lauter lächelnde Gesichter.

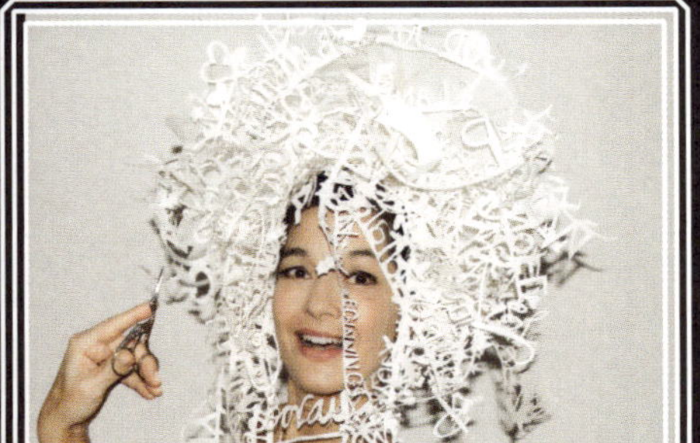

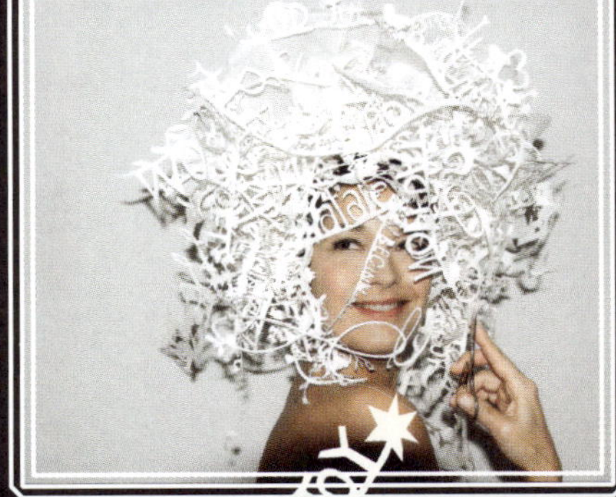

GIOIA AMOUR amore ENJOY JOY

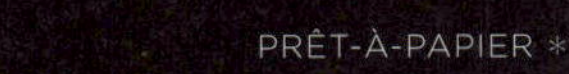

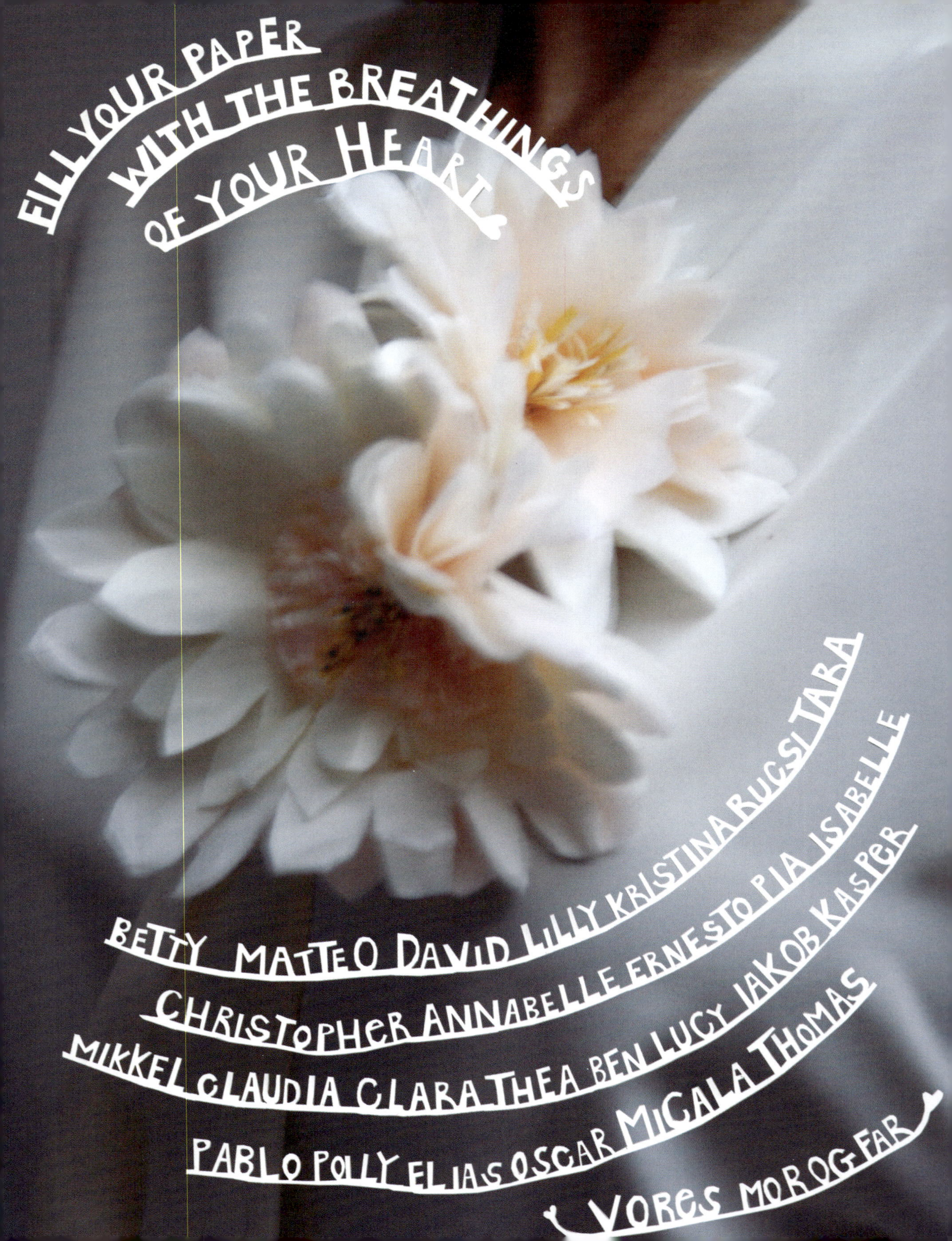

FILL YOUR PAPER
WITH THE BREATHINGS
OF YOUR HEART

BETTY MATTEO DAVID LILLY KRISTINA RUCSI TARA
CHRISTOPHER ANNABELLE ERNESTO PIA ISABELLE
MIKKEL CLAUDIA CLARA THEA BEN LUCY JAKOB KASPER
PABLO POLLY ELIAS OSCAR MICALA THOMAS

VORES MOR OG FAR